READ

国外全民阅读
活动现状与经验研究

魏玉山 主编　　王珺 副主编

中国书籍出版社
China Book Press

图书在版编目（CIP）数据

国外全民阅读活动现状与经验研究 / 魏玉山主编；王珺副主编. -- 北京：中国书籍出版社，2023.11
ISBN 978-7-5068-9620-7

Ⅰ.①国… Ⅱ.①魏… ②王… Ⅲ.①读书活动—研究—国外 Ⅳ.①G252.17

中国国家版本馆CIP数据核字(2023)第199718号

国外全民阅读活动现状与经验研究

魏玉山　主　编
王　珺　副主编

责任编辑	杨铠瑞
特约编辑	刘莹晨
责任印制	孙马飞　马　芝
封面设计	东方美迪
出版发行	中国书籍出版社
地　　址	北京市丰台区三路居路97号（邮编：100073）
电　　话	（010）52257143（总编室）　　（010）52257140（发行部）
电子邮箱	eo@chinabp.com.cn
经　　销	全国新华书店
印　　刷	北京九州迅驰传媒文化有限公司
开　　本	787毫米×1092毫米　1/16
字　　数	300千字
印　　张	18.25
版　　次	2024年4月第1版
印　　次	2024年4月第1次印刷
书　　号	ISBN 978-7-5068-9620-7
定　　价	108.00元

版权所有　翻印必究

前　言

2022年全国两会《政府工作报告》中提到，"深入推进全民阅读"，这是自2014年起，"全民阅读"连续第九次被写入政府工作报告。2020年10月，中宣部印发了《关于促进全民阅读工作的意见》，明确提出，到2025年，通过大力推动全民阅读工作，基本形成覆盖城乡的全民阅读推广服务体系，全民阅读理念更加深入人心，活动更加丰富多样，氛围更加浓厚，成效更加凸显，优质阅读内容供给能力显著增强，基础设施建设更加完善，工作体制机制更加健全，法治化建设取得重要进展，国民综合阅读率显著提升。在此背景下，《国外全民阅读活动现状与经验研究》经过对重点国家阅读活动的梳理、分析、研究，最终与读者见面，以期为我国深入推进全民阅读活动提供借鉴与参考。

本书由"主报告"和各个国家全民阅读工作开展情况报告组成。其中，"主报告"对各国阅读活动进行横向比对分析，梳理发现各国国民阅读率均处于较稳定发展阶段，传统纸质书阅读仍是各国民众主要的阅读方式，同时数字阅读与其形成互补并稳定发展趋势。同时主报告认为，多个国家已实现阅读立法，形成了以国家政策为指导，协调各级政府、官方机构合作，广泛吸纳各行业协会、社会组织、基金会、其他社会机构多方协作参与的完整体系，不断促进各国阅读推广活动繁荣发展。当前，我国对全民阅读工作的重视不断加强，参考借鉴各国阅读活动的经验做法，我国应加快制定全民阅读专门立法及中长期规划，设立专门基金和相关扶持资金，推动社会力量广泛参与阅读推广活动，加强重点阅读推广人才培养，从政策指导、资金保障、人才培养等方面为深化我国全民阅读推广工作创造良好的环境和氛围。

本书所涉各个国家全民阅读工作开展情况报告包括了日本、德国、法国、西班牙、英国、美国等 6 个国家全民阅读相关内容。上述报告着重介绍各国参与全民阅读活动的重点机构，梳理各国在全民阅读方面的法律法规制定情况，分析各国全民阅读调查的普遍结论，总结各国在不同范围、面向不同人群开展全民阅读活动的具体情况，形成较为全面的各国全民阅读工作报告。

本书"主报告"由中国新闻出版研究院助理研究员刘莹晨撰写；日本分报告由外交学院副教授秦石美、吉林大学外国语学院研究生贾婷杰撰写；德国分报告由北京外国语大学德语学院教授顾牧撰写；法国分报告由中国新闻出版研究院出版研究所副所长王珺、北京外国语大学研究生陈贝撰写；西班牙分报告由刘莹晨、北京外国语大学研究生张沁遥撰写；英国分报告由中国新闻出版研究院副编审甄云霞、北京外国语大学学生薄晓晨、朱敏撰写；美国分报告由中国新闻出版研究院助理研究员张晴撰写。

本报告由中国新闻出版研究院院长魏玉山审阅、统稿；王珺承担审稿工作，刘莹晨承担组稿和联系工作。

我们真诚地希望能以此书，与业界人士建立广泛的联系与合作，能为深化我国全民阅读推广工作提供一定的借鉴与参考。

《国外全民阅读活动现状与经验研究》课题组
2023 年 11 月 10 日

目 录

主报告 / 1

国外全民阅读活动现状与经验研究 / 3
 一、各国全民阅读活动现状 / 3
  （一）各国积极开展国民阅读调查 / 4
  （二）参与阅读推广活动机构类型丰富 / 6
  （三）阅读推广政策覆盖多环节、各类人群 / 9
 二、各国全民阅读经验特点 / 11
  （一）各国阅读活动覆盖范围广 / 11
  （二）公共服务助力阅读推广 / 13
  （三）各阶段儿童和青少年阅读活动全面覆盖 / 15
 三、国外阅读推广活动对我国的启示 / 17
  （一）建立我国全民阅读法律和政策保障体系 / 17
  （二）制定中长期工作规划形成长效机制 / 18
  （三）推动公共服务体系积极参与 / 18
  （四）加强阅读推广人才培养 / 19

国别报告 / 21

日本全民阅读工作开展情况 / 23
　　一、绪　论 / 23
　　二、日本阅读环境和阅读调查情况 / 25
　　　　（一）阅读环境 / 25
　　　　（二）全民阅读情况 / 28
　　　　（三）青少年阅读情况 / 31
　　三、推动全民阅读工作的主要机构 / 32
　　　　（一）政府部门 / 32
　　　　（二）图书馆 / 37
　　　　（三）学　校 / 40
　　　　（四）行业协会 / 42
　　　　（五）出版社、经销商、书店等 / 45
　　　　（六）财　团 / 47
　　　　（七）志愿者团体 / 49
　　四、推动全民阅读工作的政策法规 / 51
　　　　（一）全国性法律法规 / 51
　　　　（二）地方性法律法规 / 59
　　五、日本阅读活动的开展情况 / 60
　　　　（一）全国性活动 / 60
　　　　（二）地方性活动 / 66
　　六、主要阅读环境的建设情况 / 68
　　　　（一）数字阅读 / 69
　　　　（二）绘本馆 / 72
　　　　（三）猫町俱乐部 / 73
　　　　（四）团地图书馆 / 75
　　七、结　语 / 76

德国全民阅读工作开展情况 / 79

    一、绪　论 / 79

    二、德国阅读相关情况调查 / 82

        （一）2018—2020年度图书产业报告 / 82

        （二）全民性阅读数据调查 / 93

        （三）青少年的阅读数据调查 / 98

    三、推动全民阅读工作的主要机构及评奖活动 / 99

        （一）政府部门 / 99

        （二）行业协会 / 100

        （三）图书博览会：法兰克福书展 / 105

        （四）企业集团 / 106

    四、德国主要阅读活动开展情况 / 111

        （一）全国性活动 / 111

        （二）地方性活动 / 113

    五、主要阅读环境建设情况 / 113

        （一）图书馆 / 113

        （二）图书空间：书店 / 113

法国全民阅读工作开展情况 / 115

    一、绪　论 / 116

    二、法国阅读情况调查 / 117

        （一）国民阅读情况调查 / 117

        （二）青少年阅读情况调查 / 120

        （三）针对儿童的阅读行为研究 / 122

    三、推动全民阅读工作的主要机构与政策环境 / 123

        （一）国家级部门情况 / 123

        （二）国家级法律法规 / 127

        （三）地方管理部门与相关政策 / 128

        （四）阅读活动组织方情况 / 129

四、法国全国性阅读活动开展情况 / 132
　　（一）全民性阅读活动 / 132
　　（二）小学生阅读活动 / 136
　　（三）青少年阅读活动 / 139
　　（四）特殊群体阅读活动 / 143

五、法国地方性阅读活动开展情况 / 145
　　（一）巴黎地区的主要阅读活动 / 145
　　（二）里昂地区的主要阅读活动 / 149

六、其他阅读工具与阅读环境的建设情况 / 152
　　（一）与图书馆相关的阅读工具与环境 / 152
　　（二）其他公共阅读推广工具与环境 / 155

七、结　论 / 158

西班牙全民阅读工作开展情况 / 161

一、绪　论 / 161

二、西班牙阅读调查情况 / 162
　　（一）国民阅读调查情况 / 162
　　（二）西班牙疫情居家隔离期间图书与阅读的作用 / 165
　　（三）青少年阅读调查情况 / 166
　　（四）老年人阅读调查情况 / 166

三、推动全民阅读工作的主要机构和政策环境 / 167
　　（一）政府部门 / 167
　　（二）区域性政府部门 / 172
　　（三）相关行业协会 / 173
　　（四）其他机构 / 178
　　（五）阅读推广政策环境 / 179

四、西班牙阅读活动开展情况 / 179
　　（一）全国性阅读推广活动 / 180
　　（二）区域性推广活动 / 185

（三）针对青少年的阅读推广活动 / 187
　　（四）针对特殊人群的阅读推广活动 / 188
五、主要阅读环境建设情况 / 189
　　（一）图书馆建设情况 / 189
　　（二）书　店 / 191
　　（三）其他阅读空间 / 192

英国全民阅读工作开展情况 / 193
一、绪　论 / 193
　　（一）早期阶段 / 193
　　（二）繁荣发展阶段 / 194
　　（三）成熟与兴盛阶段 / 195
二、英国阅读情况调查 / 198
　　（一）年度读写能力调查报告 / 198
　　（二）青少年阅读情况调查报告 / 204
　　（三）其他专项阅读调查 / 208
三、推动全民阅读工作的主要机构 / 214
　　（一）政府部门 / 214
　　（二）阅读推广组织机构 / 218
　　（三）出版机构 / 222
四、英国阅读活动开展情况 / 226
　　（一）全民性阅读推广活动 / 226
　　（二）儿童与青少年阅读推广活动 / 229
　　（三）针对特殊群体的阅读推广活动 / 233
　　（四）面向海外的阅读推广活动 / 236
五、主要阅读环境的建设情况 / 238
　　（一）图书馆 / 239
　　（二）书　店 / 244
　　（三）其他阅读空间 / 246

美国全民阅读工作开展情况 / 249
　　一、绪　论 / 249
　　二、美国全民阅读活动背景 / 249
　　　　（一）经济环境 / 250
　　　　（二）社会环境 / 251
　　　　（三）数字技术环境 / 252
　　三、美国阅读相关调查情况 / 253
　　　　（一）图书馆情况 / 253
　　　　（二）阅读相关数据 / 257
　　四、推动美国阅读推广工作的主要机构 / 264
　　　　（一）官方机构 / 264
　　　　（二）非盈利阅读组织 / 265
　　　　（三）民间组织 / 267
　　五、推动美国阅读推广工作的政策法规 / 269
　　　　（一）《阅读卓越法案》/ 270
　　　　（二）《不让一个孩子掉队法案》/ 271
　　　　（三）《每个学生都成功法案》/ 273
　　　　（四）《图书馆服务与建设法案》/ 275
　　六、美国阅读活动开展情况 / 276
　　　　（一）全国性阅读推广活动 / 276
　　　　（二）儿童青少年阅读推广活动 / 277
　　七、中美阅读推广对比 / 280
　　　　（一）全国性立法亟需落地 / 280
　　　　（二）执行主体亟待明确 / 281
　　　　（三）学校参与度有待提高 / 282

主报告

国外全民阅读活动现状与经验研究

刘莹晨

2022年全国两会《政府工作报告》中提到，"深入推进全民阅读"，这是自2014年起，"全民阅读"连续第九次被写入政府工作报告。2020年10月，中宣部印发《关于促进全民阅读工作的意见》，意见明确提出，到2025年，通过大力推动全民阅读工作，基本形成覆盖城乡的全民阅读推广服务体系，全民阅读理念更加深入人心，活动更加丰富多样，氛围更加浓厚，成效更加凸显，优质阅读内容供给能力显著增强，基础设施建设更加完善，工作体制机制更加健全，法治化建设取得重要进展，国民综合阅读率显著提升。目前，我国全民阅读推广活动仍处于起步发展阶段，有效梳理对比分析国外全民阅读活动现状和政策管理体系、经验特点，对我国加快推进全民阅读法制化建设以及中长期规划实施，设立专门基金和相关扶持资金，推动社会力量广泛参与阅读推广活动，加强重点阅读推广人才培养等方面的构建有着积极借鉴意义，同时，从政策指导、资金保障、社会力量参与、人才培养等方面为深化我国全民阅读推广工作创造良好的环境和氛围。

一、各国全民阅读活动现状

近年来，美国、英国、法国、德国、西班牙等国国民阅读率均处于稳定阶段，在经历数字化浪潮冲击、数字技术变革以及新冠感染疫情突袭的影响后，传统纸质书阅读仍是各国民众主要的阅读方式，同时数字阅读与其形成互补并稳定发展趋势；各国阅读推广活动以政府为主导，广泛吸纳各行业协会、社会组织、基金会、其他社会机构，多方协作参与，不断促进各国阅读推广活动繁荣发展；美国、日本、西班牙等国家目前已实现阅读活动立法，形成了以国家政策为指导，协调各级政府、各类机构全面参与的发展体系。

（一）各国积极开展国民阅读调查

1. 各国国民阅读率发展平稳

近年来，美国、英国、西班牙、法国等欧美发达国家国民阅读率呈稳步上升趋势，其中 2020 年新冠感染疫情导致的隔离居家为民众阅读起到一定程度的正向推动作用。皮尤研究中心调查数据显示，2020 年，美国民众阅读率达到 75%，为 2015 年以来的最高值。《西班牙国民阅读习惯与图书消费报告》显示，2020 年西班牙 14 岁以上阅读者总比例达到 95.7%。根据 2020 年法国国家图书中心"法国国民阅读研究报告"，86% 的法国人在 2020 年至少阅读了一本书，上述三个国家 2020 年国民阅读率均处于较高水平。德国"最佳计划"问卷调查数据显示，2020 年德国"每月读书超过一次"的人群占比为 48.1%，其中"每周多次读书"的受访者比例上升至 17.1%。

在长达数月的居家生活里，充足的阅读时间和安静的阅读环境为家庭阅读活动提供了绝佳条件，多个国家调查数据显示，2020 年隔离期间国民阅读率有明显增加，比 2020 年全年国民阅读率略高。同时隔离期间，阅读为各国民众缓解了压力，使他们沉浸在图书阅读中，暂时摆脱因疫情等产生的负面影响。新冠感染疫情期间，41% 英国成年人阅读量显著增加，阅读时间从每周约 3.5 小时增加到平均 6 小时；西班牙经常读书人群占比达到 57%，较疫情前增加 5%，人均阅读图书数量为 3.9 册；虽然 2020 年日本最近一个月内读过书的人占比 45%，为该调查开始以来最低，但疫情扩散后，有超过 10% 的受访者表示疫情期间读书时间有明显增加。

2. 纸质书阅读与电子书阅读稳定互补发展

近年来，各国电子书阅读率变化与数字技术发展革新变化、智能设备的更新迭代，以及新冠感染疫情影响波动呈正相关，在经历了数字技术井喷式发展后，各国电子阅读率逐渐走向平稳匀速状态，并且与传统阅读方式形成了互补的关系，纸质阅读仍是主要的阅读方式。

美国自2011年开始，电子书阅读比例开始明显增长，2014年该比例快速攀升至28%，随后进入稳定阶段，直至2020年该数据首次突破30%；法国人2020年电子书和听书阅读率持续增长，电子书读者增加近100万人次，1/5的法国人接触过有声读物，29%的电子书读者和34%的听书读者通过图书馆获得资源，占比有所上升；德国2020年电子书购书者的数量总计约380万人，比2019年增加3.3%，购书者人均的购买数量增至9.6册，为近年最高；2021年西班牙数字阅读人群占比达到82.4%，其中，新闻类、图书类、杂志类、漫画类为主要的线上阅读内容。

从电子书阅读年龄看，各国主要以15—55岁之间、高学历人群为主。法国国家图书中心的调查结果显示，2020年法国数字阅读读者的平均年龄为41岁，15—34岁年龄组（44%）最高，50%拥有大学学历；西班牙则以55岁以下的高学历人群为线上阅读主要用户。

3. 青少年阅读能力与受教育水平呈正相关

在青少年阅读人群中，阅读能力与受教育水平成正比，女生阅读能力通常高于男生。2019年，16—25岁的法国青少年阅读测试结果显示，77.3%的受访者阅读能力良好；超过10%的青少年阅读能力差；被评估为文盲的占5.3%。在阅读困难的青少年中，处于初中教育水平阶段的占49%，而处于高中阶段（含综合教育、技术教育）的青年仅占4.9%。

青少年中年龄越大，阅读时间和阅读数量则越少，其对阅读活动的参与度越低。2021年，西班牙6岁以下幼儿的家庭阅读占比达到75.9%，每周阅读时间显著上升，达到3小时23分钟，而6—9岁儿童阅读时间为3小时8分钟，幼儿阅读逐渐普及。在青少年中，经常阅读人群比例和年阅读图书数量也随着年龄增长有所下降，10—14岁中占比为77.5%，平均阅读12.6册；而15—18岁则为64.9%，平均阅读12.5册。日本小学生平均每月的阅读量较大，以2021年5月为例，小学生平均阅读册数最多，为12.7册，其次是初中生，高中生最少，仅为1.6册，不读者中高中生占比近50%。

（二）参与阅读推广活动机构类型丰富

1. 各国政府行政部门是阅读推广活动的重要力量

政府行政部门作为各国实施阅读推广活动主要推动力量，形成主要部门推动，多部门联动的形式，重点关注儿童与青少年阅读能力培养，推动教育与阅读习惯培养充分融合，将国民阅读兴趣提升与文化素养提升有机结合，协同发展。全民阅读工作在国内承担着提升国民阅读兴趣与文化素质的重任的同时，在国际交往中积极参与当地阅读气氛渲染，并承担了国家文化形象建构的重要职责。

英国数字、文化、媒体和体育部下设45个专门机构，与文化、阅读相关的专门性机构有英格兰艺术委员会、英国国家图书馆等；英国教育部在全民阅读工作方面承担社会研究、政策制定与颁布工作。西班牙文化和体育部主要负责提出和执行关于图书、阅读和文学创作等方面的政策，其下属图书和阅读推广总局通过图书、阅读和文学推广分局执行全国阅读推广计划，并通过下属分支机构阅读和图书观察站对图书领域发展变化及阅读情况进行持续监测，对图书馆系统提出分析和改进建议。日本文部省在统筹日本国内的教育、科学技术、学术、文化和体育等事务的同时，总领全民阅读活动，通过制定和实施各类阅读推广活动相关的规划和预算、进行阅读相关调查、培养阅读推广人才等方式，促进日本全民，特别是儿童和青少年的阅读事业发展，其下属国立青少年教育振兴机构通过人才培养、基金支持、调查研究、提供活动场所等助力阅读推广工作。在法国国内，法国文化部、教育部是全国层面阅读推广工作相关政策的主要制定者和主要经费的拨付者；在法国国外，法国外交部下属机构负责全民阅读工作在各国的落地，其下属法国文化中心及有合作关系的法语联盟承担法国阅读活动的海外推广工作。美国的阅读推广活动则是以总统带头，联邦政府、图书馆及其他组织机构参与。自1987年起，美国的多项政策、法案、项目等均由美国历任总统发起，如前总统里根先后发起美国"阅读年"活动、"卓越阅读方案"、"不让一个孩子掉队法"，前总统克林顿发起"美国读书运动"，前总统奥巴马推行全民阅读方案。

2. 公共图书馆体系是各国阅读推广活动的主要参与者

图书馆作为主要公共服务机构，同时也是各国阅读推广活动的主要阵地，各级各类图书馆举办丰富的阅读活动，为不同人群提供阅读服务。美国是世界范围内最早开展全民阅读推广的国家，而图书馆体系是美国阅读推广活动最重要的推进者，美国国会图书馆和美国图书馆协会是美国两大重要官方阅读推广机构，除日常图书馆相关事务外，也举办不同规格的阅读推广活动。如，成立美国国会图书馆图书中心专门负责公众阅读推广，举办国家图书节、美国"一城一书"活动等。英国是世界上较早提出公共图书馆应针对儿童提供服务思想的国家，公共图书馆无论规模大小，均设有专门的儿童阅览室。另外，英国的公共图书馆日益注重为特殊人群提供服务，如阅读障碍的人群等。日本的公共图书馆由国立国会图书馆—都道府县立图书馆—市町村立图书馆组成区域网，市町村立图书馆组成广域网，与各级学校图书馆和专业图书馆跨馆协作，既实现最基本的图书保存借阅，为民众提供阅读场所等功能，也在策划和组织阅读推广活动等方面也发挥了巨大的作用。法国通过图书馆系统提供多媒体文化服务，通过应用软件和阅读券发放来保持民众参与阅读活动、购买图书的积极性，通过在全国建设的50余间艺术图书馆中，为广大公众、学者和学生提供借阅浏览视觉艺术作品、艺术史相关图书以及当代艺术相关纸质图书和电子材料等。德国目前有各类图书馆9397家，馆藏资料3.73亿册，每年出借资料4.14亿册，每年举办各类活动超过40万场。西班牙由国家图书馆和各大区图书馆通过联合开展活动以及分别开展针对不同群体和不同地区特点的活动，共同推动提升图书馆在阅读推广方面的公共服务能力，2020年西班牙共有4582家公共图书馆，共接待近4245万次访问，其中53家州级公立图书馆藏书超1330万册，访客量达到500万，借阅量超过340万册，组织文化活动近8300场。

同时，多个国家的大学图书馆通过社会开放、资源整合、馆际互借、组织各类活动等方式，提升图书馆利用率，提高图书资料的使用率，为更多的人提供阅读和公共文化等相关服务。如日本大学图书馆积极面向社会开放，当地居民可以到大学图书馆借阅图书，大大提升了图书馆资源开放性和利用率；日本多摩学术联盟的成员校的师生已实现图书馆资源共享，使图书馆资源得到了最大限度的使用。日本樱美林大学于2005年开始筹办"樱美林大学图书馆读书运动"，协同学生、教职员工、图书馆、学生协会四方共同努力，以"阅读与策划相结合"为理念，以读书会为中心，通过策划不同的主题活动，激发学生"阅读"和"通过图书沟通"的乐趣。美国佛罗里达州立大学图书馆开始提供电子资源、在线教学支持、开放教育资源、在线辅导和其他远程服务，组织学生们参加在线逃生游戏、宾果游戏、学习如何扎染等线上活动。西班牙也积极推动大学图书馆面向社会和公众开放。

3. 社会组织及其他机构参与广泛

参与各国阅读推广活动的社会组织既包含出版行业内协会、广播电台、基金会，也包含其他非营利性公益组织机构、其他社会企业等，推广活动参与主体结构多样，社会参与广泛。

一方面，充分发挥本国具有行业背景的组织机构的影响力，举办多项具有影响力的阅读推广活动。美国图书馆协会作为世界上历史最悠久、规模最大的图书馆协会，负责赞助各州图书馆活动，全美各类图书馆积极参与，促进图书馆事业发展，助力阅读推广。同时还有如"每个孩子都是读者""第一本书""让文字活起来"等专门从事青少年阅读推广的非盈利组织机构。日本读书推进运动协议会组织的阅读推广活动，涵盖人群广泛，既有少年儿童，也有刚走上社会的年轻人，还有专门面向老年人的"敬老日阅读推荐"等活动。"读书周"活动作为日本的国民运动，截至2021年已经连续举办75届，影响深远。西班牙出版商协会联合会在支持阅读方面，与文化和体育部等公共和私人机构和团体长期合作，实施阅读促进计划。西班牙图书委员会联合会通过书籍咨询平台项目"你的书库"、推荐平台"书店推荐"、儿童及青少年阅读促进项目"基里科组"等平台开展相关阅读活动。德国阅读基金与联邦及各联邦州政府部门、科研机构、基金会、协会和企业密切合作，开展全国性的项目、活动，以及各类研究和示范项目，利用不同的媒体，致力于所有年龄段及人群阅读技能的提高，特别是在教育方面处于社会弱势地位的青少年及其家庭。

另一方面，以阅读推广为目的，在阅读活动稳定开展和影响不断扩大过程中形成的组织机构发展成为阅读推广工作的重要力量。英国阅读社由三个读者发展组织合并而成，与来自公共、私人和志愿部门的众多伙伴，包括公共图书馆、学校、监狱、高等院校、工作单位、社区中心、卫生工作者以及拥有共同价值观与目标的其他组织和公益机构参与者和合作伙伴等一起制定和实施阅读计划。法国除出版商协会、书商协会、作家权益协会等与出版业相关的行业组织积极参与外，很多以推广阅读活动为首要目的的组织，如法国"阅读社会"协会、法国"途径"协会、法国"阅读即出发"协会等在开展全民阅读活动的过程中起到了十分重要的作用。这些组织的活动能力、活动方式、目标对象都有不同，成为法国全民阅读活动丰富广泛开展的重要民间力量。

（三）阅读推广政策覆盖多环节、各类人群

1. 为全民阅读推广工作提供基本准则和政策保障

国民阅读推广活动，经过各国立法后由政府自上而下地主导推进，具有一定的国家战略意义，经费持续性投入和政策倾斜，或可视为阅读推广成功的关键。美国、日本、西班牙等国家先后颁布阅读相关法案。

日本政府为了提高全体国民的阅读热情，提供良好的阅读环境，进一步推动阅读活动，进入21世纪以来，出台了一系列推动阅读活动的法律，形成了完整的法律体系。2001年颁布《少年儿童读书活动推进法》，2002年开始实施《推进少年儿童读书活动基本规划》，2005年颁布《文字及印刷品文化振兴法》，2015年颁布新修订的《学校图书馆法》，2019年颁布新修订的《图书馆法》，2019年颁布《关于完善视障人士等阅读环境的法案》，这些法律法规为日本进一步完善阅读环境，推进阅读活动，提高国民阅读率，提供了坚实的法律保障。美国以历任总统法案为主要线索，自1998年第一部针对青少年的《阅读卓越法案》颁布，随即先后颁布了《每个学生都成功法案》《美国复苏和再投资法案》《不让一个孩子掉队法案》等多个阅读法案，这些法案既有符合当时阅读发展背景的个性特点，又具有较强的延续性，从而不断

推动美国儿童和青少年阅读活动的发展。

同时，英国、法国、西班牙等国家以图书馆法为核心，对阅读推广的主体、对象等基本义务和权利予以明确规定。英国政府通过健全的法律法规体系、政策规划支持保障英国图书馆、阅读机构和社会组织等团体开展阅读推广活动。1850年《公共图书馆法》、1964年《公共图书馆和博物馆法案》，以及2001年首次颁布的《公共图书馆服务标准》，为公共图书馆阅读推广服务在英国的全面开展奠定了坚实的法律基础。法国2021年《图书馆和公共阅读发展法》，明确定义市级及跨市级图书馆的使命为保障人人平等获取文化、信息、教育等知识的权利，促进阅读发展。西班牙政府于2007年首次颁布《阅读、图书和图书馆法》，2014年、2021年分别进行了修订，明确规定"图书与文化是基本产品和基本必需品"，提出需要长期组织并开展阅读促进活动以及推动公共图书馆体系建设等内容，并对促进阅读活动，促进作者与图书产业发展，图书产业相关法律制度，图书馆发展等与阅读活动相关的多个环节进行了明确规定。同时对西班牙青少年以及特殊人群的阅读活动提供了重要保障。

2. 保障不同人群的阅读权益

英国、法国、日本等国家先后出台针对不同年龄以及不同人群的阅读推广基本权益和权利政策文件，特别是对于国民教育中阅读教育制定的相关政策为青少年阅读能力培养提供了基本保障。英国教育部2015年以来先后颁布了《阅读下一步计划：提高学校的读写能力标准》《阅读框架：读写能力基础教学》等政策文件，明确了阅读素养的重要性、近年来全民阅读取得的成就，以及自然拼读法的教学、培养成熟的阅读者的计划，从而增强人们对阅读重要性的认识，提高学校的读写能力标准。日本根据不同对象在不同时期制定了多部法律针对儿童阅读、图书馆及图书馆教职人员，以及将阅读作为教育文化重要一环而衍生出的多部法律法规，如《教育振兴基本计划》《教育基本法》《社会教育活性化21世纪计划》《学习指导要领》《教育基本法》《学校设施整备方针》《图书馆法》《学校图书馆图书整备新五年计划》《关于加强图书馆功能活用化的政策》等，做出了具体详尽的法律规定与指导，营造了良好的教育文化环境,推进了阅读活动,日本全民阅读活动取得良好成效。

多个国家通过颁布相关法案、修订条例等方式确保如视障人士、服刑人员等特殊人群的阅读权利。2019年6月日本国会颁布《关于完善视障人士等阅读环境的法案》,明确国家和地方公共团体的责任和义务,规定制定基本计划和推进完善视障人士阅读环境政策时的基本要求,进而全面且有计划地推进视障人士等阅读环境的完善,从而实现建成全体国民都能平等地通过阅读享受文字及印刷品的社会。法国政府持续关注特殊群体再成长,保障监狱服刑人员的阅读权益,以阅读助力狱犯文化改造,自1841年开始先后颁布法国省级监狱法、欧洲委员会"关于监狱教育",以及修订法国刑法中相关条例,充分保障服刑人士的阅读权益,同时明确服刑人员若积极接受教育改造,积极参与阅读和写作等文化活动,可额外获得减刑机会。

二、各国全民阅读经验特点

从各国组织实施的各项推广活动看,形成了各阶段、各类人群广泛参与的繁荣景象,区域性活动持续推动使得阅读活动影响力不断提升,以点带面,与全国性活动相辅相成,协调促进国民阅读率不断提升的同时,进一步推广向世界各国,发展成为国家对外文化交往的重要名片;家庭亲子阅读活动的丰富促使阅读年龄逐渐偏向低幼化,同时学校教育与儿童和青少年阅读活动紧密联系,青少年的阅读兴趣通过多种方式不断激发;各国对于特殊人群、特殊环境的阅读推广采取分类实施、因地制宜的方式,为他们提供更便捷的阅读环境。

(一)各国阅读活动覆盖范围广

1. 全国性活动与地方性活动相辅相成

各国阅读推广活动因实施主体和参与对象的多元,形成了形式多样、内容丰富的阅读推广活动,打造了一批具有本国较强辐射力和影响力的活动。美国"国家图书节"是美国国会图书馆主办的全国性的年度阅读活动,每年

9月在华盛顿会议中心举办，每届按照不同图书主题布置展馆，如历史传记、惊悚、科幻、儿童文学等主题，同时设有美国各州展馆、国会图书馆展馆、家庭阅读推广展馆等。英国"提前阅读"由英国阅读社于2008年发起，该活动在公共图书馆、成人教育机构、大学、公司、监狱等场所展开，该活动在提高人们的阅读信心与乐趣，增加阅读量与图书馆的使用次数方面效果显著，截至2020年有超过1.8万人次参与到该活动当中。德国全民阅读公约由德国书商与出版商协会与德国阅读基金共同发起，参与的成员来自社会各个领域，包括联邦及各联邦州政府、企业、各雇主及雇员协会、工会、家长代表、教育工作者、图书馆、出版社、媒体、书商、儿科医生、社会福利团体和教会。

多个国家的地区性阅读活动经过发展取得了较大影响力，从而延伸至全国甚至世界多个国家共同参与，形成了地区、全国、全球活动相互借鉴，共同发展的良好局面。美国"一书一城"活动起源于1998年西雅图公共图书馆华盛顿图书中心"如果西雅图人都阅读同一本书"活动，目的是通过阅读同一本书来激发民众阅读热情。因其较大的影响力，美国图书馆协会将该活动推广至全美。法国的"书店年轻人"活动旨在邀请中学教师和独立书商共同设计文化项目，引领初高中生走进书店，深入了解图书产业，激发阅读兴趣。该活动于2005年起在法国阿基坦大区政府的支持下举办，自2021年起被法国教育部和文化部纳入艺术和文化教育计划，推广至全国。

2. 全民阅读活动成为对外文化交流的名片

随着各国全民阅读推广的持续推动，以及其影响力的不断扩大，全民阅读活动逐渐成为国家对外文化交流的重要平台。英国图书信托基金会1992年联合伯明翰图书馆、南伯明翰卫生局和伯明翰大学教育学院发起了一项专门面向学龄前儿童的早期阅读计划，初衷是让孩子体验到并能和他人分享阅读绘本的快乐，后来发展为全国性阅读指导计划的"阅读起跑线"。2000年以"儿童读书年"为契机该活动被介绍至日本，目前已成为日本各地政府的婴儿福利事业，"阅读起跑线"也成为响遍世界的阅读活动。在法国，全民阅读活动是其对外文化交流的重要平台，起到润物细无声的作用。通过阅读之夜、龚古尔文学奖国际奖评选、无国界图书馆、里昂国际侦探码头小说节等活动，不仅满足法国驻外公民需求，也在加强与当地法语学习者、法国友好人士的联系。法国将自己多元文化共同发展的理念、优秀文化遗产与文学作品、文化创新意识送出国门，达到了交流、交往、交融的目的。"德国青少年文学奖"1956年由德国联邦家庭、老人、妇女与青少年部设立，奖项设立至今已有约2500部作品获奖，除德语原创作品外，也包括翻译成德语并在德国出版的外语图书，不仅起到关注提升阅读兴趣的作用，还彰显了德国文化包容与文学的开放性。

（二）公共服务助力阅读推广

1.志愿者积极参与阅读推广服务

法国、德国、日本等国家志愿者参与阅读推广项目是其独有的特色。不同类型的志愿者发挥自身优势，可以为参与的读者提供不同的阅读指导服务，致力于阅读推广事业，在唤起民众阅读意识，培养阅读习惯，满足阅读需求等方面发挥了重要作用，同时形成了全社会参与、所有人群共同受益的局面。

法国"读与促读"活动旨在培养儿童阅读习惯，促进代际交流和积极老龄化。截至2022年，"读与促读"协会共有近2万名阅读志愿者，均为50岁以上的离退休人员，志愿者结合实际情况和活动要求，走进小学为学生朗读图书，激发学生阅读兴趣，活动贯穿整个学年。除了学校之外，志愿者还会前往图书馆、休闲中心、幼儿教育、卫生所和母婴保护所等社会机构为儿童分享阅读的乐趣。"我读科学"活动则为志愿者准备科学类图书背包，旨在引导8至10岁儿童走进科学，通过阅读，激发儿童对科学的兴趣。德国"全国朗读日"活动于2004年由《时代周刊》、德国阅读基金和德国联邦铁路基金共同发起，每年11月，大批教育工作者以及来自各界名人充当志愿者，在学校、幼儿园、图书馆、书店多种场所以及数字媒体等多种渠道义务为孩子们朗读，该活动目前已成为德国范围内最大规模的朗读活动，目前每年参与活动的朗读者与听众的人数已经增加至约70万人。在日本，几乎每个阅读活动进行的过程中都能看到志愿者的身影，志愿者参与的工作包括图书整理、文献数据整理加工、当面阅读服务、儿童的阅读启发等。志愿者的加入改善了图书馆部分工作人员、活动不足的问题，志愿者在不同岗位发挥着自己的优势和特长，为服务读者、推广阅读贡献着各自的力量。

2. 为特殊群体提供便捷阅读服务

各国向如视听障碍人群、老年群体等特殊群体以及医院、监狱等特殊社会空间开展多种活动，有针对性地开展推广阅读服务。

针对视听障碍、阅读障碍等人群，英国在世界读书日期间，面向视障和听障人群，英国皇家盲人协会特别准备了盲文和有声读物，英国导盲犬协会提供大字本，为视障人士提供便捷阅读。英国"图书解锁"活动，为阅读障碍人群提供可触摸图书和有声读物等。法国"柏拉图"平台全称为"数字作品转让平台"，致力于保障视力障碍者阅读。截至2020年，柏拉图平台授权组织超过120个，共计1440多家注册出版商，已改编5.32万种图书，格式包括盲文、大字和有声书。西班牙便捷阅读项目旨在为方便有阅读理解困难的人群进行阅读活动而提供的文本编辑、设计和布局等方面的指南和建议。项目通过使用短句、避免否定句、避免过多使用数字、避免复杂比喻和类比、一个句子对应一条信息、包含插图等多种方式为有阅读理解困难或障碍的人士提供方便，从而提升这类人群的阅读兴趣和习惯养成，许多私人和公共组织参与其中。

针对老年群体，英国"阅读之友"项目，以小组或一对一的方式定期在监狱、图书馆和护理之家等地点举办聊天活动或故事分享会。该活动特别侧重于痴呆症患者及其护理人员，通过提供一系列的共享阅读模式，使不同群体之间产生紧密的联系，包括图书馆、养老院以及庇护所等，并积极与英国各高校和学院合作，探讨接触不同类型社区的方式方法，尽可能地帮助更多痴呆症患者。

针对医院患者，法国医院阅读活动在政府的倡议下，通过在医院内设立图书馆和阅读角供患者免费借阅。读者可以通过短篇小说分发器根据阅读时间，随后按下按钮，免费获取长短不一的小说。巴黎多家医院开展"阅读疗法"，通过阅读纾解患者负面情绪困扰。便捷图书馆项目是由西班牙唐氏综合征患者协会和西班牙文化和体育部于2017年合作开展的、面向唐氏综合征患者的促进阅读项目，项目为图书馆工作人员提供与唐氏综合征患者的沟通、鼓励阅读和便捷阅读相关的培训和建议，并出版相关指南，还为唐氏综合征患者组织研讨会协助其阅读实践。

面向监狱和少管所服刑的人群，法国"读书即生活"协会为监狱服刑人员提供了形式丰富的阅读支持。除为狱犯提供种类丰富的图书外，该协会亦负责举办读书会、电影会、讲座等丰富多彩的文化活动，"阅读圈"便是其中之一。

（三）各阶段儿童和青少年阅读活动全面覆盖

儿童时代不仅是启迪思维的黄金阶段，也是培养各类习惯的最佳时期，而且在此阶段所培养的习惯大多会相伴终身。同样力度的阅读习惯培养作用于儿童青少年相较于成年人收效倍增，这也是各国将阅读从娃娃抓起的最重要原因之一。其次，相对于成年人，儿童青少年远离工作生活压力，更远离数字媒介侵蚀，是阅读活动的最佳对象人群；再次，儿童阶段的阅读大多需要家长参与，亲子阅读能使家长回归到阅读活动中。为此，各国对个年龄段儿童青少年作为阅读推广活动的主要开展对象。

0—6岁儿童的阅读主要依托家庭阅读环境来培养，各国通过向幼儿及其家庭赠送阅读入门图书、提供朗读建议服务等方式为家庭亲子阅读活动创造良好的环境，在促进低龄儿童阅读习惯的养成的同时，也可以进一步激活成年人对阅读的兴趣。德国"开始阅读1—2—3"是一项全国性的幼儿阅读推广计划，每年为有1至3岁幼儿的家庭免费提供三套阅读入门套装。除适龄书籍外，套装中还包含给父母的、用多语种写成的朗读建议。西班牙"生而阅读"活动是加泰罗尼亚地区政府开展的针对0—3岁儿童阅读的计划，由儿科医学界和儿童文学界的专家联合研究并制定相关计划，为各家庭提供儿童阅读的专业指南并组织相关活动，通过图书建立成人和儿童之间的情感纽带。德国黑森州的"爸爸妈妈学读书"是一个针对有阅读障碍父母亲的帮助项目，旨在培训幼教人员如何识别并帮助那些有读写困难的父母，通过使这些父母学习阅读，继而达到促进儿童阅读能力培养的目的。

小学是培养儿童阅读兴趣和阅读习惯养成的最佳时间，法国、日本等国家通过在幼儿园、小学学校教育阶段开展活动，来保障这一年龄阶段儿童的基本阅读时间。英国阅读起跑线是于1992年启动的图书赠送计划，政府每年为0—5岁儿童提供免费图书，帮助儿童进行早期的阅读和学习，每个新生婴儿都会通过医院获得一个婴儿包，里面包括适合婴儿听的故事、诗歌和歌曲；3—4岁的学龄前儿童通过幼儿园、儿童活动中心获得宝藏包，包含有画着可爱插图的故事书和教授阅读技巧的图书。此外，母语不是英语的儿童也可以和当地公共图书馆申请获得双语阅读礼包。自2018年以来，法国国家教育与青年部在全国幼儿园和小学推广"15分钟阅读"活动，邀请教师和同学在校期间每日固定15分钟阅读，各学校根据自身情况选择阅读时间，激发学生阅读兴趣，促进学生养成阅读习惯，提升学生专注力，同时创造校园文化，改善学校氛围。2022年，"15分钟阅读"被列入法国教育部中学阶段推荐文化项目。日本"晨读"活动于1988年在千叶县启动，后在全国中小学推广开来，每天早上课前10分钟学生和教师阅读自己想读的书，达到养成良好的生活习惯，减少迟到现象的目的，同时每天坚持阅读，为培养阅读习惯奠定了良好基础。到2022年，日本全国中小学该项活动的实施率已超过75%。西班牙也将"促进阅读"作为政府评价教学质量的重要指标之一，"所有公立教学中心都必须拥有一座学校图书馆"作为学校必须履行的重要义务，并明确要求在幼儿、小学各年级教育中各个学科应投入相应阅读时间，从而帮助孩子们学习阅读并养成阅读习惯。

初高中阶段青少年则是通过鼓励参加各项阅读比赛活动，积极参与社会活动，扩大他们交流的广度和深度，激发青少年阅读兴趣，享受阅读带来的乐趣。阅读挑战是一项由英国阅读社于1999年发起的阅读推广活动，时间为每年6月至8月，目前已成为英国最大的儿童阅读推广活动之一，该挑战自开展以来，每年激发超过70万名儿童坚持阅读。在法国教育部、文化部和法国出版商协会的支持下，"如果我们大声朗读"比赛在法国文学评论家兼记者弗朗索瓦·布斯内尔的倡议下自2019年启动，该活动通过邀请法国各地的初中生和高中生朗读自选短文，评选出最佳初中生朗读者和最佳高中生朗读者，旨在培养学生阅读兴趣及表达能力。

三、国外阅读推广活动对我国的启示

上述发达国家国民阅读活动均开始较早。从德国 18 世纪的"阅读革命"到美国 19 世纪图书馆系统的不断扩充完善，这些国家也大多至晚于 20 世纪 70 年代将国民阅读从个体、群体、行业提升至国家层面，开展较为丰富的阅读活动，为民众提供丰富多彩的阅读服务，对本国国民阅读率、阅读能力等进行系统跟踪研究。在公共文化受到普遍关注的当下，各国也已经建立了比较完备的阅读推广制度和政策，全社会形成了较为统一的合力。我国与此虽有时间上的差距，但自中共中央宣传部、新闻出版总署（国家版权局）等部委联合发起广泛开展全民阅读活动的倡议，也有近 20 年时间，"积极开展全民阅读活动"已连续 9 年写入政府工作报告。望于前路，我国全民阅读推广工作从制度、政策和活动开展等方面已经有了长足的进步，如能在对比国外全民阅读活动经验，从建立我国全民阅读法律体系、制定长效工作机制、推动公共服务体系参与和培养阅读推广人才等方面持续努力，将开创深入开展全民阅读活动新局面。

（一）建立我国全民阅读法律和政策保障体系

目前，美国、日本、英国、西班牙等均已颁布专门阅读立法以及图书馆法等其他相关法案，形成了对国民阅读推广工作相对完整的法律体系，对全民阅读工作可作出明确政策指导和保障。我国现已有中宣部印发的《关于促进全民阅读工作的意见》和江苏、湖北、四川、辽宁、贵州、广东、宁夏、深圳等 10 个省级、6 个市级地方性法规和 1 个省级地方政府规章在不同层面发挥指导作用。在充分考虑我国国情的情况下，一方面，应加快全民阅读法律的颁布，从法制层面保障公民阅读的基本权利，将各级各类阅读推广活动、投入资金，以及人员配备有机串联形成中央到地方的合力，保障阅读推广活动开展有效性、系统性，由上至下建立更符合当前全媒体时代和数字时代的形式多样、覆盖广泛的全民阅读推广体系。另一方面，可以参考日本、西班牙等国家在阅读推广与图书馆体系管理法规、国民教育法紧密结合的做法，应对照我国《公共文化服务保障法》《公共图书馆法》《教育法》《出版管理条例》等其他相关的法律法规，对于教育界、图书馆界、社会组织在全民阅读中的地位、作用、职责进行明确，制定相应条文，形成促进阅读推广和各行业生产、管理相配套的规范和约束，从而达成制度上的统一和扶持。

（二）制定中长期工作规划形成长效机制

从上述重点国家全民阅读工作机制看，制定国家层面不同周期的工作规划和工作计划是非常必要的，英国的"国家阅读年"计划、法国的"阅读，国家伟大事业"等年度计划，西班牙四年为一周期的"全民阅读推广计划"、日本五年为一周期的《推进少年儿童读书活动基本规划》等中长期规划不仅能动员各行各业的力量参与，还可以因地、因人制宜，明确活动目标，制定工作方案，进行效果评估，实现了政策计划的落地，同时能够及时总结经验，不断完善并持续开展全民阅读工作。第一，在建立健全法律保障体系的前提下，我国应制定全民阅读推广工作的短期、中期、长期的目标，加强开展阅读调查，有针对性地制定规划目标，开展多元化的阅读推广活动，形成长期有效的工作机制，各地区依据本地区特点和特色制定规划，同时协调国家和地方规划的关系，避免活动过多而落实不到位、形式化。第二，从政府管理层面看，建立全民阅读工作统筹协调机制，由国家主导、统筹协调，以国家主管部门牵头、中央地方统筹、相关部门协调、社会力量参与，建立多层级、主次有序互动的工作机制，从而为全民阅读工作的开展提供有效的政策和制度支撑。

（三）推动公共服务体系积极参与

全民阅读活动是全体参与的公共文化活动，参与阅读活动的公共服务机构越来越多，其覆盖的地区和受益人群才能不断扩大，其公共服务的属性才能较好实现，法国、日本等国家的地方、社区阅读活动也因此延续了数年甚至数十年。第一，公共图书馆体系是其中的重要力量，我国的各级各类公共图书馆在已有的阅读内容和阅读场所提供，为公民提供阅读指导的服务，包括基本的图书借阅指导、图书检索服务等基础上，应进一步加大开展阅读活动力度，增强为读者提供阅读方法、为不同人群提供推荐阅读书目、满足数字化阅读需求的能力。第二，城市书房、社区书屋以及各类文化活动中心等也是阅读推广中不可忽视重要力量，应充分发挥我国多地兴起的城市书房、社区书屋等阅读基础设施的作用，以占地选址较自由、使用时间较灵活、服务人群较固定的优势，开展较长期的固定人群阅读活动，并打通公共图书馆服务的"最后一公里"，成为全民阅读活动强有力的支撑；各类文化活动中心，如少年儿童活动中心、老年活动中心、社区活动中心等通过放置适合不同年龄和人群的图书、开展阅读交流活动等加强阅读服务的职能。第三，加大力度推动农家书屋与各级公共图书馆、农村合作社、各级村委会的联动，建设更多符合乡村阅读特色的新型乡村阅读空间等；同时在数字化阅读和移动阅读快速发展的当下，加快建设数字农家书屋、乡村阅读数字化网络服务平台等，推动乡村阅读数智化发展。

（四）加强阅读推广人才培养

阅读推广人才是阅读推广活动的重要组成部分，他们肩负着向公众宣传全民阅读政策法规、倡导大众参与阅读的重要任务，同时也承担着为读者提供阅读信息、指导阅读方法、解析作品、推荐好书新书，组织策划阅读活动项目等任务。第一，应如美国、法国、西班牙等国家政界、知名作家、著名文化界及各行各业的人士以阅读推广人的角色参与到各国的阅读推广活动中，提高我国社会知名人士参与阅读活动的意识，为他们提供参与阅读推广活动的机会。第二，应如美国、加拿大、西班牙、芬兰等国家开设与阅读服务、阅读推广密切相关的课程，从必修、选修及社会实践课等多种课程中激发更多大学生和青年人参与阅读推广活动的热情。第三，在当前数字时代越来越多人在观看短视频和直播的热潮中，一批具有较好阅读习惯和阅读能力的博主、民间阅读推广人也逐渐成为阅读推广的重要力量。第四，人口老龄化将是我国今后较长一个时期的基本国情，高质量老年阅读是全民阅读的一项重要课题。一方面，可以培育一批更了解中老年群体生理、心理需求，能及时关注老年群体特殊需求的志愿者开展老年图书阅读活动和推广，不断提升中老年群体精神文化生活质量；另一方面，可以从具有较强阅读能力，同时热爱阅读、热心分享的中老年群体中培养一批阅读推广人，向社会和青年群体和读者传递传统文化、红色文化等经典内容，持续传承中华文化，同时可以帮助他们在退休生活中继续了解社会、融入社会。

全民阅读工作是一项关于人民群众幸福生活、一生成长，关于文化传承发展、凝心聚力的伟大事业。我国应积极吸取各国优秀经验，结合中国特色社会主义发展特点，加快完善我国全民阅读法律和政策保障体系建设，创造良好的阅读环境和社会环境，营造积极的自主阅读氛围，不断增强阅读推广开展力度以及全民参与的积极性，培养全民终身阅读习惯，提高整体阅读能力，激发全民阅读兴趣，不断满足人民群众对美好生活的向往。

（作者单位：中国新闻出版研究院）

国别报告

日本全民阅读工作开展情况

秦石美　贾婷杰

一、绪　论

阅读是人类最基本的文化活动，是提高国民素质，进行文化教育、知识传播、思想培育的基本途径，与个人成长、社会发展、国家强盛息息相关。国民的整体阅读水平是评判国家的创新能力和国际竞争力的重要指标。

日本的阅读推广活动可以追溯到 20 世纪 20 年代，当时中田邦造在石川县农村地区发起"阅读指导""读书会"等活动。二战后，日本非常重视国民阅读，将其提升到国家战略的高度。随着日本社会民主化进程，阅读推广活动以保障认知自由为主要目的，逐渐形成了一个成熟有效的体系。

阅读推广，重要的是踏实、长久的日常工作。在出版界，以读书推进运动协议会（读进协）为中心，持续开展了许多阅读推广活动。与民间的这一举措相呼应，2000 年以后，为了促进国民，特别是少年儿童的阅读，国家层面的阅读相关法律等相继出台。人们认识到，培养肩负未来的少年儿童的阅读习惯至关重要。

面对青少年日渐远离图书的社会现实，以及日益严重的儿童图书出版危机，1993 年 3 月，"儿童与书相遇会"（子どもと本の出会いの会）创立。以"让孩子们能接触到更多书籍，体验快乐丰富的阅读，尊重彼此，发挥创意，相互合作"为目的，以儿童书籍相关的团体为中心，共有 32 个团体和 706 个个人参加了此次活动。同年 12 月，作为"相遇会"的合作组织，由国会超党派议员组成的"儿童与图书的议员联盟"（子どもと本の議員連盟）成立。

该会提出的活动目标是"修改学校图书馆法"和设立"儿童图书馆"。这一年，文部省制定了"学校图书馆图书标准"以及"学校图书馆图书整备新5年计划"，实施了5年约500亿日元的交付税措施作为其财源的政策。由此，以完善和充实儿童阅读环境为核心，开始了政府、官方、民间的合作关系。1994年，官民一致决定在国立国会图书馆分馆上野图书馆设置国际儿童图书馆。1995年5月，作为民间的建议和合作组织，"推进国际儿童图书馆设立的全国联络会"成立，事务局设在日本儿童图书出版协会。同年6月，由超党派国会议员组成的"国际儿童图书馆设立推进议员联盟"（推进议联，2000年改组为"思考儿童未来的议员联盟"，即未来议联）将该事业定位为"战后50年的纪念事业"。

推进议联不仅推进设立"国际儿童图书馆",1997年,以多年悬而未决的"学校图书馆法"的修正为首,1999年促使众参两院通过了"关于儿童阅读年的决议",2001年发起了"关于儿童阅读活动推进的法律"（子どもの読書活動推進法）的制定等提案,为儿童阅读环境的完善和提升发挥了巨大作用。国家根据这一提案,2002年8月制定了"关于推进儿童阅读活动的基本计划"（子どもの読書活動の推進に関する基本的な計画）,2004年公布了文化审议会"关于今后时代所要求的国语能力"（これからの時代に求められる国語力）方案。

以这些积累为基础，2005年7月，"印刷品文化议员联盟"（活字议联）的议员立法《文字及印刷品文化振兴法》（文字・活字文化振兴法）被制定出来。《文字及印刷品文化振兴法》，可以说是阅读推广活动的集大成之作，其目的是涵养"母语日语"，综合推进与振兴文字和印刷品文化相关的措施。作为以法律理念实体化为目标的民间推进团体，集结各界各阶层的"文字及印刷品文化推进机构"于2007年10月成立。以书籍出版协会、杂志出版协会为代表的8个出版相关团体设立的"印刷品文化振兴出版会议"加入了这个推进机构并积极开展推广工作。

随着信息技术的发展，阅读环境发生了巨大变化，如何建立数字化知识网络和人之间的新关系也成为新的课题。数字阅读兴起，电子出版业也日益兴旺。2020年新冠感染疫情暴发后，人们居家学习生活更是加快了数字阅读的发展。网络读书会、分享会等方兴未艾，呈现出鲜明的时代特点。

日本的阅读活动在推广过程中，逐步形成了以少儿阅读为重点、"政官民"合作的体制。以国家为主导，图书馆、学校、出版社、书店、志愿者团体等协同合作开展相关的阅读推广活动，覆盖了包括少年儿童、老年人、残障人士等特殊群体在内的阅读人群。在各方的努力下，形成了多种特色鲜明、切实有效的阅读推广模式。阅读带来的国民素质提升使国家的人才储备更加雄厚，国家的向心力、凝聚力大大增强。

二、日本阅读环境和阅读调查情况

日本自明治维新起就大力发展教育，国民识字率高，文化素养好，终身学习的理念深入人心。官方和民间历来重视阅读活动，民众的总体阅读能力较强。近年来，在数字化浪潮的冲击下，日本的传统阅读也面临着困境，国民阅读率下降，但少年儿童的总体阅读率呈现曲折上升的趋势。

（一）阅读环境

日本纸质出版物的销售额，从1996年的约2兆6000亿日元达到顶峰后，至2021年（除2004年），持续减少。2021年下降到1兆2000亿日元左右。纸质出版物的销售量自1996年开始持续减少，从1996年的48亿册下降至2021年的14亿册。与此相比，电子出版市场大放异彩，自2014年有统计以来，年平均增长率超过了20%，有力补充了纸质市场。在2021年的整个出版市场中，电子出版物占有率为27.8%，同比增长3.5个百分点，显示出强劲的发展势头。

据日本出版基础设施中心书店管理中心的统计，2011年至2021年间，日本的实体书店数呈明显的下降趋势。近几年闭店书店数量虽有所改善，但因为新开店的数量也一直在减少，远远改变不了实体书店数量持续减少的现状。2021年，日本的实体书店店铺数为11952家，同比减少3.2%。相比2011年，2021年实体书店数量减少了28.5%。（见图1）

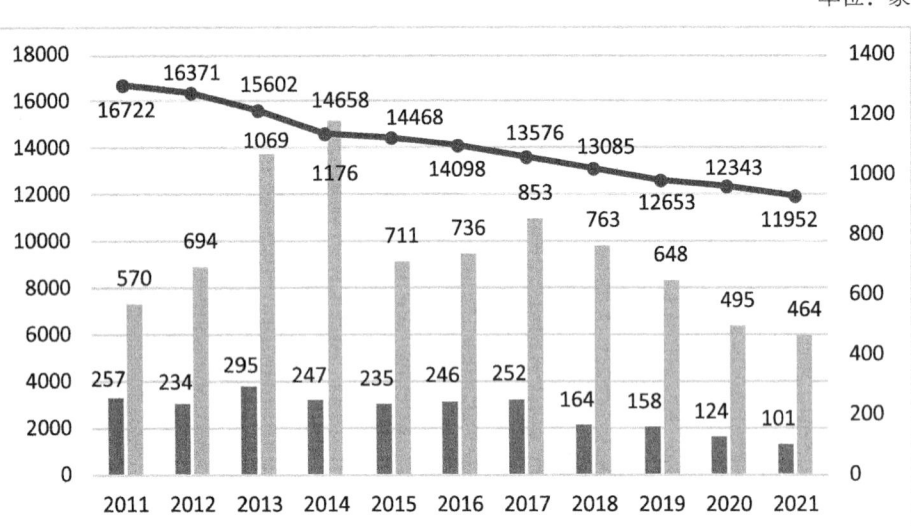

单位：家

图 1　2011—2021 年日本的书店数变化

资料来源：日本出版基础设施中心书店管理中心

2000 年以后，日本公共图书馆的馆数、藏书册数每年都在增加。馆外个人借出总数在 2011 年前整体呈上升趋势，2012 年开始有所下降。资料费整体呈下降趋势。（见表 1）

表 1　2000—2021 年日本公共图书馆情况

类别 年份	图书馆数	藏书册数 （万册）	馆外个人借出总数 （万册）	资料费预算 （亿日元）
2000	2639	28695	52357	346
2001	2681	29913	53270	342
2002	2711	31017	54629	337
2003	2759	32181	57106	325
2004	2825	33396	60969	319

续表

年份 \ 类别	图书馆数	藏书册数（万册）	馆外个人借出总数（万册）	资料费预算（亿日元）
2005	2953	34486	61696	307
2006	3082	35671	61826	305
2007	3111	35671	64086	300
2008	3126	37473	65656	303
2009	3164	38600	69168	289
2010	3188	29329	71172	284
2011	3210	40012	71618	279
2012	3234	41022	71497	280
2013	3248	41755	71149	279
2014	3246	42383	69528	285
2015	3261	43099	69048	281
2016	3280	43696	70352	279
2017	3292	44282	69147	280
2018	3296	44918	68517	281
2019	3303	45341	68422	279
2020	3310	45725	65345	280
2021	3316	45955	54534	271

资料来源：日本图书馆协会历年《公共图书馆集计》

2020年的书籍销售册数为5.32亿册，再加上图书馆借阅册数6.53亿册，约为11.85亿册。如果将其除以2020年日本国民的人口1.26亿，简单地说，每人在一年中获得了约9.4册的书籍。这个数字虽然不能代表国民的阅读量，但可以作为日本人一年获得的书籍量的基准，而这个数字在2013年是10.94册。从中我们可以看出，近几年日本人的可获得的书籍量在减少。

（二）全民阅读情况

此外，日本文化厅针对 16 岁以上人群的《关于国语的世论调查》显示，2002 年至 2018 年，日本人的不读率整体呈上升趋势。2018 年，不读率为 47.3%，"1、2 本"占 37.6%，"3、4 本"占 8.6%，"5、6 本"和"7 本以上"分别占 3.2%，回答阅读 1 本以上的人的比例为 52.6%。该结果和 2008 年、2013 年相比，没有太大变化。针对"想要增加自己的阅读量吗？"这一问题，60.4% 的人选择"想要"，该比例比 2013 年的调查结果降低了 6 个百分点。（见图 2）

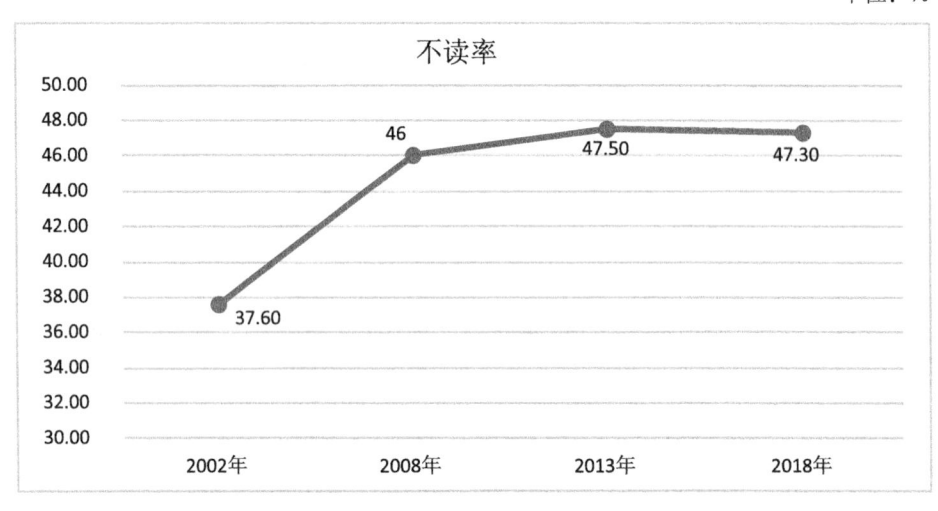

单位：%

不读率

- 2002年：37.60
- 2008年：46
- 2013年：47.50
- 2018年：47.30

图 2　日本文化厅《关于国语的世论调查》中不读率变化

资料来源：https://www.bunka.go.jp/tokei_hakusho_shuppan/tokeichosa/kokugo_yoronchosa/index.html

另据读卖新闻于 2021 年 10 月发布的针对 18 岁以上人群的《读书周间舆论调查》显示，"最近一个月读过书"的人占 47%。其中，只读了 1 本的人占 17%，读了 2 本的占 13%，3 本以上的占 18%。"完全不读书"的人占 51%，同比下降了 4 个百分点。（见图 3）从年龄层次来看，"读书"的人群里，18—29岁的青年人比例最高，为58%。30—39岁的为53%。70岁以上的为44%。总体而言，年轻人的阅读率较高。这个结果可能和提问方式相关，2021年提问中加入了"纸质和电子书合计"这一前提，导致年轻人的阅读率同比有所上升，总体不读率下降。

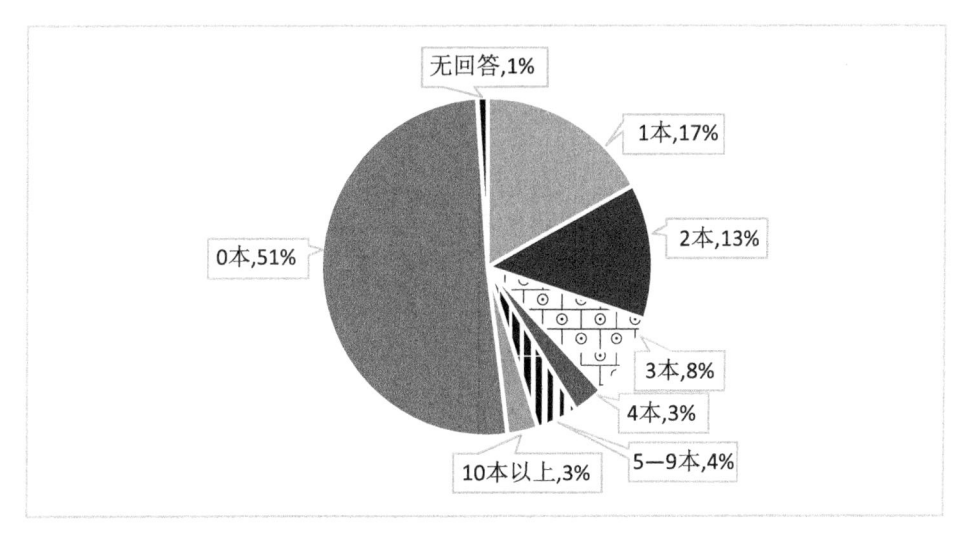

图3　2021年日本国民阅读情况

资料来源：读卖新闻《读书周间舆论调查》

对于阅读的目的，六选二的选项中，"兴趣和娱乐"占62%，"加强教养"占31%，"对生活有帮助"占22%，"工作"占12%，"学习"占11%，"增加话题"占9%。2001年，该结果是"兴趣和娱乐"占49%，"加强教养"占32%，"对生活有帮助"占27%，"增加话题"占22%，"工作"占16%，"学习"占14%。（见图4）2021年和2001年的结果相比，"兴趣和娱乐"的比例大幅提高，"增加话题""对生活有帮助""工作""学习"等目的均有不同程度的下降。这说明这20年来，人们进行阅读的功利性目的在降低，更注重个人真实的心理需求。

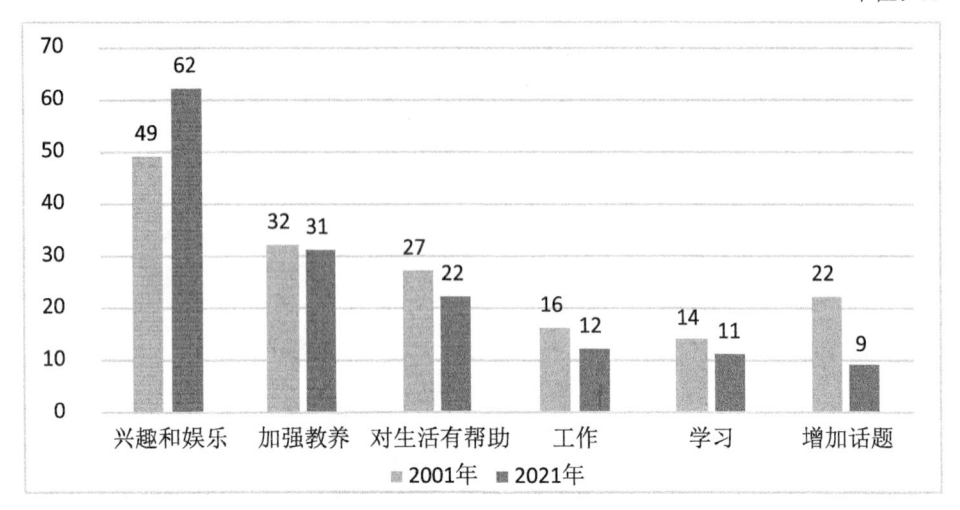

图 4 2001 年和 2021 年阅读目的比较

单位：%

目的	2001年	2021年
兴趣和娱乐	49	62
加强教养	32	31
对生活有帮助	27	22
工作	16	12
学习	14	11
增加话题	22	9

资料来源：读卖新闻《读书周间舆论调查》

关于阅读对人的影响，2021 年调查数据显示，"丰富人生"占 88%，"影响思维方式"占 68%，"感动到哭"59%。其中"丰富人生"中，九成以上 60 岁以下年龄段的人和八成以上 60 岁以上高龄人群选择了该项。68% 的人认为"阅读对自己的思维方式和人生观有影响"。其中，18—29 岁人群比例最高，为 74%，30—50 年龄段人群为 70%。60—69 岁的为 66%，70 岁以上的为 60%。这显示出阅读对年轻一代影响更大。在 2009 年的调查中，87% 的人认为"阅读丰富了人生"，66% 的人认为"阅读对自己的思维方式和人生观有影响"。这说明，对于阅读的价值，人们的认识并未动摇。

关于电子书的使用情况，2021 年，29% 的人"使用过"，该数字比 2018 年的调查结果 22% 高出了 7 个百分点。对于"纸质书和电子书哪个更好读"这一问题，75% 的人选择了"纸质书"，15% 的人认为差不多，7% 的人选择了"电子书"。

关于选出三个最喜欢的作家这一问题，到 2021 年东野圭吾已连续 7 年占据榜首。司马辽太郎、村上春树、凑佳苗、宫部美雪、池井户润、伊坂幸太郎等常年在榜。

（三）青少年阅读情况

全国学校图书馆协议会联合每日新闻社，每年对全国小学、初中、高中学生的阅读状况进行调查，即《学校阅读情况调查》（学校読書調査）。第66次调查结果显示，2021年5月一个月内，小学生的平均阅读册数最多，为12.7本，其次是初中生，为5.3本，高中生最少，为1.6本，不读者（5月一个月内阅读0本书的学生）的比例为：小学生为5.5%，初中生为10.1%，高中生为49.8%。

纵观1991—2021年的阅读情况，我们发现，小学生平均每月的阅读量最大，呈现曲折上升的趋势，2021年达到了12.7本，相比1991年的5.8本，提高了119%，为过去最高。其次是初中生，整体呈上升趋势，2021年也达到了最高点，为5.3本，比1991年的1.9本提高了205%，也为过去最高。高中生最少，近几年呈现下降趋势，2021年有所回升，为1.6本，相比1991年的1.4本，提高了14%。（见图5）

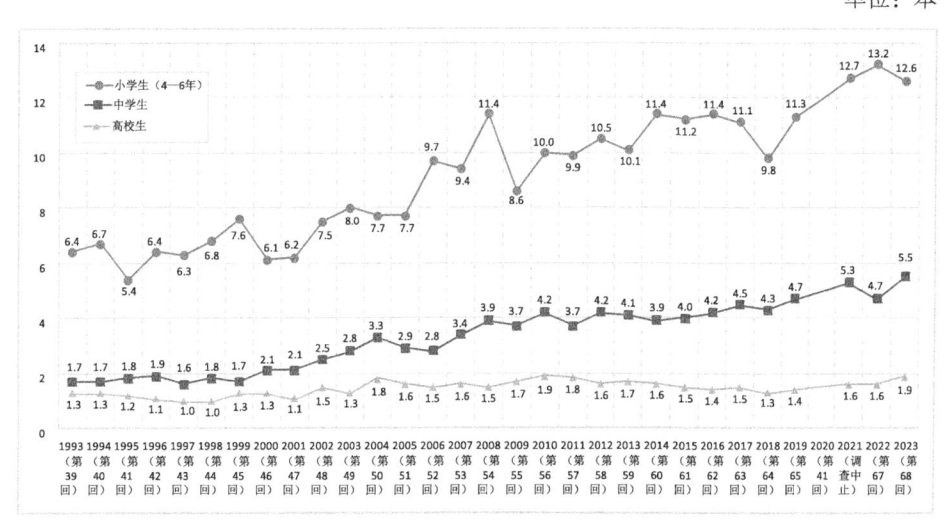

单位：本

图5 1993—2023年学校阅读调查每年5月份平均阅读册数

注：中学生 = 初中生，高校生 = 高中生

资料来源：全国学校图书馆协议会调查研究

青少年的阅读率还存在着地区差异。据文部省发布的全国学历测试结果显示，2017年，日本初中三年阅读率较高的地区为秋田县、鹿儿岛县、山梨县、福井县、岩手县，平均为64.2%。阅读率较低的地区分别为大阪府、和歌山县、石川县、大分县、熊本县。总体来看，日本东北地区少儿阅读情况较好，关西地区不尽如人意。这与各地阅读推广活动的举办紧密相关。秋田县、鹿儿岛县等地区有着较为悠久的阅读推广历史，是"流动图书馆""亲子阅读"等活动的发源地，因此阅读氛围较为浓厚。

从以上调查我们可以看出，近几年，日本的传统阅读率受数字化阅读的冲击有所下降，数字化阅读率上升，但传统阅读仍是日本民众最喜欢最主要的方式。作为阅读推广重点——青少年阅读呈现积极一面，尤其是小学生和初中生的阅读量有了很大的提高，这说明日本这些年在少年儿童的阅读推广方面的努力取得了明显成效。

三、推动全民阅读工作的主要机构

阅读活动关系到国家发展和国民素质提高，意义重大。推进国民阅读是一项长期任务，任重而道远，需要各部门协同合作，共同努力。日本的阅读活动得以顺利开展，并取得良好成绩是政府、图书馆、学校、出版社、行业协会、财团、志愿者等合力的结果。

（一）政府部门

1. 文部省

文部省是日本中央政府行政机关之一，负责统筹日本国内的教育、科学技术、学术、文化和体育等事务，是总领全民阅读活动的主要政府部门，通过从事以下工作，促进阅读事业发展。

（1）制定和实施各类阅读推广活动相关规划。文部省通过促进制定和实施各类阅读活动相关的规划，来推动阅读事业的全面发展。如，《推进少年儿童读书活动基本规划》《关于推进完善视障人士等阅读环境的基本计划》等。

这些规划为实施阅读活动提供了规则保障和基准，明确了各级政府和社会团体在促进阅读活动过程中的义务。

（2）编制阅读推广活动的相关预算。在 2021 年 12 月 24 日内阁会议通过令和 4（2022）年度预算政府案后，文部科学省公布了"令和 4 年度文部科学省预算（案）"。作为学校图书馆和儿童阅读活动的推进项目，新设立了"阅读活动综合推进事业"，总额约 5200 万日元。主要用于以下用途：利用图书馆、学校图书馆等推进阅读活动，图书管理教员的培养，"儿童读书日"宣传，关于促进阅读活动的调查研究等。

（3）进行阅读相关，特别是少年儿童阅读推广活动相关的调查研究。如，《关于都道府县及市町村少年儿童读书活动推进计划制定情况的调查》《高中生阅读意识等的调查》《关于完善体制以促进地区阅读活动的调查研究》《少年儿童阅读活动推广相关的调查研究》等。通过这些调查研究，及时了解和把握国民阅读状况，为制定下一步的政策提供坚实基础和实践准则。

（4）打造各级各类图书馆阅读环境。根据《图书馆法》，设立《图书馆设置及运营的理想标准》，对各级公立图书馆的设置和运营提出了指导意见。截至 2022 年，六次颁布《学校图书馆图书整备等 5 年计划》，第六次将计划从 2022 年开始的五年里，在所有中小学等学校实现图书馆图书标准的同时，更新图书，配备多份报纸，扩充学校图书管理员的配置，五年的预算总额为 2400 亿日元。此外，《图书馆法施行规则》《学校图书馆司书教谕讲习规程》《公民馆的设置和运营的相关基准》等规则的制定和实施促进了图书馆的健全发展，为阅读活动的开展提供基础设施网络体系。

（5）支持阅读社区据点的形成。为了促进由学校、图书馆、阅读志愿者组织等组成的阅读社区的建设，在全国各地举办"促进少年儿童阅读活动网络论坛"，介绍各方的工作，促进少年儿童阅读活动计划的实施，并提供有关促进少年儿童阅读活动各项措施（有助于降低高中生不读率的措施、家庭阅读、书评合战）的信息等。

（6）对积极推进阅读的相关个人和团体进行表彰，给民众提供阅读活动的范本，加深他们对阅读活动的理解。为增进公众对少年儿童阅读活动的广泛关注和了解，推动少年儿童阅读活动，积极宣传"儿童读书日"（4月23日），向47个都道府县发放"儿童读书日"启蒙海报；对开展特色突出工作的民间组织等进行表彰，向少年儿童阅读活动优秀实践学校、图书馆、团体（个人）颁发文部科学大臣表彰。

（7）培养阅读推广相关人才。图书馆的图书管理员、教员自不必说，书店店员、志愿者等与阅读相关的、支持阅读的各种"人"的素质的提高十分重要。文部省引领地方政府和相关组织团体研究培养这些人才的资格制度，并开发和实施更完善的教育培训方案。

（8）召开专家会议对阅读推广活动提出建议。如，2010年开始，设立"促进国民阅读合作者会议"，了解和分析国民阅读和阅读环境的现状和挑战，探讨高效措施，提高国民阅读意识；组织相关专家举办多次协同讨论会，对制定促进视障人士阅读环境建设的基本规划提出意见。近年来，随着信息通信技术的普及和阅读环境发生变化，高中生的不阅读率居高不下。为应对这些新情况，多次组织有识之士对少年儿童的阅读推广活动出谋划策。为了从2023年开始制订下期基本阅读计划，成立"令和4年促进少年儿童阅读活动的专家会议"，听取各领域专家的意见。

2. 国立青少年教育振兴机构

国立青少年教育振兴机构是独立行政法人，2006年由三个隶属于文部省的青少年教育法人机构合并而成。该机构旨在促进青少年教育，促进青少年的健康发展，从教育的角度，为青少年提供更全面、系统、一致的体验活动，以应对与青少年有关的各种挑战，培养和提高青少年教育指导者的素质，调查和研究青少年教育，促进与相关机构和团体的联系，并资助青少年教育组织开展活动。在阅读推广方面，该机构主要通过人才培养、基金支持、调查研究、提供活动场所等进行助力。主要的阅读推广活动有"绘本交流会""儿童读书活动推进论坛"等。

2001年4月，由众议院和参议院的跨党派国会议员组成的"考虑儿童未来的议员联盟"发起倡议，成立了"儿童梦想基金"（子どもゆめ基金）。该基金以帮助儿童健康成长为首要目标，由国立青少年教育振兴机构负责运营。基金由国家拨付资金和民间捐助资金组成，主要支持"体验和阅读活动"和"教材的开发和普及"等活动。阅读活动主要包括：①以儿童为对象的阅读活动，如读书会、当面阅读等；②支持振兴儿童阅读的活动，如关于振兴儿童阅读活动的论坛等。每个活动的补助金限额为：全国范围的活动 600 万日元，都道府县范围的活动 200 万日元，市区町村范围的活动 100 万日元。

中日韩儿童童话交流是其中一项受儿童梦想基金资助的阅读推广活动，始于 2002 年的"中日韩国民交流年"。该活动主要是中日韩三国儿童聚在一起以绘本和童话为主题，进行为期一周的交流活动，了解彼此的文化特征，加深对对方国家文化的理解。同时，发行了《中日韩的民间故事集》。这本书是作为"中日韩儿童童话交流"的一环而制作的，是一本收集了中国、日本、韩国民间故事的绘本，中日韩三国语言并记。该书在"中日韩儿童童话交流"活动中使用，日、中、韩文版的图书分别被捐赠至日本的小学和公立图书馆，以及中、韩两国的图书馆。

3. 地方政府

日本各地方政府在国家政策的指导下，成立地方自治本阅读活动专门部门，通过制定地方性阅读推广细则、举办志愿者培训活动、建立相关团体工作机制等方式，促进改善各地区阅读环境，进而还到日本民国阅读活动的发展。

文部省在国家层面制定了《少年儿童读书活动推进计划》，在此基础上，各地方政府还制定针对该地区的阅读推广细则，以改善阅读环境。据文部省公布的数据，2021 年末，市级阅读推广计划的制定率达到 93.9%，町村级达到 74.4%，市町村的平均制定率为 83.5%，有 12 个都道府县达到了 100%。[①]（见表 2）

表 2 市町村《少年儿童读书活动推进计划》的制定情况（截至 2021 年末）

	市町村数	比率
制定完成	1454	83.5%

---

① https://www.kodomodokusyo.go.jp/happyou/datas.html

续表

		市町村数	比率
正在制定		59	3.4%
未制定	有制定打算	80	4.6%
	无制定打算	148	8.5%

资料来源：来源同上

　　这些计划基本围绕家庭、学校、地区三个层面进行（见图6）。在家庭层面，倡导"家读"，即培养农村家庭阅读氛围和阅读习惯；在学校层面，普及阅读活动，组织学生进行多样化的阅读活动，并加强学校图书馆和公立图书馆之间的合作；在地区层面，强调要充分利用地区图书馆等设施进行各类阅读活动，组织学校、企业、图书馆、志愿者的联动。在完善阅读环境方面，各级政府明确表示要从图书馆资料、设施、正式职员配备等方面入手，改善阅读环境。

图6　多层面推广阅读活动的细则

　　各地方自治体通过讲座、会谈、视频、交流会等对阅读推广志愿者进行培训。如，2018年，东京都教育委员会根据阅读志愿者的意见和实践，制作并分发《提高阅读志愿者技能的视频》（DVD），内容包括"阅读的意义""提高阅读技能的知识和实践""如何选择更好的书""如何组织有效的节目"等，有助于提高阅读志愿者的素质。[1]

阅读推广活动是一项需要全社会的力量共同推进的事业，地方政府发挥组织优势，将相关团体联合起来，共同推动事业发展。同时，对民间团体的活动进行支援，让他们发挥更大的作用。在推动儿童阅读活动的过程中，离儿童和家长最近的市镇村的作用至关重要。市町村为了进一步促进儿童阅读活动，政府的教育委员会、福利部门联合学校、图书馆、民间团体、民间企业等相关单位，建立和完善相关合作机制。

（二）图书馆

图书馆是阅读活动的主要阵地。图书馆通过资料的保存、累积，对跨代际的文化继承、发展作出贡献。日本的图书馆主要分为公共图书馆、大学图书馆、学校图书馆、专门图书馆、公民馆图书室、国立国会图书馆、其他阅读设施、信息提供设施等。这些图书馆为人们阅读和使用信息资料提供便利，为文化的发展和学术的发展作出贡献。

1. 公共图书馆

日本的公立图书馆数量呈逐年递增的态势，随着地方自治体的合并，一些附属于市町村的图书室也升级为图书馆，公共图书馆数从1991年的1984个增加到2021年的3316个，每万人拥有0.26个图书馆。公共图书馆的藏书册数也在不断增加，从1991年的17498万册，增加到2021年为45955万册。但是，随着智能手机和平板电脑的普及，人们的休闲娱乐方式发生变化，除了书之外，游戏、社交网站、动画等方式也开始兴起，影响了图书的借出数。个人借出数在2010年达到顶峰的71618万册后，大体呈现略微下降趋势。受疫情影响，2020—2021年个人借阅数有明显下降（见表3）。

---

[1] https://www.kodomo-dokusho.metro.tokyo.lg.jp/volunteer/

表3 日本公共图书馆情况

类别 年份	图书馆数	藏书册数 （万册）	年度采购图书册数 （万册）	馆外个人借出总数 （万册）	资料费预算 （万日元）
1991	1984	17497.7	1595.9	27453.9	2715337
……	……	……	……	……	……
2012	3234	41022.4	1895.6	71497.1	2798192
2013	3248	41754.7	1757.7	71149.4	2793171
2014	3246	42382.8	1728.2	69527.7	2851733
2015	3261	43099.3	1630.8	69048.0	2812894
2016	3280	43696.1	1646.7	70351.7	2792309
2017	3292	44282.2	1636.1	69147.1	2796404
2018	3296	44918.3	1604.7	68516.6	2811748
2019	3306	45341.0	1554.3	68421.5	2790907
2020	3310	45724.5	1505.4	65344.9	2796856
2021	3316	45955.0	1489.3	54534.3	2714236

资料来源：日本图书馆协会《公共图书馆集计2021》

日本的公共图书馆已形成网络，并从多层次、多维度主导阅读推广活动的开展：①由国立国会图书馆—都道府县立图书馆—市町村立图书馆组成的阶层性网络；②由邻近的多个市町村立图书馆组成的广域网；③与学校图书馆、大学图书馆、专业图书馆之间跨越馆种的合作、协作等，构成了多元的网络。这些图书馆网络除了最基本的图书保存借阅，为民众提供阅读场所等功能，在策划和组织阅读推广活动等方面也发挥了巨大的作用。

《图书馆法》第3条规定：图书馆"应注意协助学校教育，有利于家庭教育的提高"。在面向少年儿童的阅读推广活动中，图书馆更是扮演了不可或缺的重要角色。利用图书和场地，开展形式多样的活动，如读书会、故事会、阅读交流会等。在亲子阅读指导方面也起到了很好的作用，促进了家庭阅读的发展。公共图书馆和学校图书馆进行合作，从小学起就开设图书馆教育课程，为校园阅读的展开提供了指导和支持。一些阅读相关的志愿者组织也在图书馆进行登记，可以为学生提供阅读相关的志愿工作。图书馆充当其间的媒介，为志愿者组织和学生搭建沟通的桥梁。

此外，日本的图书馆在软硬件服务上，充分考虑到特殊人群的需要，做到文教发展与社会公益的有机结合。九成以上的图书馆设有便于残障人士和老年人行动与阅读的硬件设施，有些图书馆还配备了大型自动扶梯、无障碍卫生间、轮椅以及升降机等，为残障人士和老年人在馆内的自由安全行动提供了丰富的硬件保障。同时，为了方便老年人阅读，大字版图书、老花镜、放大镜以及平板电脑等成为图书馆重要的辅助设备。约有21.3%的图书馆专门设立了以老年读者为对象的图书角。书籍种类主要与老年人自身兴趣相结合，健康管理、老年人福利福祉与生活方式、历史小说、地域乡土等类别最受欢迎。

2. 大学图书馆

据日本图书馆协会公布的数据，2021年，日本大学图书馆数量为1468所，总藏书册数为3.31亿册，同比均有增加。阅读推广活动是大学图书馆的一项基本工作。大学图书馆通过资源整合、馆际互借等协作方式，提高图书资料的使用率，为更多的人提供阅读相关服务。日本很多大学图书馆实现了合作和共享，例如多摩学术联盟（TAC）的成员校，国立音乐大学、国际基督教大学、津田塾大学、东京外国语大学、东京经济大学、武藏野美术大学的师生可以相互使用图书馆资源，这使图书馆资源得到了最大限度的使用。

日本大学图书馆的资源开放性和利用率都较高，面向社会开放，当地居民可以到大学图书馆借阅图书，手续简单。很多大学图书馆按照本校学科建设设置分馆及资料室，由图书馆统一管理，有利于读者更加便捷地利用图书馆资源。同时，大学图书馆还向读者提供人性化、细节服务，为大家创造了良好的阅读环境。

（三）学　校

学校也是阅读推广活动的主要机构之一。学校通过组织各类阅读活动、指导学生选书、参与阅读感想征文等活动形式，推动学校阅读活动的开展，改善青少年的阅读率。2007年学校教育法修订，在关于义务教育目标的规定中，加入了"亲近阅读"的表述。另外，在幼儿园，从2009年度实施的《新幼儿园教育纲领》中关于"语言"的指导，明确幼儿园要引导儿童熟悉绘本和故事，培养他们对语言的感觉。小学从2011年度、初中从2012年度、高中从2013年度入学的学生开始，全面实施新的学习指导纲领。纲领以培养生存能力为目标，使学生掌握基本的知识和技能，培养学生利用这些知识和技能解决课题研究时所需的思考能力、判断力、表现力等；为了培养学生自主学习的态度，充实"语言活动"，要求学生在课堂上充分利用学校图书馆，进一步充实阅读活动。

1. 幼儿园、托儿所等

幼儿园、托儿所等积极开展婴幼儿亲近绘本和故事的活动，以便他们在婴幼儿时期就能获得阅读的乐趣。同时，在幼儿园、保育所等开展的以未入园儿童为对象的育儿支援活动中，也要求在推进阅读的同时，向监护人广泛普及阅读的重要性和意义。通过促进对"幼儿园教育纲领""托儿所保育指南"等的理解，以及支持增强幼儿园、托儿所图书配备等方式，促进婴幼儿亲近绘本、故事活动的开展。幼儿园、托儿所等也从确保婴幼儿有机会亲近绘本、故事的角度出发，努力打造婴幼儿能够安心接触图书的空间，同时通过与家长、志愿者等合作的方式，督促完善其阅读环境。另外，图书馆协助幼儿园、托儿所根据孩子的发育阶段选择相应的图书；促进不同年龄段孩子的阅读交流，如，让中小学生为幼儿园、托儿所的婴幼儿阅读，设法让孩子接触绘本和故事的机会变得多样化。

2. 中小学

要使人在孩童时期形成一生亲近阅读、享受阅读的习惯，需要学校发挥巨大作用。《学校教育法》（1947年法律第26号）（第21条第5号）条文规定，义务教育的普通教育的目标之一就是"让学生熟悉阅读，正确理解生活所必需的国语，培养使用国语的基础能力"。在 2017 年、2018 年公布的学习指导要领中，也规定在充实语言活动的同时，有计划地利用学校图书馆，丰富学生的自主、自发性的阅读活动。在此基础上，学校为所有孩子都能自由地享受阅读，扩大阅读范围提供适当的支持，不断完善环境，在增加孩子的阅读量的基础上，进一步提高阅读质量。

在小学、初中、高中等各个学校阶段，为了让孩子养成终身阅读的习惯，扩大阅读范围，通过扩充阅读机会、介绍图书、分享阅读经验，确保孩子有机会接触各种图书。具体来说，主要有以下活动：①全校同步阅读活动；②设立推荐图书角；③设定目标，推荐毕业前阅读量等；④开展接触多领域图书的活动，如读书会、结对阅读、故事、动画、书评合战等孩子们共同阅读的活动。

为有效降低中小学学生不读率，有效提升学生对日语语言学习和阅读活动的主动性、积极性，日本推进实行全校同步阅读活动，如 1988 年开始在千叶县实行的"晨读"活动，到 2019 年全国有近 3 万所学校开展此活动。另外，为了培养作为学习基础的语言能力，新的学习指导要领规定各学校要改善学校生活中的语言环境，要根据各学科的特点加强开展培养学生日语语言学习活动，同时鼓励学生积极参与阅读活动。各学科教师可有计划地利用校图书馆功能，从"主体性、互动式、深度学习"的角度来改善授课方式，同时，要求学生提高他们参与学习活动和阅读活动的主观能动性。

3. 高等学校

据日本全国大学生活协同组合联合会发布的《第 57 次学生生活实态调查》显示，大学生的不读率居高不下，大学生的阅读情况不容乐观。2021 年，大学生的不读率（含电子书籍）达 50.5%，同比增加 3.3 个百分点。每天的阅读时间平均为 28.4 分钟，同比减少 3.7 分钟[①]。面对这样的现状，各大学通过各种阅读推广活动，试图降低大学生的不读率。

樱美林大学于 2005 年开始策划并筹办"樱美林大学图书馆读书运动"。

---

① https://www.univcoop.or.jp/press/life/report.html#s03

这是学生、教职员工、图书馆、学生协会四方共同参与的项目。该项目以"阅读与策划相结合"为理念，以读书会为中心，策划宣传"阅读"和"通过书沟通"等丰富多样的活动。每年组织和运营基于不同主题的读书会和放映会，与学生就阅读交流意见；邀请著名作家和电影导演等嘉宾举行对谈活动等，让大学生体会到读书的乐趣。2020年，樱美林大学的阅读项目实行委员会参加了图书馆综合展，获得了团体奖"金刚奖"。菲利斯女学院大学的阅读推广项目，自2005年起，连续四年受文部省的"大学教育特色支援项目"（特色GP）的资金资助，该大学以图书馆为中心，每月举办读书会、讲演会、上映会、朗读会、音乐会等多种形式的活动。

大学的阅读推广活动一般以图书馆为中心，学生为活动主体，教师协助活动，校方出活动资金的形式为主。学生的能动性和自主性更强，他们可以对活动内容和形式进行选择和确定，并在不断试错的过程中寻找出较为合适的、能够长期持续的活动。

（四）行业协会

日本阅读、出版等相关的行业协会在阅读推广活动的举办、相关法律的制定、调查研究、指导培训等方面都起到了巨大的推动作用。

1. 读书推进运动协议会

读书推进运动协议会，简称"读推协"，是日本全国性的阅读推广的公益性组织。该协议会由1947年开始的"读书周"执行委员会发展而来，1959年11月成立了"读书推进运动协议会"。由日本图书馆协会、全国学校图书馆协会、日本书籍出版协会、日本杂志协会、教科书协会、日本出版经销商协会、日本书店商业组合联合会七个代表性团体，以及其他组织和会员公司组建而成。1969年10月被文部省批准为社团法人，2013年4月，内阁府批准改组为公益社团法人。各都道府县也相继成立读书推进运动协议会，积极推进阅读推广事业。

该组织是秋季读书周（10月27日—11月9日）、春季儿童读书周（4月23日—5月12日）的主办团体，同时还举办了"面向年轻人的阅读推荐""敬老日阅读推荐""野间阅读促进奖"等活动,同时负责月刊杂志《读书推广运动》的出版发行工作。其涵盖的人群广泛,既有少年儿童,也有刚走上社会的年轻人,还有老年人。

1947年战争结束后,出于"通过读书的力量,建设和平的文化国家"的目标,出版社、经销商、书店、公共图书馆,以及新闻和广播媒体机构于11月17日开始举办了第1届"读书周"。当时反响很好,从第二年的第2届开始,活动时间定为10月27日—11月9日(以文化日为中心的2周),此后"读书周"活动在全国范围内扩展开,并作为日本的国民活动固定下来。现在,由于电子媒体的发展,世界的信息传达方式发生巨大变化。但是,只要使用者是人,在培养和塑造本体的人性方面,"书"仍然发挥着重要的作用。2005年,依据当年颁布的《文字及印刷品振兴法》将"读书周"第一天——10月27日设立为"文字·印刷品文化日"。"读书周"活动作为日本的国民运动,截至2021年已经连续举办75届,影响深远,使日本成为世界知名的"国民阅读之国"。

该协议会秉承"谋求出版界和阅读界的协作,丰富国民各阶层的精神生活,推进面向未来的阅读普及,从而为我国的文化和社会发展作出贡献"这一宗旨,经营下列事业:①举办"读书周"和"儿童阅读周";②编辑发行机关报和促进阅读的刊物;③表彰长年在地区和工作领域等为普及阅读作出贡献的团体和个人;④促进阅读普及所需的调查;⑤举办和赞助阅读咨询和演讲等推进阅读普及所必需的会议等;⑥支持国内外相关团体和个人,特别是促进各都道府县阅读推广运动协议会的交流与合作;⑦创设让所有人一生都能安心地享受读书乐趣的环境;⑧适应21世纪生活环境的阅读方式研究;⑨推广阅读的基金的运营和管理等;⑩除此之外,为实现本协议会目的所必需的其他业务。

2021年度,新冠感染疫情仍未消退,但在各相关团体及相关人士的共同努力下,与往年一样,该协议会进行了以下活动:①第63届"儿童读书周";② 2021"敬老日阅读推荐";③第75届"读书周";④ 2022"面向年轻人的阅读推荐";⑤第51届"野间读书推广奖";⑥每月发行机关报《读书推广运动》（另册，每年两次）；⑦担任"儿童读书推广会议"秘书处；⑧伊藤忠纪念基金会的"儿童文库资助事业"的募集及第一次审查工作；⑨支持和赞助了包括行政机构在内的各种团体的读书推广活动。

"读推协"是日本出版界、图书馆界与文化界共同协作的成果，对激发国民阅读和爱书的热情，以及加深对出版的理解和关注有重要意义。

2. 全国学校图书馆协议会（JSLA）

全国学校图书馆协议会（JSLA）创立于1950年2月。有感于"学校图书馆为创造民主思考、自主意识和高度文化，在教育活动中有着重要的作用和任务"，全国有志教师组成该协议会。1998年9月，社团法人全国学校图书馆协议会成立，2012年4月转为公益社团法人。

全国学校图书馆协议会致力于挖掘和发挥学校图书馆的两大功能：一是"学习和信息功能"，即以学校图书馆为主要场所，通过利用各种资料和信息，培育孩子们自主学习的能力；二是"阅读功能"，通过读书培养孩子们丰富的内心。全国学校图书馆协议会与各都道府县的学校图书馆研究团体（各县SLA）合作，为学校图书馆的充实发展和青少年阅读事业的振兴，开展各种丰富的活动如支持学校图书馆建设，如职员配置、增加预算、扩充设施等；学校图书馆的资料选定和普及；开展关于学校图书馆的利用和阅读推广活动的调查研究；组织开展学校图书馆相关的研究；举办提高学校图书馆职员素质的研修、青少年阅读推广相关的比赛和表彰活动等。另外，该协议会还出版发行月刊《学校图书馆》、半月刊《学校图书馆速报版》以及与学校图书馆的运营和阅读指导有关的图书等。

该协议会和每日新闻社进行合作，每年对全国中小学生的阅读情况进行调查，至2021年共举办66次《学校读书调查》，并在主页上公布调查结果概要，详细结果公布在杂志《学校图书馆》上。1963年开始，该协议会在全国学校图书馆相关人士和单位的协助下，进行"学校图书馆调查"，对全国学校图书馆的藏书、职员、经费等进行详细的调查，为学校图书馆的发展提供数据支撑，力图为青少年提供良好的阅读设施和环境。

该协议会和每日新闻社共同主办，各县学校图书馆协议会协办全国青少年读后感比赛（青少年読書感想文全国コンクール）和中央读后感绘画比赛（読书感想画中央コンクール），目的是通过读后感比赛和绘画比赛表现阅读带来的感动，培养学生的阅读能力和表达能力，促进阅读活动。读后感绘画的历史悠久，在包括山口县在内的九州地区，有四十多年的历史，其他县也有各自的活动。

该协议会从1951年开始为学校图书馆选定适合学校图书馆的图书目录，并在机关刊物《学校图书馆速报版》上发表。各学校图书馆以图书目录为基础，考虑本校教育课程、学校图书馆藏书数量、藏书结构等因素，选择购买图书。这个图书的选定是在每月召开两次的选定委员会的会议上进行的。由中小学和大学的教师、学校图书馆研究人员和学术专家担任选定委员会成员。根据"全国学校图书馆协议会图书选定标准"，每本图书，只要受到多个选定委员的推荐，就成为"选定图书"。每年，有7千册左右的图书被评选为"选定图书"，评选有效期为5年。此外，该协议会还从组织评选"好的绘本"（よい絵本）和"暑假的书（绿荫图书）"（夏休みの本〈緑陰図書〉）用于推广阅读。

该协议会还设置了"学校图书馆奖""学校图书馆出版奖""日本绘本奖"等奖项用来表彰为学校图书馆的发展和阅读活动的推动作出贡献的个人和团体。同时，主办"全国学校图书馆研究大会""地区学校图书馆研究大会""学校图书馆实践讲座""学校司书研修讲座"等一系列研究和研修活动，开展各种与阅读相关的理论和实践研究。

（五）出版社、经销商、书店等

出版社、经销商、书店等也是阅读推广活动的主要推动者之一。通过积极宣传、组织、实施阅读推广活动，或协助图书馆、学校以及其他社会组织从事相关活动，来促进日本全民阅读事业的发展。

一桥文艺教育振兴会成立于1976年，由集英社设立，并受集英社、小学馆、白泉社、家庭社（ホーム社）、一桥企划等公司的赞助，一直致力于为高中生提供文化支持活动。现在主要开展两项活动：（1）"高中生文化演讲会"，由作家、评论家、学者等活跃在各个领域的人士担任演讲者，讲述自己在人生道路上所获得的丰富体验和趣事，为高中生提供拓展思考和关注世界的各种契机。（2）"全国高中生阅读体验大赛"，征集阅读体验，记录下自己成长的点点滴滴。包括在与书的接触中如何面对自己，如何与家人和朋友打交道等，让人重新审视阅读的意义，并深入思考自己的生活方式。"高中生文化演讲会"至今已经在4200所学校开展，听众达357万。"全国高中生阅读体验大赛"参赛学校达449所，投稿数达83538篇。这两项活动在全国范围内取得了巨大的影响力，推动着高中生阅读事业的发展。

此外，各出版社根据自己的特色推出各种活动以培养全民阅读氛围。每年七八月份，新潮社、角川书店、集英社等各家大型出版社举办"夏日100册"阅读活动。这一活动始于1976年，由新潮社率先发起，其他出版社陆续跟进，发展至今，已经成为日本夏日必不可少的一道风景。出版社会从自家文库中选出100种文学图收，把书单做成精美的宣传手册，在各书店免费发放。书店在七八月份为"夏日100册"开辟专门的展区，进行推销。"夏日100册"的书单中大多是文学类别的文库本，开本小，便于携带，价格便宜。通过"夏日100册"的活动，吸引更多的人，特别是学生加入阅读活动，这也是该活动的初衷。

也有出版社进行阅读相关的研究。如，白杨社和东京大学研究生院教育学研究科附属发育实践政策学中心（简称东京大学Cedep）自2019年8月以来共同开展了"儿童和绘本及图书研究"项目，以科学的方法探索展示"图书"的价值，旨在改善儿童的阅读环境。白杨社成立于1947年，是一家儿童书籍出版商，其企业理念是出版"给儿童带来梦想和感动的书籍"，致力于扩大"书"的范围，包括支持0—3岁婴儿与绘本相遇的"畅快阅读"，发起"小学生精选"儿童书总选举、面向书店的受欢迎儿童书籍系列活动，主办面向小学—高中的"全国学校图书馆流行大赛"等。

书店也是阅读推广活动的阵地之一。书店经常开辟柜台，陈列阅读活动的重点图书，对各类阅读推广活动进行宣传。如，在出版文化产业振兴财团举办"送给20岁的20本书"（20歳の20册）活动时，有邻堂就在书店一角展开宣传。（见图7）

图 7　有邻堂横滨店图书展

资料来源：出版文化产业振兴财团 2021 年事业报告

（六）财　团

由大型出版社或出版集团以及出版事业相关的企事业单位组建的财团，通过出资资助各项阅读活动、组织阅读指导培训、提供相关信息等，推动着阅读活动的发展。

1. 出版文化产业振兴财团（JPIC）

出版文化产业振兴财团（JPIC）成立于 1991 年，是由出版社、经销商、书店、书店联合会、教科书供给所以及其他出版相关的事业团体联合赞助形成的财团。现理事长由东贩社长担任，其他理事由小学馆、三省堂、角川、讲谈社、纪伊国屋书店等大型出版社和书店的高层担任。该财团自设立以来，作为出版界和促进阅读的相关团体，一直从事阅读推广相关活动，以及开展创造出版和阅读相关的学习机会等工作。该财团充分认识到阅读的功效和价值，也意识到日本"出版萧条"和阅读事业所面临的挑战，积极开拓出版和阅读活动的可能性，致力于促进出版文化的发展。主要负责以下工作：①推动出版文化产业和阅读活动相关的终身学习；②出版文化产业和阅读活动的调查与研究；③组织出版文化产业及阅读活动人才培养；④收集和提供出版文化产业和阅读活动的信息；⑤与内外部有关机构等就出版文化产业和阅读活动展开交流与合作。

为了通过阅读推动国民终身学习，该财团于1993年3月开始举办"JPIC读书顾问培训讲座"。讲座有函授和面授等形式，由关于"终身学习和阅读""阅读活动的类型和技巧""出版文化产业论"等，以及实习和小组讨论的课程组成。讲座结束后，学员作为JPIC阅读顾问在各处开展阅读活动。此外，主办"JPIC当面阅读支持者讲习会""翻字典学习""Live at Bookstore""上野森林亲子书展"等活动，并协助住友生命健康财团开展"住友生命故事广场"等活动。这些形式多样的活动为阅读活动的开展培养了大量志愿者，也从多方面为有志于阅读的人士提供了阅读方法、阅读场所以及交流机会等。

2. 图书馆振兴财团

图书馆振兴财团属于公益财团法人，成立于2008年，主管机构为内阁府，基本财产40亿日元。理事主要由图书馆流通中心、筑波大学、小学馆、纪伊国屋书店等单位的负责人担任，现理事长为图书馆流通中心董事长小泽嘉谨担任。该财团旨在资助和培养参与图书馆发展事业的机构和人才，并资助图书馆的建设和运营，支持图书馆事业和图书馆使用事业的健康发展，从而为国民教育和文化的发展作出贡献。主要从事以下活动。

资助事业：①资助图书馆运营；②对今后图书馆应有状态的调查研究及其实践实验的资助；③对促进图书馆等文化和教育资源设施的藏品进行使用的项目进行资助；④资助推动"学习调查"和"读书活动"的学校图书馆。2021年的资助金额超过2亿日元。

选书事业：为了给图书馆藏书构成提供参考，并向相关图书馆公开发布书目由图书馆资深选书员从新出版的出版物中选取适合图书馆馆藏的图书，分为"新书选书""专业/学术书选书""学校图书馆用选书""童书选书""科普读物选书"五个单元。

使用图书馆调查学习比赛（図書館を使って調べる学習コンクール）：该财团主办"使用图书馆调查学习比赛"，目的是培养儿童和成人的"利用信息能力"和"信息素养能力"，如调查图书馆藏书、检索系统、参考资料等的功能，并致力于体验和创作相结合的实践研究，最终实现培养终身学习能力的目标。该活动得到了文部省、观光厅、环境省、总务省等省厅以及各大文化教育相关财团、协会、出版社、报社等的大力支持，至 2022 年已成功举办了 26 届。

（七）志愿者团体

日本的阅读推广活动是一种政府行为主导下的全民运动，其策划、组织、实施的组织也较为广泛。日本活跃着许多阅读相关的志愿者组织，它们践行自身宗旨，发挥自身优势，加强相互合作，长期致力于日本的阅读推广事业，在唤起民众阅读意识，培养阅读习惯，满足阅读需求等方面发挥了重要作用。几乎在每个阅读活动进行的过程中都能看到志愿者的身影，志愿者参与的工作包括图书整理、文献数据整理加工、当面阅读服务、儿童的阅读启发等。志愿者的加入一定程度上改善了图书馆因工作人员人手不足造成的服务质量低，活动举办效果差的问题，志愿者在不同岗位发挥着自己的优势和特长，为服务读者、推广阅读贡献着各自的力量。

1. 有志于阅读活动的一般市民团体

这类团体主要由热心于阅读活动和地区文化活动的有志人士组成，是志愿者的中坚力量。他们经常组成阅读志愿者小组，人数一般不超过 50 人，在图书馆、公民馆、学校、幼儿园、福利设施等地方进行活动。活动内容包括面对面阅读、讲故事、游戏、绘本制作、玩偶剧等。他们本身对阅读抱有极大兴趣，通过切身体会感染人、影响人，还通过丰富多彩的活动吸引人，培养他们的阅读兴趣。此外，这类志愿者大都接受过相关阅读指导培训，也经常相互交流经验。在做志愿者活动的过程中，他们也有机会接触到更多的好书，加深阅读兴趣，提升自我修养。他们在当地的图书馆或政府相关部门进行登记注册，若有相应活动，可以请他们提供支援。此外，图书馆或政府相关部门将这些组织信息进行整理并发布到主页上，供有阅读需要的个人或团体联系。如，埼玉县教育委员会的主页上公布了从事儿童阅读推广的志愿者团体信息[1]。这些团体数量众多，活动多样，分布较广。有的团体成立于 20 世纪

---

[1] https://www.pref.saitama.lg.jp/f2215/kodomodokusho/kd-vt.html

70年代，一直坚持进行阅读推广活动至今，精神可嘉，为当地的阅读活动乃至文化建设作出了巨大贡献。据2016年文部省发布的《关于学校图书馆现状的调查》[①]，87.2%的学校受益于志愿者服务。

"图书馆友之会"（図書館友の会）是由图书馆使用者和居民中的有志之士自主建立的组织，在宣传图书馆功能的同时，也起到了帮助图书馆运营的作用。日本各地都有"图书馆友之会"组织，在此之上，各地的友之会和其他图书馆相关的组织联合成立了"图书馆友之会全国联络会"（简称"图友联"）。该组织成立于2004年，截至2022年9月共有69个团体会员和112个个人会员。其成员虽然不具有图书馆运营的公共权限，但会对图书馆进行资金援助，或参与并义务支援图书馆活动。在向读者宣传图书馆的同时，也将他们的诉求建议传递到图书馆，起到了连接图书馆和读者的桥梁作用。活动内容包括朗读、讲故事、录音图书制作、面对面朗读、借阅业务、讲习会讲师、翻译向导等多个方面。

这些志愿者活动是一种社会资本，有助于提高当地民众的信任关系和相互联系，增加当地的稳定和民众的安全感和幸福感，因此得到了政府相关部门以及图书馆等的广泛支持，使其发展成为由各地区相关人员组成的横向"阅读社区"。

2. 作家等文字工作者

作家等文字工作者是阅读活动的有力推动者。主要体现在如下方面：①利用自己的专业知识，作为志愿者担任阅读指导培训或推广活动的主讲人，以讲座、演讲、读书会等形式向大众宣传、推广相关书籍，让大家对作品有更深入的了解，进而产生阅读兴趣。②担任各类阅读征文活动的评委，选出优秀作品。③参与各类推荐书目的选拔，为大众挑选出合适的作品。这些文字工作者为阅读活动的推广提供了更坚实的专业保障。

---

① https://www.mext.go.jp/a_menu/shotou/dokusho/link/__icsFiles/afieldfile/2016/10/13/1378073_01.pdf

3. 在校学生团体

这部分志愿者团体主要以在校学生为成员，和学校图书馆合作，进行形式多样的阅读推广活动。除了帮助图书馆整理书籍和数据资料之外，这些志愿者还经常从读者的角度出发对图书馆的活动提出自己的建议。有的在图书馆的配合下，进行相关实践。如，"图书馆 friends"是由庆应义塾大学的本科生组成的志愿者团体。他们基于共同的阅读兴趣聚集在一起，参加志愿者服务，将图书馆作为学生活动的场所，进行形式多样的阅读实践活动，如"选书之旅""冒险书架""好友文库""书的福袋"等。

四、推动全民阅读工作的政策法规

进入 21 世纪，为了提高全体国民的阅读热情，营造良好的阅读环境，进一步推动阅读活动的开展，日本政府出台了一系列推动阅读活动的法律，形成了一个完整的法律体系。2001 年颁布《少年儿童读书活动推进法》（子どもの読書活動の推進に関する法律），2002 年开始实施《推进少年儿童读书活动基本规划》（子供の読書活動の推進に関する基本的な計画），2005 年颁布《文字及印刷品文化振兴法》（文字・活字文化振興法），2015 年颁布新修订的《学校图书馆法》，2019 年颁布新修订的《图书馆法》（図書館法），2019 年颁布《关于完善视障人士等阅读环境的法案》（視覚障害者等の読書環境の整備の推進に関する法律）。这些阅读相关的法律法规的制定，为日本进一步完善阅读环境，推进阅读活动，提高国民阅读率，提供了坚实的法律保障。

（一）全国性法律法规

1. 少年儿童读书活动推进法

阅读活动是孩子学习语言，磨练感受性，提高表现力，丰富创造力，增强生活深度不可或缺的。因此，必须积极推进环境建设，使每个孩子都能在任何机会和任何场所自主地开展阅读活动。在此基本理念下，日本政府制定了《少年儿童读书活动推进法》（2001年第154号法律）。该法是1999年日本众参两院通过的《关于少年儿童读书年决议》的具体化成果，于2001年12月12日正式实施。该法律旨在推动18周岁以下少年儿童的健康成长，为少年儿童阅读活动的顺利进行提供法律保护和支持。

该法律共11条，规定了关于推进少年儿童读书活动的基本理念，明确了国家及各地公共团体的责任和义务，确定4月23日为"儿童读书日"，同时确定了有关推进少年儿童读书活动的必要事项，以期能够有计划地全面推进少年儿童的读书活动，达到助力少年儿童健康成长的目的。该法规定国家综合制定和实施促进少年儿童阅读活动的措施。地方政府有责任按照基本理念，结合当地实际，在与国家协调的同时，制定和实施促进儿童阅读活动的措施。事业体在开展经营活动时，应本着基本理念，努力提供有利于少年儿童健康成长的书籍等，促进少年儿童的阅读活动。父母和其他监护人应当对丰富子女读书活动机会，养成阅读习惯发挥积极作用。国家和地方政府应当努力建立加强与学校、图书馆及其他有关机构和民间组织的联系的必要制度，使促进少年儿童阅读活动的措施顺利实施。

该法还规定，为全面、有计划地推进促进少年儿童阅读活动的各项措施，政府必须制定《推进少年儿童读书活动基本规划》。各级地方政府必须以《推进少年儿童读书活动基本规划》为基础，并根据各地的实际情况，制定《都道府县推进少年儿童读书活动计划》，并努力实施。该法还明确表示，国家和地方政府应当努力采取必要的财政措施和其他措施，实施促进少年儿童阅读活动的措施。

2. 推进少年儿童读书活动基本规划

《推进少年儿童读书活动基本规划》是文部省基于《少年儿童读书活动推进法》第8条第1项制定的规划。该规划的基本理念是完善阅读环境，确保所有少年儿童能够利用一切机会在任何场所进行自主阅读，从而有计划地全面推进少年儿童读书活动。该规划通常为五年计划，制定五年内推进少年儿童读书活动的基本方针和具体措施。截至2022年，该规划共制定实施四期，分别在2002年、2008年、2013年、2018年发布。

2002 年 8 月首次制定的《推进少年儿童读书活动基本规划》明确全社会包括家庭、地方、学校要对少年儿童的阅读活动给予理解和支持，明确为他们提供阅读机会和阅读环境的具体措施。该规划之后的每一次修订都是在总结上一次基本规划取得成果和存在问题的基础上进行。2008 年 3 月制定了第二次基本计划，2013 年 5 月制定了第三次基本计划。在第三次基本计划期间，修订了学校图书馆法（1945 年法律第 185 号）和学习指导要领修订完善了与儿童阅读活动相关的法制，并在家庭、地区、学校等场所采取各种措施推进阅读活动。另一方面，阅读习惯的养成还不充分，儿童阅读活动环境的变化，包括信息通信手段的普及和多样化等问题逐渐显现出来。

2018 年，对第三次基本计划期间的成果、课题、各种形势的变化等进行了验证，第三次基本计划中提出的计划制定率，市为 100%，町村①为 70%，但 2016 年的实际制定率，市为 88.6%，町村为 63.6%。为进一步促进少年儿童阅读，制定了第四次基本计划，明确了此后 5 年的基本政策和具体措施，提出为了充实少年儿童的阅读环境，国家、都道府县、市町村与学校、图书馆、民间团体、民间企业等各种机构要加强合作，丰富和促进各种举措，帮助少年儿童形成阅读习惯。在家庭层面，进一步促进有关人士认识到家庭对于形成阅读习惯的重要性，并通过"开始阅读""家读"等形式积极开展家庭阅读。在学校层面，主要是积极推进以学习指导纲领为导向的阅读活动，并采取多项措施，确保学生获得更多阅读机会，充实学校图书馆的设施，配置专门的图书管理人员帮助学生形成阅读习惯。在地区层面，进一步提高市町村图书馆的设置率（2015 年市图书馆设置率为 98.4%，町为 61.5%，村为 26.2%），充实和完善图书馆资料、设施等，配置图书管理员，加强和志愿者的合作。同时，通过读书会、图书委员、儿童图书管理员、书评合战②等活动，提高学生的阅读兴趣。通过这些具体的措施，切实推进少年儿童阅读活动。

---

① 日本的行政区划分为两级，一级行政区为"都、道、府县"，下设"市、町、村、特别区"。
② 书评合战，又名 BiblioBattle，是一种任何人都可以组织参与的图书介绍交流活动。以"通过人认识书，通过书认识人"为口号，广泛应用于中小学、大学、一般公司的培训和学习小组、图书馆、书店、俱乐部、咖啡馆和家庭聚会中，目前广泛流行于日本全国。

3. 文字及印刷品文化振兴法

进入新世纪以来，日本国民文本阅读数量降低，阅读理解能力和文字表达能力下降。为抑制这种倾向，日本国会通过《文字及印刷品文化振兴法》（2005年第91号法律），于2005年7月29日正式实施。该法阐述了振兴文字及印刷品文化的目的和基本理念，规定国家和地区的基本责任，并把每年10月27日定为"文字及印刷品文化日"。通过该法的实施，全面推进日本的文字和印刷品文化振兴，从而为实现智慧丰富、心灵丰富的国民生活和充满活力的社会作出贡献。

该法的第3条，阐明了其基本理念，即"推进有关振兴文字及印刷品文化的措施，必须创造一个环境，使所有国民在其自主性得到尊重的同时，终生在地区、学校、家庭及其他各种场合，不论其居住的地区、身体条件及其他因素，都能平等地享受丰富的文字及印刷品文化的恩泽"。该法将使用印刷品进行阅读、书写、出版等相关活动，或出版物等文化产物定义为"文字及印刷品文化"。考虑到日语是日本文化的基础，该法要求学校教育必须加强学生语言能力的培养，国家和地方要遵循这一理念，有制定推动振兴文字及印刷品文化相关政策的责任。

国家、地方振兴文字及印刷品文化应开展的措施包括：各地要设立能够满足居民需求的公立图书馆，做到人才配备完善、图书资料丰富、图书馆正常运营；学校教育中要加强学生语言能力的培养，国家及地方要加强相关教师的培养，充实阅读指导活动，完善学校图书管理员、图书资料等各种资源的配置；加强文字及印刷品文化的国际交流，支持日语与外语互译作品的出版活动，支持具有学术价值著作的出版和普及等。

4. 图书馆法

《图书馆法》始订于1950年（1950年118号法律），历经多次修订，最新修订于2019年。该法律的制定，以《社会教育法》为思想指导，通过谋求图书馆健康发展，达到为国民教育和文化发展作出贡献的目的。该法律规定了地方公共团体设立公立图书馆、日本红十字会或公益法人设立私立图书馆有关设置、运营的必要事项，图书管理员和助理图书管理员资格的获取和认定标准等。另外，关于国立国会图书馆，由《国立国会图书馆法》（1948年法律5号）规定，关于附属于学校的图书馆，由《学校图书馆法》（1953年法律185号）规定。

《图书馆法》共3章29条，详细规定了图书馆的定义、服务内容、图书管理员资格的获取、运营状况评价及信息提供等，并对公立图书馆和私立图书馆只能分别进行了规定。该法第3条规定，图书馆应根据当地情况和社会公众的意愿，致力于进一步协助学校教育的发展，促进家庭教育的深化，具体实施举措包含：①应充分注意收集乡土资料、地方行政资料、艺术品、唱片和胶片，包括图书、档案、视听教育资料和其他必要资料，供社会公众使用；②做好图书馆资料的分类排列，完善其目录；③确保图书馆工作人员对图书馆资料有充分的了解，并能为其使用提供咨询。④与其他图书馆、国立国会图书馆、地方政府议会附设的图书室和附属于学校的图书馆或图书室密切联系和合作，进行图书馆资料的馆际互借；⑤设立分馆、阅览处、配书处等，并对汽车文库、借阅文库进行巡视；⑥举办和鼓励举办读书会、研究会、鉴赏会、放映会、资料展示会等；⑦介绍和提供有关时事的信息和参考资料；⑧提供和鼓励提供教育活动或其他活动的机会，使利用社会教育学习机会所获得的学习成果得到活用；⑨与学校、博物馆、公民馆、研究所等密切联系和合作。

根据《图书馆法》第7-2条"文部科学大臣为促进图书馆的健康发展，应当制定并公布图书馆设置和运营方面的可取标准"的规定，2001年文部科学大臣首次发布了"公立图书馆设置及运营的理想标准"。2012年，由于私立图书馆被列入图书馆的范围之内，因此修订为"图书馆设置及运营上的理想标准"（図書館の設置及び運営上の望ましい基準）。"理想标准"在《图书馆法》关于图书馆服务和运营方式规定的基础上，对管理运营方针基准、图书馆资料、服务以及职员等方面进行了更具体阐释，通过完善的运营基准及指南，从国家层面为图书馆高效发挥其职能提供支持。

5. 关于完善视障人士等阅读环境的法案

阅读不仅是获取知识、休闲娱乐的手段，也是支撑教育事业和就业的重要活动，国家需要提供让全体国民能够阅读的环境。但现实中，视障人士可以阅读的书籍很少，图书馆的相关配套也不够完善。在此背景下，日本国会颁布了《关于完善视障人士等阅读环境的法案》（2019年第49号法律），并于2019年6月28日实施。该法所阐释的"视障人士等"是指由于视觉障碍、发育障碍、残疾等障碍，造成通过视觉阅读书籍（包括杂志、报纸及其他刊物）困难的人群。该法也被称为《阅读无障碍法案》。

该法阐述了立法目的和基本理念，明确了国家和地方公共团体的责任和义务，规定了制定基本计划和推进完善视障人士阅读环境政策时的基本要求，进而全面且有计划地推进视障人士等阅读环境的完善。该法的实施将有助于实现全体国民都能平等地通过阅读享受文字及印刷品文化恩惠的社会。

其基本理念有三条：①考虑到可辅助使用的电子书等[采用数位无障碍资讯系统（DAISY）的图书，支持语音阅读的电子书，有声读物等]将显著提高视障人士的便利性，并将继续提供可辅助使用的图书（盲文图书、大字版图书等），以满足视障人士的需求；②关注可访问书籍、电子书等的数量扩充和质量提高；③根据视障人士等的障碍的种类、程度区分考虑相关实施策略。该法规定，国家综合制定实施关于推进视障人士阅读环境建设的措施，地方政府在与国家合作的同时，结合当地实际情况制定和实施措施。

其主要的政策内容有九点：①关于视障人士使用图书馆的体制建设等（第9条）。主要包括，丰富可辅助书籍、电子书等，为顺利使用提供更多支持，促进盲文图书馆的工作等；②加强使用互联网提供服务体系（第10条）。主要包括，支持使用可访问的书籍、电子书等全国性网络的运营，加强相关人员之间的合作等；③支持特定书籍、特定电子书等的制作（第11条）；④促进可辅助使用的电子书等的销售（第12条）。主要包括推广适当反映技术进步的标准，提供版权方与出版商签订合同的相关信息，为促进出版者向购书者提供文本数据，对有关环境整备的研究提供支持等；⑤为从国外获取可存取电子书等提供环境建设（第13条）；⑥支持获取终端设备和相关信息等（第14条）；⑦支持信息通信技术学习，推进实施培训班、巡回指导等（第15条）；⑧推进可辅助使用的电子书、终端设备等尖端技术的研究开发等（第 16 条）；⑨加强制作人才、图书馆服务人才培养等（第 17 条）。

在《关于完善视障人士等阅读环境的法案》颁布实施的第二年，根据该法第 7 条规定，为了进一步充实政策，文部科学省和厚生劳动省共同在 2020 年 7 月制定了《关于推进完善视障人士等阅读环境的基本计划》（通称：读书无障碍基本计划），进而全面推动完善视障人士等阅读环境的政策。该法明确规定，文部科学省和厚生劳动省在制定相关规划时，需要和经济产业省、总务省等相关省厅协商一致，并且必须反映相关视障人士的意见。

6. 其　他

日本为推进全民阅读，根据不同对象在不同时期制定了多部法律，法律内容随时代发展不断进步完善，除了上述专门的基本法之外，还有针对儿童阅读、图书馆及图书馆教职人员的法律，以及将阅读作为教育文化重要一环而衍生出的多部法律。

日本将儿童阅读作为学校教育及社会文化发展的重要推动力，为了促进儿童阅读发展制定了一系列法律，以此来指导学校教育，创造阅读氛围，推动日本成为阅读大国。随着超智能时代的到来，为使个人能够在知识社会中拥有幸福充实的人生，日本发布了《教育振兴基本计划》《教育基本法》《社会教育活性化 21 世纪计划》，推动国家及地方公共团体为教育振兴而努力。通过教育培养有梦有志、敢于挑战的、具有多样化能力的公民，营造终生学习环境，构筑人人都能肩负社会重任的学习网络，推进教育政策的实行。针对学校教育，颁布《学习指导要领》和《教育基本法》，对儿童学习做出全局性的指导与基本要求，为各个阶段孩子的学习做出指导。通过法律将学校教育各个单元、各个细节进行规定与落实，为推进儿童阅读奠定了良好的教育文化环境与法律基础。同时，根据推进学校教育所必需的设施要求，制定了《学校设施整备方针》，从设施、园舍、园庭、详细设计、构造设计、设备设计和防范计划方面进行了具体规定。

对于阅读的主要发生地——图书馆，除《图书馆法》外，还制定了一系列与之相关的法律法规，推动图书馆作为阅读的基础设施和主要场所不断完善优化，吸引读者来此读书，从而推进全面阅读。对于学校图书馆，由文部省出台了以五年为一期的《学校图书馆图书整备新五年计划》，设定学校图书馆图书标准，关注其达标情况、图书更新、复印纸配备等配置扩充，推进公立中小学图书馆的完备，使其承担读书中心、学习中心、信息中心的职责，促进青少年养成健全人格。为进一步完善学校图书馆机能，提高其使用率，发布了《关于加强图书馆功能活用化的政策》，提出以学校图书馆为中心，在学校开展多样化的阅读活动，活用学校图书馆推进家庭和地域的读书活动。建设"随时开放、对谁都开放"的图书馆，使学校图书馆变成儿童的心灵居所。

对于作为阅读源头材料的图书、著作等，也继承并延续了对著作权保护的优秀传统，随时代发展对著作权法不断地修订更新，保护著作者权利，推动更多优秀阅读材料的出现与繁荣，推进阅读发展。在全社会形成一种崇尚知识、热爱阅读的风潮，推动全社会的阅读发展。日本于1899年制定了《著作权法》，此后进行多次修改，并于2022年进行了最新修订。随时代的发展不断更新附则，以法律规定了作品以及与著作者相关的权利，以此来保证文化产出能够被公平利用，保护著作者的权利，进而促进文化发展。同时，在推动儿童阅读活动的过程中，对于作品的使用也进行了明确规定，发布了《关于故事会、读书会等团体对著作的使用》，对关于作品的使用进行了规定，明确了行使著作权的场合以及程序。既保护了著作者的权利，也对这些活动用书给出了明确指导。

在推进阅读活动过程中，对推进阅读活动的执行者，（即与教育相关的工作人员和公职人员），也通过一系列的法律规定确保其推行成效，保证国家教育水平的提高和教育政策的出台与落实，推进教育文化长久发展。为实现教育机会均等，政府发布了《关于地方教育行政的组织及运营的法律》，对教育委员会的设置、学校和其他教育机关职员的身份待遇，以及其他地方公共团体的教育行政组织及运营做出了规定，明确职责分配，提出相互协力、公正合理地行使职责。同时发布《教育职员资格法》和《教育公务员特例法》，规定了教育职员、教育公务员资格的基准，以此保证教育职员资质的稳定和提高。

日本通过一系列的法律，对不同对象在教育发展的不同阶段先后做出了具体详尽的规定与指导。以这些法律为保障与指导，营造良好的教育文化环境，推进阅读活动，使得日本全民阅读活动取得良好成效。

（二）地方性法律法规

日本对阅读的重视，不仅体现在国家层面制定的各项法律，地方政府也根据《少年儿童读书活动推进法》，并结合各地实际，制定了适用于各都道府县、市町村的相关法律法规，以此推进当地阅读活动的发展。

东京都教育委员会基于《少年儿童读书活动推进法》，分别于 2003 年 3 月、2009 年 3 月、2015 年 2 月发布了三次《东京都少年儿童读书推进计划》，以此来改进阅读质量，改善阅读环境，提高阅读率。该法律五年更新一次，目前使用的版本为东京都教育委员会于 2019 年制定的《东京都教育版本（第四次）》。同时，东京都于 2021 年制定发布了《东京都教育施策大纲》。东京都基于"不抛下任何一个人，对全部的孩子寄予未来的希望，实现人人都能发展自己的教育"的教育理念，结合儿童阅读计划，为促进不同阶段的儿童阅读提供了多种助力。例如：为婴幼儿提供朗读服务并对其家庭进行支持；对中小学进行晨读的支持；实施高中生的书评合战；对于需要特别支援活动的残障儿童，根据残疾类型进行指导，丰富这些儿童的阅读途径，支持打造并完善都立持续学校阅读环境。基于这些法律法规，都立图书馆对区市町村立图书馆的婴幼儿服务设施、中小学的信息服务、图书介绍和选书、提供书评等进行支援，培育朗读志愿者团体支援特殊学校以及市町村图书馆，有效地推进当地的儿童阅读活动。

东京都的前代区也基于国家和东京都地区的《东京都少年儿童读书推进计划》，制定实施了符合该区的相关法律。于 2007 年 3 月制订了《千代区少年儿童阅读推进计划》、2014 年 3 月发布了第二期计划。在第二期结束后基于之前的成果和课题，制订了从 2019 年到 2023 年的第三次计划，根据孩子成长过程的不同阶段做出相应的努力，充实阅读环境、进行启发活动，开展培育阅读活动人才的培训，让儿童能够认识并享受到阅读的乐趣并认识到其重要性，促进当地阅读活动的进一步发展。

东京都立川市为了使全市的孩子了解阅读乐趣，养成自主阅读习惯，2005年9月制订了《立川市少年儿童读书推进计划》，分析了当地儿童阅读的现状和课题，确定了立川市儿童阅读活动的目的、对象及意义，提出为读书环境的建设而需要努力的各项措施，以推进该市的阅读活动。

各县也在为推进儿童阅读而努力，奈良县在2003年7月发布了《奈良县少年儿童读书推进计划》，提供亲近图书的机会、营造读书环境、完善启发和推荐体制，具体推进政策由学校地域家庭各司其职，互相协力，制定支援市町村儿童的阅读计划。基于国家的基本计划，根据孩子们不同的发展阶段，因地制宜，制订切实可行的计划，推进阅读环境的改善，使少年儿童养成自主读书的好习惯，为终身阅读、终身学习打下良好的基础。

从都道府县到市町村的地方政府，以国家法律为指导，结合各地实际情况与独特的风土人情，制定出符合当地实情的地方性法律，以不同的施政重点和地域性的阅读活动，推进儿童阅读相关法律进一步完善与充实，促使日本阅读之路实实在在地走到每个市每个村，走到每个儿童身边，走得更深更广更稳。

五、日本阅读活动的开展情况

日本有重视文化教育的传统，早在二战前就已经开始阅读推广活动。二战后，日本加大对传统阅读的推广力度，政府、地方自治体、学校、图书馆、书店、出版团体、社会教育机关等，通过读书周、演讲会、展览会、读后感比赛、海报制作等活动积极推广阅读活动。

（一）全国性活动

为推进全民阅读，形成全社会阅读的氛围，日本的阅读推广组织针对不同的对象开展着丰富多彩的活动，并随时代发展不断推陈出新。

1. 各类纪念日和比赛

日本面向全体国民设立了多种多样的与阅读相关的纪念日，通过这些纪念日让民众意识到阅读的重要作用，推进阅读活动发展。如，"读书日""国民读书年""周刊杂志日""图鉴日""图书日""绘本日""杂志日"等。（见表4）

表4　日本与阅读相关的纪念日

纪念日	时间	发起人	主要内容
杂志日	3月4日	富士山杂志服务株式会社	通过杂志提供新鲜多样的知识，促进阅读活动开展
图鉴日	10月22日	绘本和图鉴的亲子图书馆	认识到图鉴对培育想象力的重要作用，创造从孩子到大人亲近图鉴的环境
读书日	10月27日	公益社团法人读书推进运动协议会	通过读书创造和平的文化大国
文字活字文化日	10月27日	国会	加深对于文字活字文化的关注与理解，对出版活动进行支持，推进国民阅读活动发展
图书日	11月1日	书店新风会	鼓励人们亲近图书，通过阅读培养自身的想象力和创造力
漫画日	11月3日	日本漫画家协会和5家出版社	唤醒人们对漫画的重视，促进漫画作为文化被传承
绘本日	11月30日	民间图书馆和"绘本和图鉴的亲子图书馆"	促进绘本的发展，为婴幼儿及儿童提供更多的阅读资源
国民读书年	2010年	日本国会	呼吁政官民一起协力，为进一步推进阅读活动举国努力

日本将儿童阅读作为阅读活动最重要一环，希望国民能够在儿童时期便养成阅读习惯，能够自主阅读、享受阅读，因此，以儿童为对象创造了一系列纪念日。如"儿童读书日""儿童读书周""儿童读书年""国际儿童图书日""向孩子赠书日""漫画周刊日"等。（见表5）

表5 儿童阅读相关的纪念日

纪念日	时间	发起人	主要内容
漫画周刊日	3月17日		激发儿童对漫画的关注和兴趣,同时漫画家向读者表达感谢之情
国际儿童图书日	4月2日	国际儿童图书评议会	通过儿童书增进国际理解,并为孩子们广泛读书创造机会
儿童读书日	4月23日	文部省	推进儿童阅读,表彰读书活动优秀实践的学校图书馆和团体
儿童读书周	4月23日—5月12日	文部省	推进儿童阅读发展
向孩子赠书日	5月5日	旧东京出版贩卖株式会社	通过向孩子赠书,使孩子亲近书本,热爱阅读
儿童读书年	2000年	国会	认识到读书对儿童无可估量的价值,举全国之力为儿童阅读应援

1999年,参众议院一致通过了《关于儿童读书年的决议》,作出了将2000年作为儿童读书年历史性的决议。在该决议中表达了对儿童的冲动行为以及欺凌问题现状的担忧,强调阅读在培养儿童感性、表现力和创造力等方面不可估量的作用。2001年12月公布施行了《少年儿童读书活动推进法》。在2000年的"儿童读书年"政官民协力推进系列活动,包括普及启发活动,如以全国儿童为对象征集"儿童读书年"的标记和标语、举办儿童读书年论坛;读书推进事业,如:全国性的朗读活动的开展、举办儿童读书活动推进大会、儿童读书论坛、绘本世界、读书推进文部大臣受赏的颁奖仪式等。"儿童读书年"活动卓有成效,2001年儿童读书活动推进会成立,儿童阅读推进活动在多领域多地域推广开来,其中"开始阅读"(book start)和"晨读"以令人惊异的速度快速发展。

日本在推进阅读活动发展过程中,重视图书馆建设以及与世界阅读的联系,通过不断完善图书馆设施和服务,与世界阅读保持连接,吸取借鉴多样

的形式，并设立了相关纪念日，营造浓厚的阅读氛围，推动阅读活动发展。（见表6）

表6 图书馆相关的纪念日

纪念日	时间	范围	发起人	主要内容
学校图书馆日	6月11日	学校图书馆	社团法人全国学校图书馆法协议	完善学校图书馆设施设备，将12学级以上的学校司书教育的配置义务化
图书馆纪念日	4月30日	公共图书馆	图书馆协会	明确了公共图书馆的职能和免费原则，迎来了真正意义上的近代公共图书馆时代

除设立纪念日，在相关纪念日开展丰富多彩的阅读活动外，日本在实践中不断积累经验推陈出新，将阅读活动进一步落到实处，围绕阅读展开了多项全国性的比赛活动。

"书评合战"（ビブリオバトル書評合戦）[①]是在日本面向全体国民的"以人知书，以书识人"图书交流游戏，作为全国推广的一项活动，在中小学、大学、一般企业的研修、学习会、图书馆和书店、俱乐部、咖啡馆、家族团聚中被广泛运用。"书评"的基本规则为，4—8人为一个小组，参与者各带一本自己喜欢的书，按顺序对各自携带的书进行5分钟的书评介绍，都介绍完毕后，互相交流，时长约为3分钟。所有内容介绍完后，按多数人的意见评选出最值得一读的"冠军图书"。该活动由京都大学教师谷口忠大在2007年发起，是一种要求参赛者在现场短时间内介绍书籍的比赛，后逐渐由大学扩展到社会，并受到许多中小学校的欢迎。书评合战普及委员会负责该活动的推广，并主办地区及全国比赛。各地图书馆也纷纷组织该活动。据书评合战普及委员会统计，截至2013年7月在日本47个都道府县全域展开活动。截至2022年2月，在351个公立图书馆，303个大学展开了相关活动。

---

① https://www.bibliobattle.jp/

"青少年读后感全国比赛"由全国学校图书馆协议会和每日新闻社主办始于1955年，旨在促进学生和青少年积极参与阅读活动，其成果受到高度评价，至2022年已成功举办68届。该比赛以学校为单位参加，作为各学校阅读指导的一环让学生撰写读书感想，通过校内审查，地区审查，都道府县审查，成为都道府县的代表作品，送交中央审查会。中央审查会根据"读后感审查基准"进行审查后，评选出内阁总理大臣奖、文部科学大臣奖、每日新闻社奖、全国学校图书馆协议会长奖、三得利鼓励奖，并在每年2月举行的表彰仪式上颁奖。获奖作品将作为读书感想文集"思考阅读"（每日新闻出版刊）发行。日本全国以及海外的日本人学校也有很多作品应征。该活动主要为青少年创造亲近书本的机会，让他们体验读书的乐趣和美妙，培养他们的阅读习惯。通过读后感的形式将对读书的感受通过文章表现出来，培育丰富的人性、思考力和表达能力。

2. 婴幼儿阅读活动

"开始阅读"（bookstart）活动起始于1992年英国伯明翰，初衷是让孩子体验到并能和人分享阅读绘本的快乐。以2000年的"儿童读书年"为契机被介绍至日本，从2001年4月开始正式启动。该活动的目的是以绘本为媒介，创造亲子心灵相通的契机，让所有婴幼儿都享受阅读绘本的幸福时光。这项活动已成为日本各地政府的婴幼儿福利事业，截至2022年5月，日本1741个行政地区中，正式登记实施的地区有1095个。此外，仅开展赠送绘本活动的地区达1421个，覆盖率达81.6%，是日本久负盛名的阅读活动之一。

在有"开始阅读"活动的地区出生的所有婴儿以及家长，都是这项活动的对象。婴儿年龄为3个月至18个月，因各地情况有所不同。活动实施地点除了婴儿健康检查的保健所之外，也有育儿教室、图书馆等，还有到户访问的形式。图书馆馆员、保健师、行政职员、居民志愿者等参与活动，为婴儿读绘本，并赠送"开始阅读包"，包里有绘本和绘本目录，以及对育儿有帮助的资料等。

"开始阅读"活动有以下几个作用：母子保健，通过绘本增进亲子之情，提高未满周岁婴儿体检时的满意度；支援育儿，从事这项活动的保健师、图书馆员、市民志愿者等当地居民，与母子建立联系，提供育儿帮助；帮助阅读，为婴幼儿提供爱书的契机，直接传递图书馆信息；促进地区发展：增加当地关注育儿的人，加深居民对居住地的感情等。

3. 青少年阅读活动

"亲子 20 分钟阅读运动"的前身是"母子 20 分钟读书运动"，最初在鹿儿岛的一所农村小学开展。1960 年，时任鹿儿岛县立图书馆馆长的椋鸠十在鹿儿岛县全域发起了"母子 20 分钟读书运动"，主要是让孩子朗读课外书，母亲在一旁静静聆听。县立图书馆成立了"亲子文库"，并将之出借给市町村立图书馆、公民馆图书室供孩子和家长借阅。人们发现，貌似简单的活动，长期的坚持就能收获惊喜。阅读打开了孩子的心扉，促进了亲子关系，对于增长知识、疗养心灵的作用巨大。次年，鹿儿岛县就有 8 万余人参加该阅读活动，几年之后以燎原之势迅速在全国展开，发展为全国性的"亲子 20 分钟阅读运动"。从"母子"发展为"亲子"，从"一旁静静聆听"变成"可以一边做家务一边聆听"，对象和方式在不断扩大。该运动的主体是公共图书馆、学校、社会教育机构等。

"晨读"是日本中小学里广泛开展的一项阅读活动，指在学校每天早上上课前的 10 分钟里，学生和教师各自读自己想读的书的活动。这是一项自由读书活动，以"大家一起做""每天做""喜欢的书就可以""只是读"为原则，没有写读后感和评价的负担。1988 年，在千叶县的两所高中的教师（林公、大冢笑子）的倡导下开始了这项活动，并在全国各地的学校推广开来。该活动最初的目的是让学生养成良好的生活习惯，减少迟到，顺利向课堂过渡。在实施的过程中发现，每天坚持阅读，养成阅读习惯，可以丰富心灵。除了提高阅读理解能力等学习能力外，还能产生消除学生问题行为的效果。截至 2022 年 5 月，该项活动在全国 26362 所中小学展开，全国平均实施率达到了76%。

4. 农村阅读活动

日本农村的阅读推广活动在妇女儿童中取得了较好成效。长野县 PTA 母亲文库是长野县从 1950 年到 2014 年持续的文库活动，以会员母亲传阅县立图书馆的书籍为活动基础。从创设到 20 世纪 60 年代，母亲文库活动的重点始终是母亲自己的阅读。参加者多为农家主妇，她们认为自己"比（受战后新教育成长的）孩子更容易落后于时代"，因此，比起推进儿童阅读，她们将活动的重点放在了让母亲们自己能够"读书"跟上时代。1963 年 12 月，母亲文库中又诞生了"创作小组"，积极举办以读书会、文艺创作、书评为中心的读书活动，至 2000 年左右，发行的文集就达 46 种。公共图书馆作为社会教育机构，帮助因战火无法正常学习的女性们进行终身教育，女性们通过阅读和写作走出了一条自立之路。

流动图书馆是指"运用交通工具承载图书，定期或不定期地来到偏远地区，以流动站的方式送书上门，为远离图书馆或不便到图书馆的读者提供馆外文献服务"。在日本也称为"巡回文库""移动图书馆""自动车图书馆"，目的是提供"无论谁，处于何时何地，都能触手可及图书"服务。1902 年，以秋田县立图书馆的"巡回文库"为开端开始了流动图书馆的服务。1922 年就有 1681 个"巡回文库"，在各地区广泛铺开，为农村地区、孩子、老人和病人等行动不便者提供图书借阅服务。随着农村地区文化设施的完善，流动图书馆数量有所下降，但据 2021 年的日本图书馆调查，日本仍有 540 台流动图书馆车在运行。事实上，流动图书馆承担的不仅是图书出借的职责，同时也在宣传阅读活动、促进居民间交流、举办阅读交流会等方面也发挥了巨大的作用。

（二）地方性活动

除了针对全体国民的阅读推广活动外，日本地方政府也根据各地的历史传统、风土人情、经济发展水平等实际情况开展各具特色的活动，不断推陈出新，为激发当地阅读活力而努力。

奈良县在 2004 年开始实施儿童阅读活动推进讲座，向县民传达读书的重要性和阅读效果，加深人们对"亲子阅读"的理解。举办"读给你听"（読み聞かせ）活动，即通过边看绘本边听文章朗读的方法来唤起孩子的想象力和创造力的一种阅读方法。位于奈良县吉野町的吉野小学校设置了"全校读书月",将读书规划加入一个月的生活目标中,同时在全校的公告牌上设定"读书之木"板块,将共同阅读书目进行发表。在读书月后,还会举办读书集会,对读过的书进行陈述。如果读者很多,则由教员进行专题图书介绍。设置学年推荐图书表,举办团体地域文库座谈会等。

此外,奈良县图书委员会为提高孩子们对阅读的认识,开展了多样有趣的活动。由孩子们自己组织座谈会和读书集会,同时开展了读书邮便活动,将读过的有趣的书通过明信片邮件的方式,介绍给老师朋友。2002年教育委员会设立了"奈良教育日"(12月2日)和"奈良教育周"(12月2日之后的一周),以建设教育之城奈良为目标,在期间开展各种阅读启发活动和讲座、读书会等,传播读书的乐趣和重要性。奈良县大和郡山市大力推进家庭阅读,在幼儿园和小学图书馆设立家庭阅读道具,市立图书馆在书店举办家庭阅读展览会和图书馆祭活动,利用读书手账,激发孩子们的阅读兴趣。

岐阜县土岐市也开展了多种多样的地方特色活动,以丰富有趣的阅读活动推进读书活动发展。①书籍笔记事业(ぶっくんノート事業)作为"开始阅读"事业后续的一种支援措施实施,保健中心在3岁儿童体检时,给他一本读书存折。儿童可以根据看书或参加市图书馆的活动来积分,积分累积后可获得赠书;②城市图书馆(まちライブラリー)在城市的某个特定的地方设置书架,人们带着自己的书,将书各随己愿进行借出供人们阅览。设置书架的人可以随心所欲地决定场所和运营方法,现在正在向咖啡馆、医院、办公室、车站和市政府等广泛的场所扩散。在书中附上捐赠者的信息和捐赠者的留言,读者把自己的感想串在一起,以书为契机产生联系,创造交流;③蜂箱图书馆(巢箱図書館)像蜂箱一样的借书处,设置在私人住宅或公共设施供自由借书,为社区居民提供读书服务;④读书俱乐部(読書っこクラブ)是由喜欢阅读的中小学生组成的俱乐部,每月举行一次读书交流活动。学生通过读书俱乐部的活动,作为读书大使回到学校推进读书活动;⑤阅读大使(読書大使),即在自己的学校里引领读书活动的领袖人物。读书大使们举办交流信息的"读书峰会",举办书展等,互相交流进行读书活动方案企划立案、展示发表等多方面的活动。

埼玉县深谷市为推进残疾人阅读活动发展，编订了"LL书"（LLブック）"，"LL"在瑞典语中是"易读的体贴的"的略称。该书由智力障碍和发展障碍的人易读的照片、绘画、图画文字等构成。以培养良好的阅读习惯为目的，设立"深谷必读书30"，即深谷市自选必读书30本图书，按"学前""小学低年级""小学中学年""小学高学年""中学学校""一般"各选5册。

栃木县宇都宫市立图书馆设立了日本唯一一项由儿童担任评选委员进行儿童文学作品评价的"宇都宫儿童奖"（うつのみや子ども賞），通过奖项评选和获奖作品推广，开展扩大儿童阅读活动范围的活动。

山口县很早就开始致力于儿童的阅读活动推广，1968年在常盘公园菖蒲园的松林里举办了"母子青空读书会"（母と子の青空読書会），吸引450人参加，此后发展为每年举办的活动。

在冲绳县胜连町立图书馆里，除了通常的故事会以外，还以离岛（津坚岛）的孩子们和居民为对象，提供每月一次的跨越海洋的"故事宅急便"服务。通过介绍新书和交流活动，让读者对书产生兴趣和关注，也起到了连接书与人之间的桥梁作用。每月举行一次"图书馆生活"服务，即在图书馆闭馆后的下午7点开始举行，努力提高人们对图书馆的理解和地区文化活动。

在宫城县大崎市的岩出山町立上野目小学校开设"藤泽文库"，该校将十几年来接受到的来自各地区的捐赠书籍以捐赠者的名字命名为"藤泽文库"，用于全校儿童的读书活动。为培养儿童对捐赠者的感恩之心，在道德课上进行讨论或与捐赠者进行交流，同时还举办邂逅"乡土作家"活动。

地方各级政府，小到市町村，大到都道府县，基于国家和地方法律，在全国性阅读推广活动的基础上，开发创新出别具一格的地方特色阅读推广活动，通过这些具体独特的活动推动着阅读工作的进一步落实，使阅读活动真正得到普及，推动全社会各地域浓厚的读书氛围的形成。

六、主要阅读环境的建设情况

互联网的发展，大大拓宽了阅读空间，受新冠感染疫情的影响，开始进行数字阅读的人越来越多，人们纷纷利用碎片化时间随时随地进行阅读。此外，一些颇具特色的阅读方式和阅读场所的出现，为日本民众提供了多样化的阅读空间，使人们爱上阅读。

（一）数字阅读

随着智能手机、平板电脑、电子书阅读器等电子终端的发展和普及，电子图书馆服务的引进，电子书流通形式的多样化和扩大，人们的阅读习惯也在不断发生变化。日本全国出版协会出版科学研究所公布的出版业统计数据显示，2016—2021 年，电子出版市场不断扩大，由 1909 亿日元增加至 4662 亿日元。电子书以其方便、快捷、价优、自由等特点吸引了很多年轻读者，使得传统的纸质阅读率逐年下降，电子阅读率不断攀升。因疫情原因，书店暂停营业，大型电子书店加大宣传力度，使电子漫画书店的用户数大增，人均购买额也有所增长。电子漫画的增长情况尤为喜人，从 2016 年的 1491 亿日元到 2021 年的 4114 亿日元，占电子出版市场的 88.2%，同比增长 20.3%。另据 IMPRESS 综合研究所针对平板和智能手机用户进行调查的结果，2020 年，收费电子出版物的使用率为 20.5%，同比增加了 0.5 个百分点。只使用免费电子出版物的比例和 2019 年相同，为 24.8%。使用电子出版物的人数比例达到了 45.3%。[1] 阅读推广组织为应对阅读环境和阅读手段的变化，不断拓展阅读推广的创新模式，大力推广传统阅读的同时，也推广数字阅读，使民众通过多种方式爱上阅读。

1. 电子图书馆

广义的电子图书馆是各图书馆和自治体的资料进行数据化后保存和提供的"数字档案"服务，是来到图书馆的读者都能享受的服务。此外，将纸质出版物进行数字化，和纸质图书一样，在一定期限内出借给读者的"电子书出借服务"也是电子图书馆的一个概念。使用者利用网络终端连接上电子图书馆就能使用该服务，无需本人到图书馆借阅。[2]

---

[1]　来源：《2020 电子书商业调查报告》IMPRESS 综合研究所
[2]　本文所述电子图书馆一般指提供"电子书出借服务"的图书馆。

受疫情影响，学校停课，公共图书馆暂停开放，电子图书馆的利用率明显增加。日本图书馆协会的《日本图书馆统计》公布，2021 年，都道府县市区町村合计的自治体共 1788 个，其中设有图书馆的为 1392 个。日本国内最先开始提供此项服务的是 2007 年 11 月东京千代田区立图书馆。据电子出版制作和流通协议会（電子出版制作・流通協議会）数据[①]，2020 年 1 月 1 日前，日本全国共有 91 个自治体引入 88 个电子图收馆，并提供服务。2021 年 10 月 1 日，迅速增加至 258 个自治体，共计 251 个电子图书馆。设有图书馆的自治体拥有电子图书馆服务的比例为 18%。2020 年和 2021 年引入电子图书馆的公共图书馆数量的增幅十分明显。（见图 8）为了让民众都能顺利使用电子图书馆，图书馆基本采用浏览器提供服务，而不是应用软件。这些为数字阅读提供了最基本的条件。

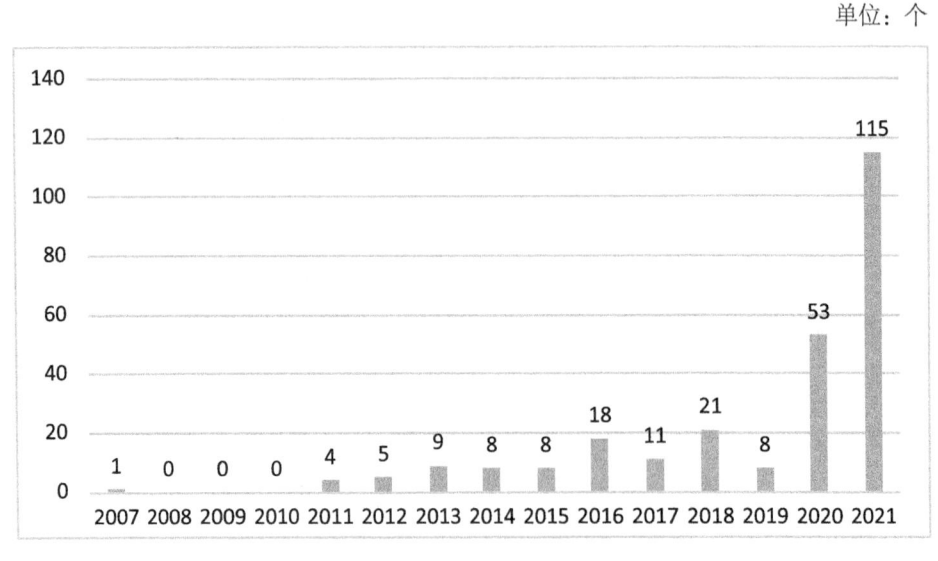

单位：个

图 8　引入电子图书馆服务的公共图书馆数量

受新冠感染疫情暴发影响，2020 年，图书馆流通中心（TRC）的电子图

---

① ElibrarySurveyReport2021_press_release20211214.pdf (aebs.or.jp)

书馆服务业绩同比增加了 155%，4 月份增加 323%，到五月份增加了 326%。面向教育和学术机构的"KinoDen"，5 月份被引进数是前一年的 4 倍以上。向图书馆提供电子图书馆系统和电子书的"LibrariE"的加入馆数在 3 月 1 日为 139 家，到 11 月 20 日就达到 300 家。此外，4 月至 10 月电子书的购买数同比增加了 327%。

此外，"GIGA 学校构想"计划在顺利实施中，预计在 2022 年度达成每个中小学生拥有一个网络终端，实现高速、大容量的通信网络构建。随着教育信息化技术的发展，中小学的阅读环境也将迎来新的变化。不久的将来，出版社将调整相应出版模式，以适应数字阅读环境。

2. 电子书店

电子书店是日本民众进行数字阅读的主要途径之一。智能手机的普及以及手机的大屏幕化、电子阅读器等的出现使数字阅读变得越来越方便。一些对内容的要求高于质感要求的阅读内容，例如，小说、商务图书、漫画等，人们越来越喜欢采用数字阅读的方式。

电子书店的形式多种多样，有 Honto、kobo、ebookjapan、kindle 这样拥有包括文艺、商务、漫画等多类型的电子书店，也有如漫画王国（まんが王国）、Renta 等主营漫画的电子书店。这些电子书店提供海量的阅读素材，且方便快捷，价格低廉。日本的纸质图书采用定价销售制，不能打折，但是电子书不在此规定之列，因此读者经常能享受到各种优惠活动，这使更多的人能买得起书，扩大了阅读人群和阅读范围。特别是电子漫画的迅猛发展，改变了以往单一、落后的出版模式和商业模式，发挥了价格市场化、读者多元化、形式灵活化的特点，使电子漫画成为人们日常生活中必不可少的阅读内容。随着互联网的发展，电子漫画将进一步延展真人体验、漫画角色网络扮演等边际价值的开发，向人工智能、元宇宙阅读等多元化的阅读模式发展。

可以预见，知识电子化的趋势和与阅读有关的信息技术的革新日益显著，不仅会对传统的出版形式、书店和图书馆的存在方式以及人们的阅读方式等产生巨大影响，也将推动数字阅读环境快速发展。

（二）绘本馆

海道上川郡剑渊町被称为"绘本之乡"（絵本の里），其中心设施便是"绘本馆"。绘本馆的成立得益于绘本作家、出版社、工商会、町政府等的携手合力，1991年始建于旧政府建筑内，2004年和公民馆图书室合并开设为"绘本馆"。该馆是以绘本和儿童图书为主专门图书馆，包含了来自海内外的绘本40000册，一般图书30000册（含杂志），绘本原画800册，号称书店有的绘本在馆中一定能找到，因此人们形成了"剑渊町＝绘本"的印象，吸引了很多游客来此参观旅游。同时因其对当地文化、经济的贡献，而多次获得包括内阁总理大臣奖在内的各类奖项，更使得绘本馆成为北海道重要的文化资源之一。绘本馆自开馆始于每年8月份举办"剑渊绘本之乡大奖"（けんぶち絵本の里大賞），获奖图书8—9月期间到馆的读者从当年新出版的绘本中投票选出。该奖项已经成为日本含金量最高的绘本奖之一。除了绘本奖，该町还举办绘本祭、绘本原画展等和绘本相关的活动，并致力于创作该地区原创的绘本。

绘本馆外观别致，馆内设施齐全，有绘本阅览室、一般图书阅览室、体验室、展览厅、阅读室、原画收藏室、儿童游乐设施、咖啡馆等（见图9）。除了提供大量绘本和图书的出借服务外，绘本馆每周向儿童提供各种体验活动，包括绘本阅读、故事会、绘本制作等。绘本馆与其说是图书馆，更像是一个以绘本为主题的儿童乐园，为儿童打造梦想空间，以吸引他们来馆，培养他们的阅读兴趣。同时，大人们也可以在这里找到阅读的乐趣，是理想的亲子阅读空间。

图 9 绘本馆外观和内部设施

图片来源：绘本馆主页 http://ehon-yakata.com/

（三）猫町俱乐部

日本有很多阅读社区，猫町俱乐部是其中较有代表性的一个。猫町俱乐部现每年主办和运营读书会约 200 次，一年累计参与人数约 9000 人，号称是日本最大的读书会社区。每次读书会的人数不超过 300 人，受到下至 10 岁上至 80 岁各个年龄层的支持。俱乐部采用会员制，会员每月需缴纳会员费 3300 日元（22 岁以下为 1800 日元）。该俱乐部在东京、名古屋、关西、福冈、金泽等多地设有分会，并定期召开读书会。其理念是"读书会是读书的一种技巧。读书过程中汲取的知识，通过读书会输出交流的方式获得进一步升华。在读书会现场接触到不同人的思考，获得新的视角，引领你走进新书、新世界"。

猫町俱乐部的前身是"名古屋输出学习会"，创办于名古屋市，起初是由经营住宅改造业的山本多津也和 4 位有读书意愿的朋友成立的小规模的读书社团。在日本阅读文化处于衰退的趋势中，读书会的活动持续不断的开展，在读者中逐渐获得了良好的口碑，很多想参加的人在社交网络"米西（mixi）"上聚集起来，并发展成为"米西"中较有影响力的社区。最重要的是，"这个读书会改变了我的人生"，"通过读书会遇到了不可替代的伙伴"等与会者的意见，使人深刻感受到了这个社区所具有的社会意义。

读书会规模的不断扩大也推动发起人山本成立了猫町株式会社，意在以更完善的体制推进该阅读社区的运营。猫町株式会社以"输出学习会"和"文学沙龙周一会"等猫町俱乐部的各种读书会为中心,在社区活动中探讨音乐和艺术等不同类型的高文化价值,并将这些价值传播给世界。作为日本读书会文化和成人沙龙文化的引领者,猫町俱乐部持续开展活动,为读友提供一个高质量的文化社区。

图 10　猫町俱乐部的线下和线上活动

图片来源:猫町俱乐部主页 https://nekomachi-club.com/

现在,在猫町俱乐部里,有人文和商务相关的"输出学习会"、阅读文学的"文学沙龙"、谈论电影的"电影桌"等等,不同地区有不同的分科会,给读友们提供阅读自己喜欢的图书的机会,也给他们带来了解新类型图书的契机。而参加这些活动的条件只有一个,就是读完所选主题的书。猫町俱乐部的读书会通常以 6—8 人为一组,推选主持人组织进行并将"不否定对方的意见"做为参与活动的唯一规则。因此,大家可以安心阅读,畅所欲言。猫町俱乐部还经常邀请一些文化名人做讲座,和读者进行深入交流。

新冠感染疫情肆虐后,猫町俱乐部的线下读书会活动受到较大影响。因此,从 2020 年 6 月开始,猫町俱乐部新推出了"猫町在线"线上读书会,读者可以使用互联网视频通话工具 zoom 进行交流。无论读友身处何地,只要有视频通话功能,就可以在世界任何地方参与阅读活动。

（四）团地图书馆

"团地"是日本的一种小区形式，是第二次世界大战后，日本政府为了缓解日趋严重的住房紧张状况，修建的大规模高层住宅楼群。团地交通便利，生活设施配套齐全，曾经风靡一时，但随着房子的老旧化，住户的老龄化，逐渐成为老年社区的代名词。近年来，日本开始着手改造团地，其中一个项目为"团地未来项目"。该项目旨在通过持续提升团地价值，为建设更美好的社会作出贡献。由建筑师隈研吾和创意总监佐藤可士和牵头，联合都市再生机构（UR），致力于在小区创造新的居住方式和社区方式。

位于神奈川县横滨市的洋光台北团地，作为参与"团地未来项目"的社区之一进行了更新改造。在新的团地内，不仅有"团地咖啡馆""四色芋头店"，还有"团地图书馆"，不仅吸引了团地居民前来，也有从外县赶来的人在社区内活动。

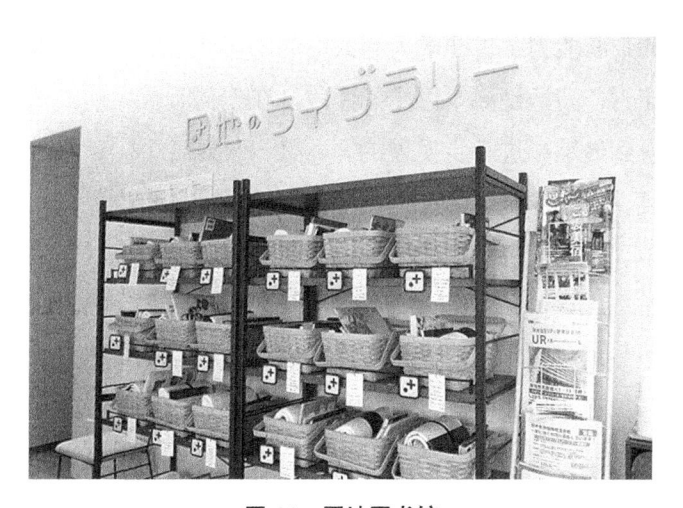

图 11　团地图书馆

图片来源：https://www.ur-net.go.jp/chintai/college/202107/000701.html

在"团地咖啡馆"里面，有一个"团地图书馆"。设有图书架，架上有篮子，每个篮子里各有三本由图书总监宽允孝挑选的相同主题的书，比如，放有住宅区图鉴等的"住宅区图书""食物图书"等有该地方特色主题的书，可能还会遇到平时不会接触到的书。可以连篮子一起借阅。租来的篮子可以拿到小区内任何地方。篮子里贴心地放进了垫子，让人们在翻新的草坪广场上一边阅读书籍，一边悠闲度日。"团地图书馆"的初衷是"把整个团地变成图书馆"，这也是"团地未来项目"的创意。（只要填写姓名和联系方式，不是小区居民也可以在此租住。）这样，一个可以尽情享受美味的咖啡馆，还有一个可以营造平静而丰富的图书馆，吸引很多人利用闲暇时间去。

七、结　语

阅读在赋予人们知识的同时，还可以锻炼想象力和思维能力，培养判断力和创造性，为个人自立奠定基础。它既是与前人沟通的平台，也是通往未知世界的向导，还能提供解决烦恼的启示，拓展、锻炼、加深个人的内心世界。个人与社会密不可分，阅读也与社会息息相关。现代社会要求个人自立，有独立精神和判断能力，也要求人与人之间的协作，解决新的课题。要培养这些精神和能力，阅读是必不可少的手段。在任何时代，前人的许多智慧都是通过阅读得到继承和进一步发展的。而且，它对各个国家和地区的认同感和文化的形成、产业的发展等都作出了巨大的贡献。特别是在日本，在培养人才的过程中，重视读书的传统，被认为是支撑国民较高的学习能力水平，形成社会基础的原因之一。

在长期的发展过程中，日本形成了政官民共同努力推进阅读的体制，即立体式的推广模式（见图12），上有政府法律、资金等政策保障，中有相关单位协会组织策划，下有庞大的公益组织协助支援，三者协同合作，共同促进阅读活动的发展，形成了以儿童阅读为中心，全面覆盖所有人群的阅读推广体制，大大促进了日本科教文的发展，为提高国民素质，增强国际竞争力作出了巨大贡献。

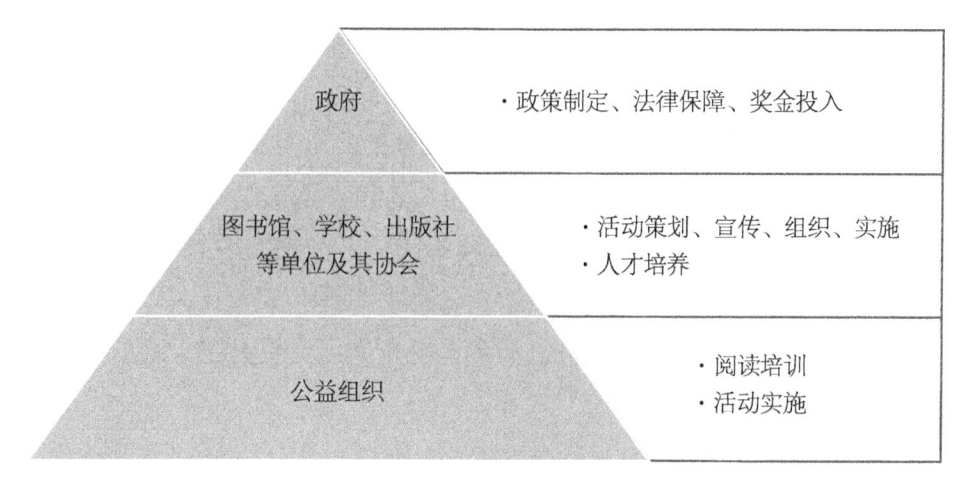

```
        政府              ·政策制定、法律保障、奖金投入

图书馆、学校、出版社         ·活动策划、宣传、组织、实施
等单位及其协会             ·人才培养

       公益组织            ·阅读培训
                         ·活动实施
```

图 12　多部门协同合作推动农村阅读

进入新时代，以互联网为代表的各种信息手段和娱乐方式层出不穷，用于阅读的时间相对减少。个人之间，地区之间的经济差距也在拉大，这也给人们的阅读活动带来了影响。为营造让每个国民都能亲近书本、平等享受阅读的环境，日本政府以及相关团体和个人不断改善阅读环境，改进阅读设施，丰富阅读活动，不断推进新时代背景下的全民阅读。

参考文献

1. 家の光協会. 第 76 回全国農村読書調査結果報告書 [R]. 家の光，2021.

2. 全国出版協会出版科学研究所. 出版指標年報 2021[R]. 全国出版協会出版科学研究所，2022.

3. 曹磊. 日本阅读推广体制研究 [J]. 国家图书馆学刊，2013，22（02）：85-90.

4. 陆珊珊. 日本《无障碍阅读法》分析及启示 [J]. 图书馆工作与研究，2021（S1）：71-75.

5. 高昊，陈佳沁. 全民阅读时代实体书店生存发展举措——以日本实体书店为例 [J]. 中国出版，2017（06）：31-34.

6. 公晓，田丽. 日本地方儿童阅读推进活动计划对我国的启示 [J]. 图书馆学研究，2015（21）：82-86+39.

7. 何韵，何兰满. 从传统阅读与数字阅读的二元关系论全民阅读推广策略——以日本为例 [J]. 图书馆，2015（07）：34-38+44.

8. 李立艳. 以书会友，分享阅读乐趣——荐书比赛活动在日本 [J]. 图书馆杂志，2017，36（11）：109-113+28.

9. 刘芳. 国民数字阅读：现状、问题与提升 [J]. 科技与出版. 2022（04）：60-66.

10. 彭政清. 日本国民阅读计划及其对我国的启示 [J]. 图书馆工作与研究，2016（07）：96-99.DOI：10.16384/j.cnki.lwas.2016.07.021.

11. 秦石美，魏正. 关于日本图书馆的老年读者服务调查及启示 [J]. 新阅读，2021（02）：51-53.

12. 苏志豪. 流动图书馆：社会组织活化农家书屋的有效路径——基于日本启示与本土化创新. 图书馆理论与实践. 2020（03）：105-111.

13. 张麒麟，姜霖. 日本儿童阅读推广的长效促进机制 [J]. 图书馆论坛，2020，40（03）：147-155.

14. 周樱格. 日本图书馆阅读推广动向研究：案例分析与启迪 [J]. 新世纪图书馆，2013（05）：23-26.

15. 日本雑誌協会. 日本書籍出版協会50年史Web版［EB/OL］https://www.jbpa.or.jp/nenshi/

16. "国民の読書推進に関する協力者会議"報告書（案）［EB/OL］https://www.mext.go.jp/b_menu/shingi/chousa/shougai/024/shiryo/attach/1310830.htm

（作者单位：外交学院、吉林大学）

德国全民阅读工作开展情况

顾 牧

一、绪 论

德国是一个阅读传统悠久、阅读氛围浓厚的国家，享有"读书民族"的美誉。德国的图书市场曾长年稳居全球第二位，直至2017年，才被发展势头强劲的中国图书市场赶超，退居第三。这个仅有8200余万人口的国家拥有实体书店约6000家，各类图书馆近9300座，每年使用公共图书馆者达到1.26亿人次。

今天的德国拥有发达的出版业，根据德国书商与出版商协会2021年的统计数据，德国目前有出版社约3000家，从业人员约2.5万人，年销售额49.9亿欧元。除出版社外，德国还有大量从事图书出版的公司、机构和个人。以2020年的数据为例，德国书商与出版商协会会员总数为4221，其中出版社1525家。德国的图书馆系统覆盖面广，有各类图书馆9297家，馆藏资料达3.74亿册。此外，德国还有覆盖全产业链的行业协会，从规模到影响力都处于世界一流水平的图书博览会。

图书行业的这种良好态势可以说与德国悠久的阅读文化息息相关。阅读不仅是德国人最喜爱的日常活动之一，从政府到民间对图书行业的发展及阅读的推广也都极为重视，各类促进图书行业发展以及与阅读推广相关的活动丰富多样，例如每年配合4月23日"世界读书日"举行的活动"送你一个故事"，为推广朗读活动的"全国朗读日"，重点关注儿童早期阅读的"开始阅读1—2—3"等。德国的这些阅读推广活动覆盖面广，参与度高，从中能够看到从各级政府到企业，从行业协会到社会各阶层的积极参与。

对于德国阅读传统形成的原因，国内出版界及学界已有关注，普遍认为发生在 18 世纪的"阅读革命"对阅读文化的形成起到了至关重要的推动作用。而学者李伯杰又进一步提出，推动德国阅读文化形成的动力除 16 世纪初的宗教改革和 18 世纪的"阅读革命"这些外在因素外，更为重要的还在于德国市民阶层崛起时形成的"文化修养"观念，这种"文化修养"观念是阅读文化在德国蓬勃发展的真正内在驱动力：

> 大量市民子弟接受教育，也直接推动了阅读的发展，阅读又向社会其他阶层辐射，到一八〇〇年左右，德国人已经有一半人口具有基本的阅读和书写的能力。[……]借助文化修养，德国市民的知识精英不但发现了自己可以同贵族的高贵血统相抗衡，而且在"文化修养"中找到了自己精神上的安身立命之所。无论如何要具有"文化修养"，要成为有教养的人，最重要的就是博览群书，因此书籍和阅读在德国人的生活中所起的作用并非其他国家可以同日而语。①

这一观点从更深层次解释了德国这个"读书民族"形成的原因。也正是由于这种内驱力的存在，使阅读在德国形成了良好的民间基础，对图书业形成一种自下而上的推动力，同时也从一个侧面解释了德国各类非政府文化性民间团体组织为何能够在阅读推广方面起到决定性的作用。

李伯杰援引文化史学家毛雷尔的观点，提出了阅读革命对德国三个方面的主要影响：

> 一是图书出版业的大发展，德国的图书出版业在十八世纪最后三十余年的发展突飞猛进，图书成了重要的商品；二是读者的数量激增，无论是绝对数字还是读者在总人口中的百分比都直线上升，读者的社会阶层构成迅速扩大，而且阅读也被视为有品位的活动，地位迅速攀升；三是默读、私密化阅读等阅读形式取代过去的朗读成为主流。②

---

① 李伯杰. "读书民族"是怎样炼成的 [J]. 读书, 2012（10）：153.

② 同上，150–151。

可以说，"阅读革命"及广泛存在于社会中的"文化修养"观念从根本上解决了图书行业及阅读发展的几个必备要素，催生了市场，培养了读者，改变了人们的阅读习惯。如今，我们能够看到的"读书民族"也正是在这样的背景下逐渐形成的。

尽管德国拥有浓厚的阅读气氛和良好的阅读文化，但是在今天这个数字化高速发展的时代，人们的生活方式及阅读行为也正在发生深刻的改变，图书行业受到极大冲击，一场"阅读危机"悄然登场，引起了德国社会各界的关注和忧虑。根据一项调查，德国18岁以上的公民中有大约620万人有阅读障碍的"功能性文盲"，占到了德国成年人的13%。在这些人中，有80%的人是接受过学校教育的。而根据经合组织发起的国际学生评估项目（PISA）的研究，德国学生的阅读能力普遍低于国际平均水平，2018年，15岁的青少年中有20.7%的人有阅读和写作的困难。德国阅读基金会认为，造成这种阅读能力普遍下降的原因并不应该只从学校教育中去找。学校虽然也培养阅读，但阅读能力并不仅仅是通过读书识字就能够具备的，这其中有很多其他的重要影响因素，例如家庭环境。有大量研究证明，朗读能够显著影响儿童和青少年发展，但是根据德国阅读基金2011年的一项调查，大约有40%的家庭很少或从不朗读，只有8%的父亲会有规律地给孩子朗读。父亲正面示范作用的缺失被认为是造成有阅读障碍的男孩多于女孩的原因之一。此外，评估结果显示，现代信息技术的发展和社会生活形式的转变对学生的阅读能力也产生了一定程度的影响：约五分之一的学生被评估为阅读能力严重缺乏，一半以上的学生表示阅读并不是出于兴趣。[①]

2018年6月，德国书商和出版商协会联合市场研究机构捷孚凯（GfK）发起了一项名为"图书购买者——你们在哪里？"（Buchkäufer – quo vadis?）

---

① PISA 2018 | Zusammenfassung [EB/OL]. [2022-10-07]. https://www.pisa.tum.de/fileadmin/w00bgi/www/Berichtsbaende_und_Zusammenfassungungen/Zusammenfassung_PISA2018.pdf.

的问卷调查[①]，这项调查立体地呈现了近年来德国图书市场上读书者流失的情况及其原因，让人们关注到了这个长时间未引起充分重视的"阅读危机"。根据这项调查得出的结果，2017年，德国大众图书市场（教材及专业类书籍除外）10岁以上年均购买至少一本书的图书购买者人数相比2013年减少了640万，2013年，图书购买者的人数还有3600万，到了2017年就已经下降到2960万。[②]

从2020年开始的新冠感染疫情，更是对书业及全民阅读的推广提出了极大的挑战，同时有研究表明，疫情对未成年人的阅读能力也产生了负面影响。[③]如今德国的政治决策者及所有德国公民已经越来越强烈地意识到一个事实，即没有阅读能力的提升，教育、职业发展与经济增长就无从谈起。[④]因此，阅读推广近年来也愈加引起了社会各方的广泛关注。

二、德国阅读相关情况调查

（一）2018—2020年度图书产业报告

1. 图书出版情况

为更好地整合市场力量，德国出版企业近年来始终奉行少而精的大原则，新版图书的数量不断减少。从德国国家图书目录（Deutsche Nationalbibliografie）中能够看出，不同种类的新版图书数字虽各有升降，但在推出新书方面都表现得越来越谨慎。不过需要注意的一点是，由于大部分新版的电子书以及按需印刷的图书并没有被统计在其中，因此，这些数据只能够部分地呈现德国图书出版的情况。

[①] Buchkäufer – quo vadis? Kernergebnisse [EB/OL]. [2022-10-07]. https://www.boersenverein.de/markt-daten/marktforschung/studien-umfragen/studie-buchkaeufer-quo-vadis/.

[②] 黄延红. 德国出版业发展现状和启示 [J]. 科技与出版，2019（12）：11-18.

[③] 德国：小学生阅读能力下降引关注 [N]. 光明日报，2022-4-24（6）.

[④] Joerg F. Maas, 渠竞帆. 德国阅读基金会推动全民阅读30年 [EB/OL]. (2018-05-02) [2022-09-28]. http://www.biz-beijing.com/news.php?year=2018&id=577.

国别报告
德国全民阅读工作开展情况

近年来，随着自助出版形式的发展以及出版企业数字化转型的深入，数字化产品已经逐渐成为图书市场的重要组成部分，各出版企业纸质新书数量不断减少与企业营销策略的改变直接相关，多家大型出版企业宣布要减少新书的数量，例如兰登书屋（Random House）就希望通过减少初版图书的总数，集中力量为读者提供更高质量的图书。

对比2011年至2020年的数字，除2015年小幅回升外，新版图书（含初版和再版图书）的数量始终处于下降的趋势。2020年仅为77272种，比2019年减少1474种，降幅1.9%（2019年降幅1.5%，2018年降幅3.3%）。在这些新版图书中，真正首次与读者见面的初版新书为69180种，比2019年减少1215种，降幅1.7%。（2019年降幅1.6%，2018年降幅1.3%）（见表1）。不过，2020年的这一项数据应考虑到各出版社因疫情影响而调整出版计划的因素，根据德国书商和出版商协会（Börsenverein des Deutschen Buchhandels）的一项调查，超过半数的出版社有出版计划推迟，另有36%的出版社有彻底取消出版计划的情况。在新版图书中，初版图书所占比例为89.5%，此项数据与2018年、2019年相比基本持平。在20世纪90年代中期，这个比例维持在70%左右，在过去三年中，初版图书的市场比重都接近90%，这意味着图书的生命周期正在大幅缩短。

表1 2011—2020年图书出版情况

单位：种

年份 类别	2011	2012	2013	2014	2015	2016	2017	2018	2019	2020
新版图书 （含初版和再版）[①]	96273	91100	93600	87134	89506	85486	82636	79916	78746	77272
初版新书	82048	79860	81919	73863	76547	72820	72499	71548	70395	69180

资料来源：《图书与图书贸易数据2021版》（Buch und Buchhandel in Zahlen 2021）

---

① 大部分电子书及按需印刷的图书未被统计在内。

在各类初版图书中，数量分别排在第一位和第二位的纯文学类图书及德语文学在2019年曾经明显上涨，2020年，这两类初版图书数量都有不同程度的减少，其中，新出版的纯文学类图书共计13880种，比2019年减少580种，降幅达到4.0%，在初版图书中的占比也减少到20.1%。德语文学新出版图书共计10972种，比2019年减少近360种，占比下降到15.9%。数量排在第三位的依然是儿童和青少年图书，这类图书的市场份额在2015年曾达到11.5%的高点，随后便逐年回落。2018年，初版的儿童和青少年图书曾小幅回升，增幅0.6%，2019年又重新开始回落，下降幅度高达9.5%，其在初版图书中的整体占比也下降到5年中的最低点，仅11.3%。2020年，初版的儿童和青少年图书共计7932种，仅比2019年减少37种，在所有初版图书中所占比例也有所回升。

引进版新书的数量在2018年至2020年间一直相对稳定，2020年，此类初版图书大幅减少，共计9164种，同比降幅达5.5%，占新书品种的13.2%。不过，这种趋势主要应归因于出版社缩减新书出版的总体原则，而非疫情的影响，因此引进版图书在所有初版图书中所占的比例一直维持着相对的稳定。2020年，德国市场主要引进语种依然为英语，其所占比重曾连续三年持续缩减，但在德国翻译市场上依然占据着不可撼动的重要地位。2020年，英语图书的引进数量有所回升。排在第二位的语种依然为法语，但引进数量下降，仅975种。从2009年开始，日语就始终占据德国图书市场第三大引进语种的位置，2020年的初版翻译图书中，从日语翻译而来的图书总计927种，低于2019年的1017种，其中绝大多数为漫画类，尤其受欢迎的是日本的漫画（Manga）。2020年，译自汉语的图书共36种，占比0.4%，排在第12位，其中14种为纯文学类图书，占德国引进类纯文学类图书的0.4%。

2. 图书销售情况

新冠感染疫情对德国社会各行业都产生了巨大的影响，但图书市场却整体保持稳定，2020年全行业实现了93.03亿欧元的销售额，比2019年上涨了0.1%。处于持续下降趋势的图书购买者在2020年实现了过去十年中的最小降幅。根据市场调查机构捷孚凯（GfK）的消费者调研数据，20%的读者比疫情前看书的频率更高，这对图书市场无疑是一个积极的信号。

2020年，依据德国各州、各地区防疫政策的不同，书店分别关闭了六到七周不等，其中第一次在3月中旬至4月中、下旬，第二次是在属于重要销售旺季的12月中旬。其中，柏林、萨克森-安哈尔特两州属于例外。这两州将图书列为日常必需品，与食品享有同等的地位。12月，勃兰登堡州也推行了这一政策，2021年3月，绝大多数德国的联邦州都加入了这一行列。

2020年，德国图书价格连续第五年上涨，涨幅0.6%，图书价格的涨幅略高于德国物价0.5%的上涨幅度。从2016年到2020的图书价格上涨幅度来看，最高涨幅出现在2019年，为3.4%；其次是2016年，为2.3%。

纯文学类以及儿童和青少年图书是实体书店的主力商品，这些图书的平均价格在2020年维持了上涨趋势，其中，文学类初版图书的平均价格为15.47欧元，比2019年上涨4.1%，儿童和青少年类初版图书平均价格为12.39欧元，比2019年上涨0.22欧元。

从各种类图书的表现看，占据最大市场份额的依然是纯文学类图书，此类图书的市场份额从2017年至2019年曾连续三年减少，2020年，这种下降的趋势暂时中止，纯文学类图书的市场占比上升至31.1%。2020年，儿童和青少年图书上涨势头特别抢眼，总销售额同比上涨4.7%，市场份额增加至18.4%。排在第三位的依然是指导类图书，此类图书的市场份额和销售额曾在2019年双双实现上涨，2020年，此类图书的市场份额维持在2019年的水平，依然为14.2%，但销售额同比下降了3.1%。非虚构类通俗图书在2019年表现不俗，销售额涨幅达4.9%，市场份额升至11.0%，超过"学校/学习"图书，排名上升到了第四位，2020年，此类图书的市场份额小幅扩大，升至11.2%，销售额同比下降了1.3%。

从图书装帧类型看，创造图书市场销售额的主力军依然是精装书和平装书，2020年，精装书和平装书所占市场份额在2019年的基础上进一步扩大，达到77.2%。不过，这两类图书的年销售额并未实现同步增长，2020年下降约0.2%（零售渠道降幅7.1%），但考虑到书店关闭等因素，这依然可以算得上不俗的表现。口袋书的市场份额经历了2019年的小幅回升后，2020回落至

20.9%，年销售额同比下降 5.1%。除疫情外，过去几年中，消遣类和快餐式图书尤其是电子书及其他数字媒体发展的冲击，也是造成口袋书销售额下降的重要原因。

在德国的各种图书销售渠道中，零售依然是最主要的销售渠道，但其所占市场份额在 2020 年有较大幅度缩水，下降至 42%。同时，线上图书销售呈现出强劲的增长势头，这其中也包括实体零售商的线上销售服务。相比 2019 年，图书的线上销售额上涨了 20.9%，销售额达到 22.43 亿欧元，超过出版社直销，排位上升至第二。出版社直销渠道实现销售额 20.34 亿欧元，同比上涨 3.4%。百货渠道在 2020 年下降趋势最为明显，销售额仅为 0.38 亿欧元，同比降幅高达 68.2%，其市场份额仅为 0.4%，排名下降至倒数第二位，仅高于俱乐部渠道。

3. 电子书情况

近年来，德国的电子图书市场呈现出良好的发展态势。电子图书市场呈现出上升趋势的一个很重要的原因在于购书者及其购买数量的增加。2018 年，电子书购书者的数量比 2017 年增加 10 万人，增至 360 万人。在图书消费者不断流失的背景下，这个数据是非常好的信号。2020 年，电子书购书者的数量总计约 380 万人，比 2019 年增加约 12 万人，涨幅达 3.3%。同时，购书者人均的购买数量也明显增加，为 9.6 册，这一数字甚至超过了曾经位于最高点的 2018 年。（见图 1）人均购书支出 63.35 欧元，同比增加了 12.5%。值得注意的一点是，所谓的混合型购书者，是既购买纸质书，也购买电子书的购书者数量也大幅增加，从 2019 年的 59% 上升到 2020 年的 67%。

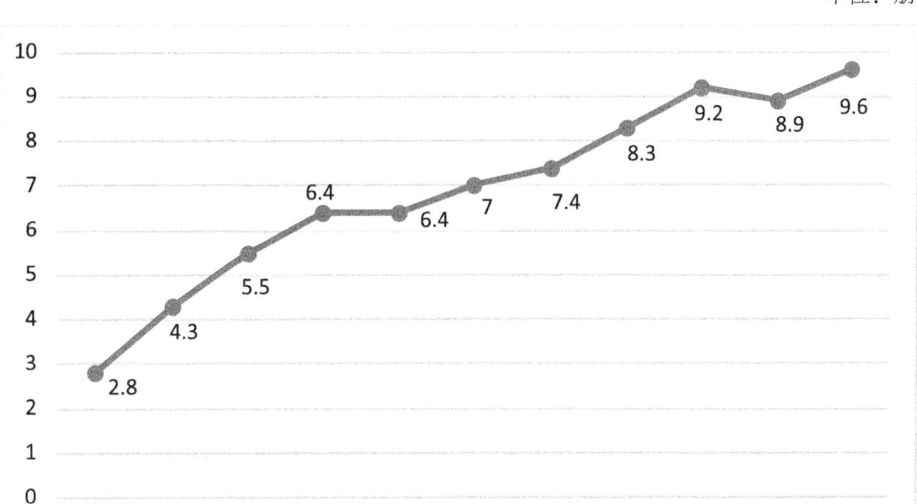

单位：册

图1 2010—2020年电子书人均购买量

年份	购买量
2010	2.8
2011	4.3
2012	5.5
2013	6.4
2014	6.4
2015	7
2016	7.4
2017	8.3
2018	9.2
2019	8.9
2020	9.6

资料来源：《图书与图书贸易数据2021版》

捷孚凯同时对图书购买者的组成进行了调查分析：在2020年，14岁以上的消费者中有5.6%曾经购买过电子书，这一比例与2019年基本持平，其中，女性消费者中购买过电子书的人群所占比率高于男性，并且占比持续增加中，2020年达到了6.9%，男性消费者占比维持在2019年的水平，为4.2%。从消费者的年龄分段来看，更青睐电子书的并非"数字原生代"的年轻消费者。2020年，居于首位的依然为50—59岁这个年龄段，其次是30—39岁，40—49岁年龄段的占比继续下滑，居于第三位。（见表2）

表2 2020年消费者电子书购买情况（不含教材及专业类图书）

单位：%

类别	曾购	1本	2本及以上
性别			
女性	6.9	2.4	4.5

续表

类别	曾购	1本	2本及以上
男性	4.2	1.6	2.6
年龄			
14—19岁	2.8	1.3	1.6
20—29岁	5.6	3.0	2.6
30—39岁	6.9	2.3	4.6
40—49岁	6.6	2.4	4.2
50—59岁	7.4	2.7	4.8
60—69岁	6.3	2.0	4.4
70岁及以上	2.5	0.7	1.8
受教育程度			
小学/完全中学	2.9	1.0	1.9
中学/专科学校	5.0	1.7	3.3
高中毕业/大学	7.2	2.8	4.5
家庭净收入			
999欧元及以下	4.0	1.5	2.6
1000—1499欧元	4.0	1.3	2.8
1500—1999欧元	3.2	1.1	2.1
2000—2499欧元	5.1	1.8	3.3
2500—2999欧元	5.6	2.3	3.3
3000欧元及以上	7.2	2.6	4.6
职业			
中小学生/大学生	4.0	2.2	1.7
全职人员	6.6	2.4	4.2
兼职人员	7.8	3.0	4.8

续表

类别	曾购	1本	2本及以上
无固定职业	5.3	1.7	3.6
退休	4.1	1.1	3.0
居住地居民数			
4999人及以下	5.5	2.3	3.3
5000—19999人	5.1	1.8	3.2
20000—99999人	5.7	2.0	3.8
100000人及以上	6.0	2.1	3.8
合计	5.6	2.0	3.6

资料来源：《图书与图书贸易数据2021版》

新冠感染疫情推动了德国各个领域的数字化进程，对大众电子图书市场也产生了极大的推动作用。2020年，大众电子图书的销售额同比增加了16.2%，增幅远远高于2019年的0.6%，全年销量总计3580万册，比2019年增加10.8%。（见图2）电子书所占市场份额也从2019年的5.0%上升至5.9%。电子书平均售价的提高也是电子书销售额总体上涨的原因之一。2020年，电子书的平均售价在2019年的基础上进一步提高，达到6.63欧元，增幅4.9%。（见图3）不过，这一平均售价依然远低于2010年的10.71欧元。对电子书造成价格压力的主要因素是价格低廉的自助出版图书的大量出现。

单位：万册

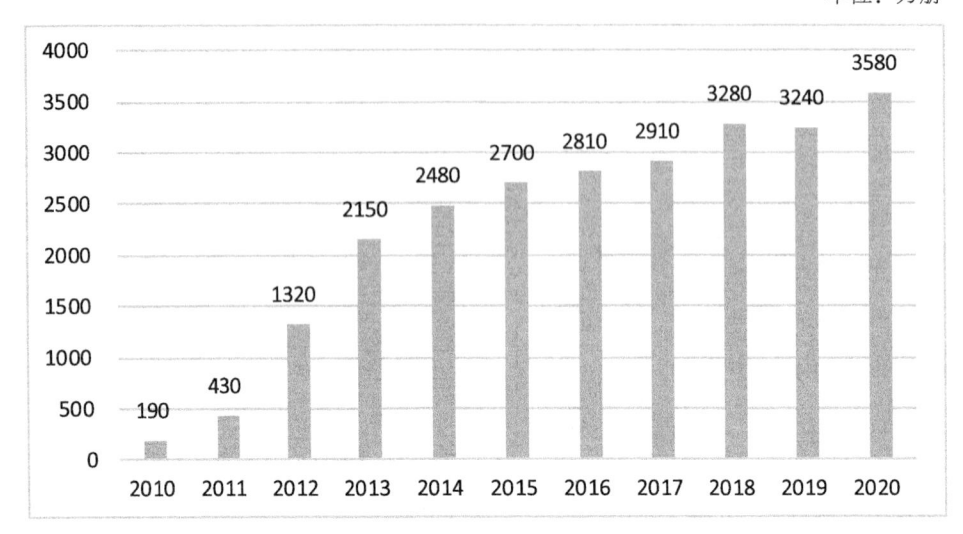

图 2　2010—2020 年电子书销量情况

年份	销量
2010	190
2011	430
2012	1320
2013	2150
2014	2480
2015	2700
2016	2810
2017	2910
2018	3280
2019	3240
2020	3580

资料来源：《图书与图书贸易数据 2021 版》

单位：欧元

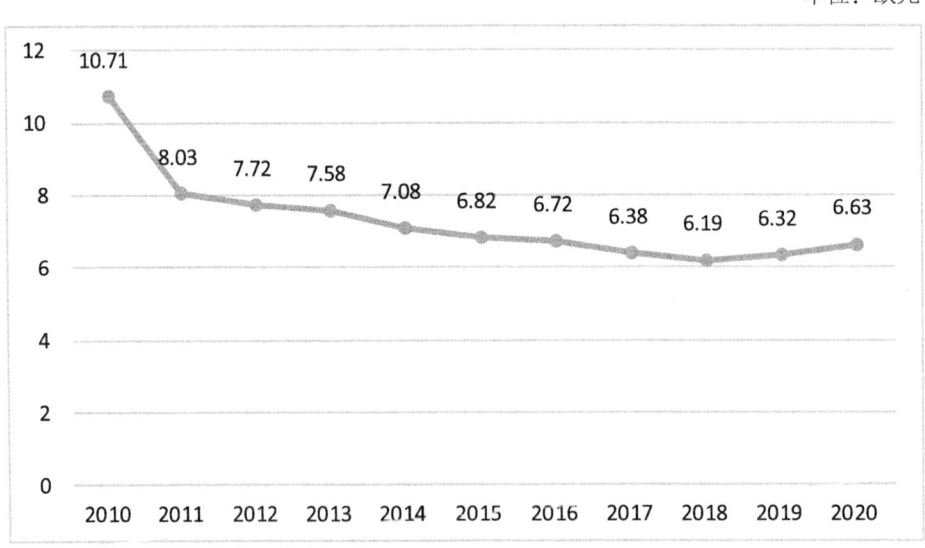

图 3　2010—2020 年电子书平均价格

年份	平均价格
2010	10.71
2011	8.03
2012	7.72
2013	7.58
2014	7.08
2015	6.82
2016	6.72
2017	6.38
2018	6.19
2019	6.32
2020	6.63

资料来源：《图书与图书贸易数据 2021 版》

根据市场调查机构捷孚凯的消费者调研数据，售出的电子书中占据首位的是纯文学类。2020年，纯文学类电子书的销售额相比2019年增长20%，市场占比增加到约86%；位居次席的是指导类电子书，销售额占比约6%，相比2019年下降2%；第三位的儿童和青少年图书销售额占比虽然与2019年持平，约维持在5%，但销售额同比增长17.9%。

不过，新冠感染疫情对电子书销售的促进作用能够持续多久还有待观察。2020年，数字图书市场的增长基本上都集中于第二、三季度，年底时就已经开始逐渐回落。德国书商和出版社协会方面认为这与图书馆提供免费的电子书借阅服务有很大关系。2020年，图书馆电子书借阅量超过了3000万册，涨幅达17.7%，超过电子书购买量的同比涨幅。在线电子图书资料的使用者总数量同比涨幅更是上升至19.8%，是电子书购买者数量的六倍之多。

为了了解德国读者借阅电子书的情况，德国书商和出版商协会在2019年11月通过捷孚凯进行了一次相关的市场调查，调查对象为德国10岁以上的公民[1]，该项调查发现，在线借阅使用者在图书市场上也是最活跃的消费群体，其中有近三分之二的人每年至少购买一本书（含纸质书和电子书），但是从开始使用在线借阅服务之后，有近一半的人购书量减少，甚至不再买书。[2] 可见，在线借阅服务对于图书市场是有直接影响的。

正因如此，联邦参议院建议依托欧盟版权法数字化改革，将在线借阅服务也纳入法律，此举在书业引起了极大的担忧。因为根据这项建议，出版社有义务将所有的电子书内容提供给图书馆的在线借阅服务。书商和出版社协会认为此举将会极大损害版权人和出版社权益，用于商业用途的电子书在市场上将不再具有竞争力，为了保证图书市场的多样化发展，有必要从版权方面提供更为公平的保护措施。但找寻到一条合适的道路并非易事。

---

[1] 德国10岁以上公民总人数约6710万人，此项调查总计采样16546份。

[2] Wer leiht was in Bibliotheken und insbesondere online? Ein 360°-Blick auf die Onleihe – die digitale Ausleihe der Bibliotheken[EB/OL].https://www.freiburg.de/pb/site/Freiburg/get/params_E-131596620/1616802/Bericht_Onleihe_2019_final.pdf

4. 有声书情况

随着播客技术的兴起，德国读者已经越来越习惯于用智能手机或平板电脑收听有声书。受这种趋势的影响，2020年，实体有声书在图书市场上所占份额进一步减少，德国联邦统计局的数据显示，2020年实体有声书市场份额仅为1.8%（2007年4.8%）。[1] 由于此项数据中只包括实体有声书的销售，因此只能从一个方面反映有声书市场的发展。如果将下载和流媒体服务业也考虑在内的话，那么数字化对于有声书的影响应该说是利大于弊。

德国14岁以上的公民中，有2.8%的人在2020年购买过一种或一种以上的有声书，略低于2019年。在使用有声书的读者中，依然以30—39岁的群体居多，在这一群体中，曾在2020年购买过有声书的消费者占4.5%；50—59岁这一年龄段在2020年取代20—29岁，成为有声书第二大消费群体，占比3.8%；20—29岁仅占2.1%。从有声书使用者性别看，女性多于男性，两者占比分别为3.4%和2.3%，从职业看，兼职者所占比率超过全职人员，达到4.4%，全职人员占比为3.2%，与2019年持平。

根据市场研究机构凯度公司（Kantar EMNID）的问卷调查《2020年有声书指南》（Audible Hörkompass 2020），2020年，使用有声书、有声剧和播客的德国公民相比2019年增加13%，达到约2600万人，其中，播客这种形式尤其受到使用者的青睐，在2020年，播客的使用者占比达25%，比2018年增加约一倍（12%）。

在德国，有声书、有声剧和播客正逐渐成为人们日常生活中的重要媒介渠道，满足人们在休闲娱乐、教育等方面的需求。31%的受访者表示每月至少一次收听有声书，甚至有10%的受访者表示会每天收听。

关于收听有声书的地点，2020年的调查结果显示，在家收听是最常见的方式（66%），42%的人甚至会使用有声书来助眠；从职业看，最喜欢将有

---

[1] Umsatzanteil von Hörbüchern im deutschen Buchhandel in den Jahren 2007 bis 2020[EB/OL].https://de.statista.com/statistik/daten/studie/610617/umfrage/umsatzanteil-von-hoerbuechern-im-buchhandel/.

声书作为放松方式的群体是中小学生；从性别看，72%的女性和60%的男性喜欢收听有声书，女性多于男性。随着移动终端设备越来越普及，在户外使用有声书的人越来越多，例如58%的人飞机、火车、公共汽车等公共交通工具上，56%在自驾车时，53%在度假时会听有声书。19%的受访者表示会在运动时收听有声书，28%的受访者会利用日常生活中的等待时间收听有声书，例如就医、超市购物、等候公共汽车的时候，在这一群体中，又以40岁以下的受访者为最多（37%）。

随着有声书的普及，德国读者对原创有声书的需求也越来越强烈，73%的受访者对畅销书作家推出专为有声渠道创作的作品表示欢迎。①

（二）全民性阅读数据调查

1. 2018—2020年"最佳计划"（Best for planning）调查数据

"最佳计划"（Best for planning，简称b4p）是一项针对德国人业余生活方式和媒体使用习惯的问卷调查，是目前德国涵盖范围最广的一项市场及媒体使用调查，由阿克塞尔·斯普林格集团（Axel Springer）、鲍尔媒体集团（Bauer Media Group）、芬克媒体集团（Funke Mediengruppe）、格鲁纳+雅尔集团和赫伯特·伯达媒体集团（Hubert Burda Media）联合开展。这项调查聚焦德国人对消费品、日用品及各类服务的购买及使用，通过分析其个人兴趣、需求及愿望，力求使品牌更精准地找到目标客户。调查涉及2430余个品牌，约110个不同的市场领域，每年有30000名左右14岁以上的德国公民通过回答问卷，参与这项调查。

2019年之前，问卷按照"经常""偶尔""很少""从不"等几项调查受访者对不同媒体的使用，从2019年开始，调查表中的选项被细化为"每周多次""每月多次""约每月一次""少于每月一次""从不"，因此2019年、2020年的数据与2018年的数据无法进行一一对应的比较，但从中我们仍能够部分地看出这三年中德国人业余生活方式的改变，特别是数字化

---

① Audible Hörkompass 2020 [EB/OL].https://magazin.audible.de/audible-hoerkompass-2020/.

所带来的改变。

从得出的数据看，高居德国公民最经常从事的业余活动前三位的分别为"收看电视""收听广播"和"上网"。在2018年的数据中，表示"经常"在业余时间从事这些活动的受访者分别占84.2%，62.4%，58.0%。而表示"经常读书"的受访者仅占17.9%（2017年：18.2%，2014年：20.4%），排在第十四位，选择"偶尔"看书的受访者占27.6%（2017年：27.3%，2014年：29%），27.5%的受访者选择"很少"（2017年：29.2%，2014年：27.8%），另有27%的受访者"从不"看书（2017年：25.3%，2014年：22.8%）。

在2019年、2020年的数据中，"电视"继续占据首位，同时，互联网的信息和娱乐功能正在迅速凸显。2019年，表示"每周多次"选择"电视""收听广播"和"上网"作为业余活动的受访者分别占92.0%，74.4%和70.4%，2020年，这三项数据分别为91.3%，73.4%，72.5%，从数据的变化趋势中可以看到，"上网"在德国公民业余生活中所占的比重正日益凸显，作为信息渠道及消遣工具的电视和广播虽然依然占据着重要的位置，但重要性却在减弱。

在与阅读相关的数据方面：2019年，"每周多次读书"的受访者仅占16.7%，但排名上升至第十二位，"每月多次"看书的受访者占21.7%，"每月一次"的受访者占9.7%。"少于每月一次"者占25.5%，"从不"看书的受访者占26.4%。如果将"少于每月一次"和"从不"的数据合并，这部分受访者在2019年占51.9%，比例低于2018年，"很少"或"从不"看书的受访者在该年总计54.5%。在2020年，"每周多次读书"的受访者占比略有上升，为17.1%，排名依然维持在第十二位，"少于每月一次"和"从不"看书的受访者比例为51.7%，略低于2019年。与此同时，德国人对有声书的使用呈现较为明显的上升趋势，2018年，"很少"或"从不"听有声书的受访者占到了93.5%，2019年，这一类受访者的比例下降至91.5%，2020年这一数据为90.8%。

这里需要指出的是，2020年的大部分数据收集于新冠感染疫情暴发之前，尚不能显示疫情所带来的影响。不过，根据市场调查机构捷孚凯（GfK）

2021年1月提供的数据，有25%的受访者表示比疫情开始前更经常读书，可以据此预期，新冠感染疫情对"读书"这项业余活动是具有促进作用的，特别是对于青少年群体而言：10岁—19岁的受访者中有34%的人比疫情暴发前更经常读书，这一比例在20岁—29岁的受访者中占到了32%。根据《德国书业周刊》2021年12月13日的一篇报道，电子书订阅平台Skoobe在德国、奥地利和瑞士的一项调查显示，相比新冠感染疫情前，有50%的人阅读量和阅读频率几乎保持不变，43%的人更常阅读，仅有7%的人表示自己在疫情期间阅读量下降。38%的受访者表示在阅读时不再像之前那么容易走神；19%的人觉得花了更多时间在社交媒体上。[1]

2. 2018年"图书购买者——你们在哪里？"（Buchkäufer – quo vadis?）的问卷调查

在德国图书行业面对的各种挑战和不确定因素中，图书购买者人数的持续减少无疑是极为重要的一个现象，但这一现象长期被掩盖在图书行业营业额稳定发展的表象之下，而没有引起相应的关注。为了摸清读者流失的具体情况，并深入了解人们购书意愿下降的原因，2018年6月，德国书商和出版商协会联合市场研究机构捷孚凯（GfK）发起了一项名为"图书购买者——你们在哪里？"（Buchkäufer – quo vadis?）的问卷调查，调查特别聚焦在流失最为严重的购书群体，即20岁至49岁的人群。根据这项调查得出的结果，从2013年到2017年，德国大众图书市场（不包括教科书和专业书籍）10岁以上年均购买至少一本书的图书购买者数量减少了约640万。2013年，图书购买者的人数还有3600万，到了2017年就已经下降到2960万。2018年，购书者数字曾出现过小幅回升（增加约30万人，涨幅约1.0%），但是在2019年，年均购买至少一本书的人数仅为2880万，同比减少了3.5%。2020年，虽然有新冠感染疫情的影响，但图书购买者的下降趋势放缓，图书市场失去的购

---

[1] 43 Prozent lesen in Coronazeiten mehr Bücher [EB/OL]. [2022-10-20]. https://www.boersenblatt.net/news/maerkte-und-studien/43-prozent-lesen-coronazeiten-mehr-buecher-183.

买者为 40 万，这是过去十年中人数下降幅度最小的一年（2018 年除外）。（见图 4）

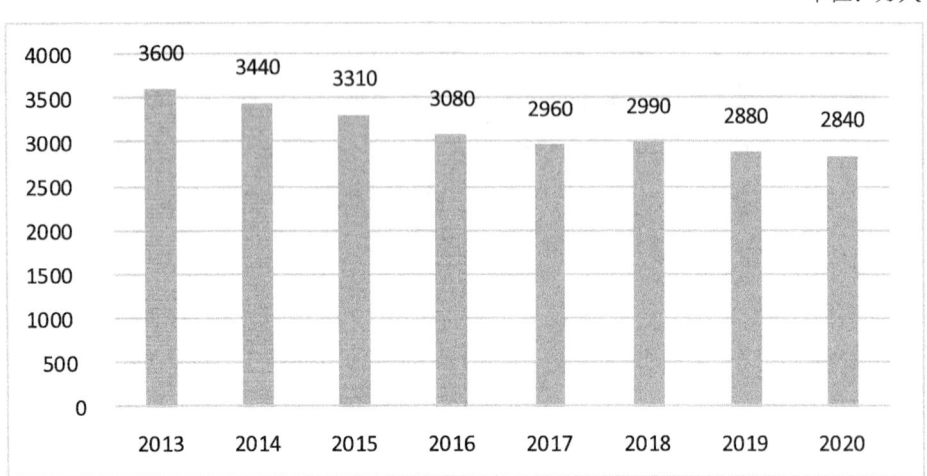

单位：万人

年份	2013	2014	2015	2016	2017	2018	2019	2020
购书者数量	3600	3440	3310	3080	2960	2990	2880	2840

图 4　2013—2020 年购书者数量情况

资料来源：德国捷孚凯（GfK）媒体消费调查

从 14 岁以上购书者的性别分布看，女性依然是最重要的图书购买群体，2020 年，有 62% 的女性曾经至少购买过一本书，这个比例在男性为 46%。在图书阅读方面，女性的阅读频率整体高于男性。"每天或一周多次"读书的女性比例为 38%，男性比例仅为 23%。整体看来，有阅读习惯的人（"每天或一周多次"）占比为 31%，与 2019 年和 2018 年持平。

这项调查更加立体地呈现了读书者流失的情况及其原因，调查结果在图书行业内引起了广泛重视，让更多业内人士意识到改变经营模式、采用新型客户语言的重要性。调查显示，造成被访者读书减少或不再读书的原因主要有：业余时间可以从事的活动增加，所以可支配的时间减少；信息量与信息渠道的增加造成专注力的减弱；对于"电子媒体"的依赖性越来越强，且无法摆脱；电子化时代强调高效及多任务处理，这也使人很难专注在一件事上。

通过分析，此项调查得出以下结论：第一，现代生活中广泛存在的各种义务、期望和快节奏给人们带来了很大的压力：一方面，越来越快的生活节奏使人们不得不进行多任务处理，造成将专注力集中在一件事上的能力下降，同时，现代社会生活也要求人们能够随时对外界作出反应和表示关注；第二，这些压力让人们疲于应付，所以内心中对慢节奏、自主性、"真正"的享受和充实产生了深刻的渴望；第三，由于日常有大量来自外界的刺激，加上人们使用媒体习惯的改变，读书在业余生活中的地位经常被挤占，或者只是众多业余活动中的一种，人们留给读书的时间越来越少，但这是一个日积月累的变化，其发生的过程经常是让人意识不到的；第四，读书经常被各种系列节目取代，例如讨论、推荐、热点或者"刷剧"，读书无法像这些节目一样，提供现代人越来越重视的社交性、便利性和灵活性；第五，图书在公众讨论中出现的频率越来越低，逐渐淡出人们的视野，而被人遗忘。在当今社会，图书已经不再是人们日常交流的主要话题，这一方面造成了不读书的社会氛围，另一方面也使得重拾书本变得更加困难；第六，图书市场经常不能够给消费者足够的引导，消费者对图书的主题不了解，在品类繁多的图书面前经常感到无所适从，具有广泛知名度的作者减少，消费者感到选择图书很困难。

  调查在立体呈现了读书者流失的情况及其原因的同时，也透露出一些积极的信息：读书仍然被所有目标群体视为非常积极和正面的事情。读书可以让人身心放松，内心平和，拓宽视野，还能够带人们进入不同的世界，并且受访者都因为缺少时间读书而感到遗憾。由于人们生活节奏不断加快，加之图书市场上的产品品种繁多，许多读者会在选择图书时感到茫然，因此，通过适当的引导来吸引读者就显得尤为重要。受访者所提出的诉求主要集中在以下几点：①希望被提醒：在生活领域和公共场所能够随时随地接触到书本，启发灵感、引发回忆、鼓励阅读；②希望获得阅读引导：在有限的时间内，让读者可以快速找到一本"正确"的书；③希望物有所值：读者在买书和读书的过程中能够获得附加值或奖励，觉得划算，拥有独家的感受；④慢节奏：得到放松和身心平衡，激发想象力；⑤浸入式体验：与图书及作家一对一地或集体地体验各种悬念、娱乐。

针对调查中暴露出的问题，目前，德国书业正积极采取应对措施，例如利用神经科学的相关研究，将读者的情感因素也纳入图书分类的参考标准之中。在传统的分类标准里，加入"阅读动机"这个新的维度，同时，出版社和图书经销商也将"阅读动机"作为优化产品、在线营销、实体销售等的全新考量标准，这也成为目前书业以吸引读者为目的进行的各项调整的重要内容。[①]

"图书购买者——你们在哪里？"调查的组织方在问卷完成之后，组织了由不再购书的读者和书业代表参加的工作坊，为书业的发展提出了一些具有创意的解决办法，这些建议主要集中在以下两个方面：一是让图书重新回到读者的视野中，充分发挥媒体的作用，利用各种媒体渠道进行宣传，在社交媒体或期刊中提供个性化推荐，媒体荐书活动等；二是在选书方面为读者提供帮助，例如由书店提供个性化推荐，书店里每一个品类都设一个畅销书架，在书店里放置带有推荐书单或书评的屏幕，书店里摆放书店员工的推荐书架，提供打印版或电子版的图书节选或者可以在线观看的图书预告短片，通过 App 来寻找合适的图书等。[②]

（三）青少年的阅读数据调查

德国西南部媒体教育研究协会（Medienpädagogischer Forschungsverbund Südwest）定期开展有关不同年龄阶段的人群业余活动和媒体使用方面的调查，从1999年开始，该协会每两年在6至13岁的儿童中展开此项调查（KIM 调查），至2020年，共进行过13次。调查对1200名左右该年龄段的儿童进行口头采访，或是对其主要教育者进行书面访谈。

调查中有一项数据专门针对这一人群"感兴趣"和"非常感兴趣"的事物。从历年数据中，我们能够看到技术的发展与数字化对儿童业余生活的改

---

① Kopfsache statt Bauchgefühl [EB/OL]. https://mvb-online.de/marken-und-produkte/lesemotive/.

② Buchkäufer – quo vadis? Kernergebnisse [EB/OL]. https://www.boersenverein.de/marktdaten/marktforschung/studien-umfragen/studie-buchkaeufer-quo-vadis/.

变。2002 年，互联网第一次出现在调查结果中，排在第 17 位，在此后的调查中，受访者对"互联网/电脑"（自 2016 年起"互联网/电脑/平板电脑"）的感兴趣程度不断上升，2010 年已升至第 7 位，至 2020 年间稳定在第 6 至 7 位之间。2006 年，此项数据中第一次出现"手机"，排在第 12 位，而手机（自 2014 年起"手机/智能手机"）逐渐呈现出了比互联网/电脑更快的上升速度，2014 年排在第 7 位，2016 年升至第 4 位。在 2020 年的调查数据中，表示对"手机/智能手机""很感兴趣"或"感兴趣"的受访者分别为 41% 和 30%，排在"朋友"和"学校"之后，处于第 3 位。在 2018 年的调查数据中，这两项数据分别为 39% 和 30%，仅次于"朋友"和"运动"，同样排在第 3 位。

调查中，对"读书"有兴趣的儿童占比始终保持着比较稳定的排名，在第 15 位（2006 年）到第 12 位（2010 年，2012 年，2014 年）之间。2020 年，对"书籍/读书""感兴趣"和"非常感兴趣"儿童分别占 14% 和 36%，排在第 13 位（2018 年第 14 位：15%，35%；2016 年第 14 位：13%，34%；2014 年第 12 位：16%，35%）。从数据上看，智能手机的普及对儿童的阅读兴趣尚未产生根本性的影响，受访者并没有因为对手机的兴趣而不喜欢读书，或是更喜欢读书。

三、推动全民阅读工作的主要机构及评奖活动

（一）政府部门

1. 德国联邦家庭、老人、妇女与青少年部与"德国青少年文学奖"

"德国青少年文学奖"（Deutscher Jugendliteraturpreis）是一个国际性奖项，1956 年由德国联邦家庭、老人、妇女与青少年部设立，共设奖金 72000 欧元，每年颁发给优秀的儿童和青少年图书，从奖项设立至今已有约 2500 部作品获奖。这些作品中除了德语的原创作品之外，也包括翻译成德语并在德国出版的外语图书，目的在于促进儿童和青少年图书的发展，引发相关讨论，同时唤醒公众、父母、相关人士对新作品的关注。

"青少年文学工作组"（Arbeitskreis für Jugendliteratur e.V.）负责该奖项

的评审及颁奖的相关工作，由独立的评审团评出，其中，"评论家评审团"负责评出"图画书奖""儿童图书奖""青少年图书奖"和"非虚构类图书奖"，由青少年评委组成的"青少年评审团"评出"青少年评审团大奖"，"特别奖评审团"评出"终身成就奖"和"新秀奖"。大奖在每年10月的法兰克福书展上公布，并举行颁奖典礼。2022年，共有764部新出版的作品参加此奖项的评选，"终身成就奖"和"新秀奖"均由插画师获得。

2. 德国经济部与数字出版奖

德国的数字出版奖（dpr award, digital publishing award）受德国经济部的资助，于2019年春天首次在莱比锡书展上颁发，2020年起落户法兰克福书展，2021年奖项于10月21日在法兰克福书展数字大会上揭晓。

数字出版奖用于奖励那些在数字出版领域有杰出贡献的创新性工作，其中包括"产品/商业模式奖""流程/技术奖""人物奖""创业奖"和"特别奖"。该奖项的目的是通过嘉奖优秀产品、流程或商业模式，使其起到示范的作用。奖项的评审团由来自经济、文化界，并从事数字化领域工作的专家组成。

获奖的"产品"从B2B到B2C，从网页/网站服务到应用软件、电子书、播客，再到线上活动。除此之外，创新的流程，例如编务、审校、发行、营销或具有指导意义的商业模式，均有机会获奖。"人物奖"颁发给在数字出版领域作出杰出贡献者；"创业奖"用于奖励那些有创意，但尚未正式立足市场的商业构思；"特别奖"表彰的是那些以实现可持续发展，关注生态，或以实现更好的工作与生活平衡为目标的特别产品或工具。

（二）行业协会

1. 德国书商和出版商协会

在德国有发展非常成熟的行业协会，其中最具代表性的是德国书商与出版商协会（也译为德国书业协会，Börsenverein des Deutschen Buchhandels），该协会在提供具有指导性的行业资讯、组织展会等各类相关活动方面作用极为重要。协会每年出版的《图书与图书贸易数据》（*Buch und Buchhandel in Zahlen*）提供全面行业资讯，是了解德国书业的权威数据来源。协会主办的法兰克福书展是目前国际上规模最大、最重要的图书博览会。

德国书商与出版商协会为注册协会，总部设在德国法兰克福市，由联邦协会、六个法律上独立的州协会以及从法律上隶属于联邦协会的北莱茵-威斯特法伦州地区办事处组成。协会代表图书出版商、图书贸易中间商以及图书贸易分销商的利益，联邦协会与州协会的年度大会是最高管理机构。

协会前身为成立于1825年4月30日的莱比锡德国书商协会（Der Börsenverein der Deutschen Buchhändler zu Leipzig, 1825—1990年）。成立之初，协会成员包括6名莱比锡当地及95名来自其他地区的书商，成立后，成员迅速增加，到1825年底，已增至235名。协会成立的初衷是为了在图书博览会上简化书商之间的结算流程，但很快就成为代表整个书业利益的协会。莱比锡德国书商协会的成立，可以说是德国18世纪在"阅读革命"的推动下图书出版业迅速发展，特别是在18世纪最后30年，图书在德国成为重要的商品，读者数量激增，阅读活动蔚然成风的一个必然结果。

二战后，因该协会总部位于苏联占领区，1948年在美国和英国占领区成立了德国出版商与书商协会工作组（Arbeitsgemeinschaft Deutscher Verleger- und Buchhändler-Verbände），后更名为德国出版商与书商协会（Börsenverein Deutscher Verleger- und Buchhändlerverbände）。1955年，协会章程变更时改为现在的名称。1991年1月，位于莱比锡的书商协会与书商与出版商协会合并。

书商与出版商协会代表其成员的利益，促进图书的出版、中间贸易及分销，在政策方面涉及版权保护、降低销售税率、固定书价、中小企业保护等。书商与出版商协会每年举办的法兰克福书展是全球最重要的图书博览会之一。

"德国图书奖"在每年法兰克福书展开幕时，由德国书商与出版商协会图书文化与阅读促进基金会（Stiftung Buchkultur und Leseförderung des Börsenvereins des Deutschen Buchhandels）颁发给"年度德语小说"。设立该奖项的目的是"在世界范围内吸引公众对于德语作家、阅读以及作为主流媒介物的图书的关注"[1]。参与评选的出版社可直接向评审委员会推荐参选书目，在征集时仍在创作过程中的书目也允许参加评比。为保证奖项评选的公正与透明，德国书商与出版商协会成立由11名出版及媒体代表组成的德国图书奖学院，由学院选择评奖委员会，评奖委员会成员每年进行更换。德国图书奖获奖者的奖金为25000欧元，进入短名单的其余五位被提名者各获得2500欧元。奖项的最主要赞助者为德意志银行基金会，此外，法兰克福市也是图书奖的主要合作伙伴。

该奖项在设立之初曾引起诸多争论，例如2008年9月，在当年德国图书奖短名单公布之后，《法兰克福汇报》曾就进入短名单的作品发起过一次公开讨论，评论中不乏尖锐的批评。例如女作家莫妮卡·马隆（Monika Maron）直言不讳地批评说讨论短名单上的小说是否实至名归毫无意义，因为"这根本不是图书奖，而是营销奖。重要的不是文学，而是如何轻轻松松地售卖文学作品，像卖大明星的最新单曲那样一摞摞地兜售"[2]。不过也有不少赞同者，他们认为图书奖的提名名单对于读者来说就像是一个阅读指引，能让人注意到从未关注过的作家，从中受益的不仅仅是作家、作品和图书产业，更是图书市场上的读者，因此，这个奖项的意义远远不只是遴选出德语小说中的"年度最佳"，而是引起读者对更多德语小说作家的"好奇心"。从这个意义上看，德国图书奖的确实现了它为自己设定的目标：吸引公众的关注。近年来，作为法兰克福书展开幕式上的重头戏，德国图书奖总是能够吸引世界各地诸多出版机构、媒体和社会各方面的关注。从长名单到短名单，再到最后揭开大奖谜底，奖项的遴选过程长达数月，除去对作品文学性的讨论之外，奖项本身的话题性也对吸引公众对于参选作品的关注起到了极大的促进作用。

---

[1] 德国图书奖官网资料[EB/OL]. [2022-09-22]. https://www.deutscher-buchpreis.de/der-preis.

[2] Forum: Was taugt die Shortlist zum Deutschen Buchpreis 2008 [EB/OL]. (2008-09-18) [2022-09-22] http://lesesaal.faz.net/deutscherbuchpreis/leser_forum.55php?rid=2.

进入德国图书奖提名名单的作品近年来也引起了中国出版社的极大兴趣，其中许多已经被陆续引进并译成汉语出版，例如最终大奖作品中的 *Es geht uns gut*（2005年获奖，中文名《我们过得还行》）、*In Zeiten des abnehmenden Lichtes*（2011年获奖，中文名《光芒渐逝的时代》）、*Das Landgericht*（2012年获奖，中文名《地方法院》）、*Kruso*（2014年获奖，中文名《克鲁索》）、*Die Hauptstadt*（2017年获奖，中文名《首都》）、*Die Herkunft*（2019年获奖，中文名《我从哪里来》）等。

"德国非虚构类图书奖"（Deutscher Sachbuchpreis）是一个新设立的奖项，基本模式是对运营成效显著的德国图书奖的复刻。该奖设立于2020年，受新冠感染疫情影响，当年轮空，2021年6月在柏林的洪堡论坛首次颁发。该奖项以"传递知识，引发讨论"为目标，嘉奖那些能够为社会性讨论带来活力的优秀非虚构类德语图书，促使人们关注非虚构图书在传递知识、形成观点、引起社会性讨论方面的重要作用。其遴选形式与德国图书奖类似，奖项的评审团由7名来自评论界、媒体、学界、文化领域和出版行业的评委组成，评委每年更换。非虚构类图书奖总奖金额42500欧元，主要赞助者同样为德意志银行基金，主要合作伙伴包括汉堡市和《时代》周刊基金。

德国非虚构类图书奖的评判依据除话题的重要程度之外，还包括写作技巧和文献质量等。例如2021年获得最终大奖的于尔根·考伯（Jürgen Kaube）所著传记《黑格尔的世界》（*Hegels Welt*，罗沃尔特出版社，2020年8月出版），评委会认为这部著作"……摒弃了英雄式的传记叙事方式，用优雅而不乏讽刺的笔触描写了一个生活在1800年前后转折时期各种矛盾中的哲学家"。2022年的获奖作品为斯蒂芬·马林诺夫斯基（Stephan Malinowski）的《霍恩索伦家族与纳粹》（*Die Hohenzollern und die Nazis*，Propyläen出版社，2021年9月出版），评委会认为这部著作"考证详实、讲述精彩……从家族史的角度写社会、政治史，……论证严谨，资料具有权威性"[①]。

---

① 德国非虚构类图书奖官网资料 [EB/OL]. [2022-09-22] https://www.deutscher-sachbuchpreis.de/archiv.

德国书商和出版商协会主席卡琳·施密特—弗里德里希斯在首届非虚构类图书奖的颁奖仪式上发言，她认为："德国非虚构图书奖我们已筹划良久，现在终于到了推出这个奖项的最佳时机。这个社会早就面临着一系列重大问题和决定，这绝不仅仅是由新冠感染疫情引发的。我们希望通过设立德国非虚构图书奖为社会性的大讨论注入活力。全面研究、深入观察、不同视角——这就是非虚构类书籍能够做到的，因此在当前这种情况下，它们更值得拥有一个广阔的舞台。"

"德国书业和平奖"（Friedenspreis des deutschen Buchhandels）设立于1950年，不同于前两个奖项的是，这是一个政治性奖项，旨在表彰那些"通过自己在文学、科学和艺术领域的工作，为实现和平理念作出突出贡献的人"[①]，强调书业对促进各国人民沟通与谅解所承担的责任。德国书业和平奖源自1949年几位作家和出版商的倡议，最初的名称为"德国出版商和平奖"（Friedenspreis deutscher Verleger），并于1950年在汉堡市首次颁发。创立者希望能够通过这个奖项使二战后的德国摆脱文化上的孤立状态，并在社会中重新彰显人文主义精神。1951年，该奖项通过德国书商与出版商协会，成为整个图书贸易行业的奖项，并正式更名为"德国书业和平奖"。截至2021年，该奖项共颁发72次，其中12次授予女性。书业和平奖奖金为25000欧元，来自出版商与书商的捐赠。评奖委员会中包括三名书商与出版商协会董事会成员，以及6名经选举产生的成员。颁奖仪式于每年法兰克福书展期间在法兰克福市的圣保罗大教堂举行。

2. 德国阅读基金（Stiftung Lesen）

德国阅读基金于1988年在企业家、贝塔斯曼基金会创始人莱因哈特·摩恩（Reinhard Mohn，1921—2009年）及时任德国总理赫尔穆特·科尔（Helmut Kohl，1930—2017年）的共同倡议下成立，总部设在德国美因茨市。基金会致力于提高社会、媒体及政治领域对语言和阅读能力重要性与必要性的认识。

[①] 德国书业和平奖官网资料[EB/OL]. [2022-09-22] https://www.friedenspreis-des-deutschen-buchhandels.de/.

德国阅读基金由历任德国总统担任名誉主席及总监护人，委员会由董事会、捐资人董事会及基金董事会组成，由管理委员会、科学顾问团队和质量监管委员会共同负责顾问及咨询工作。阅读基金的资金主要来自董事会成员及捐助人的捐赠，以及用于各项目和活动的公共资金。

作为全国性的基金会，德国阅读基金与联邦及各联邦州政府部门、科研机构、基金会、协会和企业密切合作，开展全国性的项目、活动，以及各类研究和示范项目，利用不同的媒体，致力于所有年龄段及人群阅读技能的提高，基金会尤其关注在教育方面处于社会弱势地位的青少年及其家庭。

德国阅读奖（Deutscher Lesepreis）由德国阅读基金设立于2013年，用于嘉奖富有创意的阅读促进项目。该奖项每年寻找那些对促进阅读文化的措施和项目予以表彰，同时帮助好的新创意付诸实施。阅读基金希望能够通过这个奖项，以多角度、可持续的方式促进所有目标群体的阅读能力，激发这些目标群体的阅读乐趣。

阅读指南针奖（Der Lesekompass）是阅读基金一项专门针对儿童和青少年图书的奖项，每年莱比锡图书博览会时颁发，分为2—6岁、6—10岁、10—14岁三个年龄组，参加评选的出版时间段为上一年的莱比锡图书博览会到当年博览会评选之间新版的童书。由专家组成的评选委员会每年在这些书中择优嘉奖。这个奖项与众不同的地方在于有少儿评委参与。"阅读指南针"致力于为儿童和青少年挑选、推荐好书。奖项从2023年起将每年设定不同的评选体裁和题材，由专家评委为不同年龄组别选出"十佳"，最终每个组别的"年度最佳"则交由少儿评委评出。2023年，组委会确定的作品类型为漫画和漫画小说。

迪特里希—欧朋贝格媒体奖（Dietrich-Oppenberg-Medienpreis）以2000年去世的著名媒体人迪特里希·欧朋贝格冠名，用以嘉奖那些能够反映现代信息和知识社会变化，并引起公众对阅读关注的优秀文章和作品。

（三）图书博览会：法兰克福书展

法兰克福书展是德国书商与出版商协会1949年创办的国际性图书博览

会，每年10月在德国法兰克福市举行，是世界上最大的图书贸易平台，也标志着德国每年秋天阅读季的开始。从1964年开始，法兰克福书展由德国书商和出版商协会成立的法兰克福图书博览公司（Frankfurter Buchmesse GmbH）负责具体事务。1976年起，法兰克福书展开始聚焦不同的主题，并设立主宾国制度，每年邀请不同国家担任主宾国，以推销该国的图书文化。

2020年，由于疫情的影响，作为国际版权交易平台的书展取消了实体展示，改为线上举办。作为应对措施，法兰克福书展还推出了线上版权交易平台"法兰克福版权"（Frankfurt Rights）。

2022年的第74届法兰克福书展聚焦"翻译"主题，有95个国家，超过4000家参展商参与这次书展。法兰克福书展2022年的口号为"翻译·传输·转化"，将翻译作为整个书展宣传的重点，活动包括"对话博物馆"（DIALOG MUSEUM）、儿童和青少年图书翻译、漫画书翻译、非虚构图书翻译、后殖民主义翻译和特殊群体阅读等。此外，译者和编辑的重要性也是讨论的话题之一。此次书展上，翻译文学杂志"TraLaLit"的年轻译者们也将举办自己的活动，观众也可参与的互动式活动"翻译大满贯"（Translation Slam）将一直延伸至书展的最后一天。公众被允许于书展开始后的周五进入法兰克福书展参观，而且还可以享受淘书、买书、签售一条龙的终极体验，无论是纸质图书还是电子书、有声书，观众均可以在参展商的展位以市场零售价购买。

2022年的法兰克福书展首次举办法兰克福童书大会，以多样性的转化为主题深入探讨以下问题：什么造就了当今优秀的儿童读物？如何用时髦的方式给年轻读者讲故事？多样性起到怎样的作用？业界专家以国际视野，结合社会政治背景，与儿童和青少年组织的代表就儿童读物进行探讨。

（四）企业集团

德国有出版社约3000家，从业人员约2.5万人，年销售额49.9亿欧元。除出版社外，德国还有大量从事图书出版的公司、机构和个人。2020年，德国书商与出版商协会会员总数为4221家，其中出版社1525家。

1. 出版集团

2020 年，德国拥有出版社总部最多的城市是柏林（149 家），其次为慕尼黑（105 家）。表 3 和表 4 为各出版企业 2020 年在德国市场图书销售额的统计及其排名。

表 3　德国十大出版企业及在德国本土销售情况

排名	出版企业	销售额（万欧元）
1	施普林格—自然（Springer Nature）	59010
2	浩富出版集团（Haufe）*	34500
3	科莱特出版集团（Klett）	33330
4	韦斯特曼出版集团（Westermann）	30000
5	兰登书屋（Random House）	29670
6	威科（Wolters Kluwer）	27000
7	康乃馨（Cornelsen）	25400
8	贝克（C.H. Beck）	21620
9	WEKA（WEKA）	18070
10	蒂墨（Thieme）	16870

*估计值

资料来源：《图书报道》（buchreport magazin），2021 年 4 月

表 4　德国十大大众图书出版企业及在德国本土销售情况

排名	出版企业	销售额（万欧元）
1	兰登书屋（Random House）	29670
2	卡尔森（Carlsen）	9020
3	吕贝（Bastei Lübbe）	8960

续表

排名	出版企业	销售额（万欧元）
4	拉文斯堡（Ravensburger Buchverlag）*	7300
5	德国口袋书出版集团（dtv）	6400
6	菲舍尔（S. Fischer）	6110
7	德吕墨-克纳尔（Droemer Knaur）	6030
8	罗沃尔特（Rowohlt）	5760
9	乌尔施泰因（Ullstein）	4930
10	弗朗克出版集团（Franckh Mediengruppe）	4500

＊估计值

资料来源：《图书报道》2019年4月

2. 书　店

随着数字化进程的深化，图书市场的框架条件发生了极大的改变，并对德国的实体书店造成了极大的冲击。根据调查数据，德国的实体书店每减少一家，年均图书销售量就下降6100册。从2014年至2017年，因书店倒闭而造成的图书销售数量的减少总计约350万册，占图书总销量减少额的56%。由此可见，实体书店的倒闭，并不意味着这部分顾客一定会转而在网络书店购书或是购买电子书，实体书店的存在对于图书销售是具有积极作用的，能够使读者更容易注意到不在畅销书榜之上的图书，促进那些知名度尚低的图书的销售。在2011年到2018年的畅销书榜中，有420种图书是用了三周或三周以上的时间，才跻身书榜前二十的位置，在这些图书中，有237种（56.4%）完全是凭借了实体书店中的销售，171种（40.7%）在很大程度上依靠了实体书店的销售。

为了调查图书统一定价对于实体书店经营的影响，德国书商和出版商协会委托研究人员展开了一项调查，2019年11月，最终调查结果出炉。研究人员对比了德国与英国的图书市场，认为德国图书市场的集中化程度明显低于英国：以网络图书零售商亚马逊为例，其在英国的市场份额占到了45%到50%，而在德国，所有网上书店的总市场份额也仅占到20%左右，市场上30%的销售额来自独立书店，还有约20%来自其他实体零售书店。英国在取消了图书统一定价制度之后，独立书店从1995年到2001年减少了约12%，而在德国，从1995年到2002年，独立书店减少的幅度仅为3%。

此外，研究人员通过对比德国、英国与法国书价的变化得出结论，图书统一定价政策能够降低图书均价的上涨速度。在取消了图书统一定价的英国，书价从1996年到2018年上涨了约80%，而在采用此项政策的法国，书价涨幅仅为24%，德国书价的涨幅为29%。

德国书商和出版商协会由此认为，图书统一定价的政策能够保障图书零售市场的多样性，对于图书的推广以及图书质量和内容丰富性都有促进作用。①

德国书商和出版商协会数字分会在分析2018年德国图书行业发展状况时就指出：图书不但是最早的电子商务产品，现在依然是最重要的产品品类。纸质书和电子书的线上销售及发货成绩十分突出，电子商务的份额不断增长，图书企业的数字销售逐渐为营收的支柱，这必将对企业的组织结构产生深远的影响。对实体店而言，如何保证门店中必要的客流量已经成为越来越紧迫的问题。米夏埃尔·多施纳因此提出，要应对数字化带来的挑战，实体书店除了要研发出一套与他们的实体店宣传点交叉的电子商务战略之外，还要利用CRM（客户关系管理）和社交媒体这样的数字工具及平台，寻找和连接自己的客户。②

---

① Buchpreisbindung: Garant für Qualität und Vielfalt auf dem Buchmarkt – Neue Studienergebnisse vorgestellt [EB/OL].https://www.boersenverein.de/boersenverein/aktuelles/detailseite/buchpreisbindung-garant-fuer-qualitaet-und-vielfalt-auf-dem-buchmarkt-neue-studienergebnisse-vorgestellt/.
② Herausforderungen für die Buchbrache[EB/OL].https://www.boersenblatt.net/2019-06-04-artikel-digitale_transformation_.1667051.html.

为了应对数字化等趋势对图书市场框架条件造成的影响，作为德国图书主要销售渠道的实体书店正在积极寻求应对措施。在经历了连续几年销售面积的缩水之后，2018年的图书零售业开始加速呈现出集中化与销售网络扩张的势头。在这一年，德国最大的图书连锁零售商，在德语区拥有约300家分店的塔利亚集团（Thalia）将已有150年历史的斯图加特魏特维书店（Wittwer）收入旗下。2019年1月，塔利亚与迈依舍书店（Mayersche，拥有55家分店）宣布合并，双方提出要成为"欧洲最重要的家族式图书销售企业"。据测算，这两家连锁书店合并后将形成11亿欧元的总销售额。随着图书市场框架条件的改变，联合显然已成为必要之举。

扩张销售网络的并不仅有塔利亚书店，2019年6月，胡根杜贝尔书店（Hugendubel）在总部所在地慕尼黑开设了第9家门店；总部位于蒂宾根的欧斯安德书店（Osiander）在德国南部已拥有超过60家门店，目前依然在通过并购和设立新的门店扩张自己的销售网络；鲁普莱希特书店（Rupprecht）（总部位于弗恩施特劳斯）门店数量也增加到44家。

实体书店采用这种积极求变的策略，意在将人们重新吸引到书店中来，这也是在数字化大潮中，实体零售业为稳固市场地位而采取的自救措施。

2020年的新冠感染疫情并没有阻止德国实体书店继续推进联合及扩张销售网络的商业策略。2020年10月，已经拥有超过300家门店的塔利亚—迈依舍书店（Thalia Mayersche）与拥有超过70家门店的欧斯安德书店（Osiander）联合成立了"欧斯—安德销售集团"（Osiander-Vertriebs-Gesellschaft，OVG），双方通过这种方式对各自的网店、采购及计算机技术平台进行了整合。德国联邦统计局的营业税数据清晰地显示出这一发展趋势，根据此项数据，在2019年，德国图书市场60.9%的销售额集中在1000万欧元及以上共三个量级的出版社中，而这三个量级的出版社总数仅为41家，只占所有出版企业的1.2%。在2015年，这三个量级出版社的销售额尚只有56.6%。

四、德国主要阅读活动开展情况

（一）全国性活动

1. 全民性活动

全国朗读日（Der bundesweite Vorlesetag）：2004 年，《时代》周刊、德国阅读基金和德国联邦铁路基金共同发起"全国朗读日"活动，该活动的目的是引起社会对朗读重要性与必要性的关注，用故事吸引不同年龄段的读者，同时促进 3—8 岁的儿童的阅读。

这个活动的内容是以各种形式"给孩子们读故事"，每年 11 月的第三个星期五，大批教育工作者以及来自政治、经济、文化界的名人充当志愿者，义务为孩子们朗读。活动也鼓励所有喜欢朗读的人参与，朗读场所多种多样，包括学校、幼儿园、图书馆、书店以及数字媒体等。该活动目前已成为德国范围内最大规模的朗读活动，活动从首届参与者不足两千人，到今天，每年参与活动的朗读者与听众的人数已经增加至约 70 万人。

2021 年"全国朗读日"的主题是"友谊与团结"，虽然有新冠感染疫情的影响，但全德国仍有超过 59 万人以各种形式参加了朗读活动。11 月 19 日当天，在德国各地的小学、幼儿园、图书馆、博物馆、电影院等地举行了丰富多彩的活动。作家、插画家、新闻主播、演艺明星或亲临现场，或专门录制了视频，为孩子们读书、讲故事，其中包括著名作家柯奈莉亚·冯克（Cornelia Funke）、科尔斯腾·波伊（Kirsten Boie），著名主持人安妮·威尔（Anne Will），主持人兼配音演员班尼·韦伯（Beni Weber）等。联邦教育部长安雅·卡里切克也亲临一所幼儿园，为小朋友们读了《好朋友》一书。

除了教育文化机构之外，个人也可以在"全国朗读日"网站上申报自己的朗读项目。例如，德累斯顿市的一个项目名为"窗边的一首诗"，在 11 月 19 日下午两点到六点间，只要到某大街某号楼敲敲申报人的窗户，申报人就会打开窗户，为敲窗人朗读一首诗。

全民阅读公约（Nationaler Lesepakt）：2020 年秋，书商与出版商协会与德国阅读基金共同发起"全民阅读公约"活动，参与的成员来自社会各个领域，包括联邦及各联邦州政府、企业、各雇主及雇员协会、工会、家长代表、教育工作者、图书馆、出版社、媒体、书商、儿科医生、社会福利团体和教会。"全民阅读公约"的三大目标是：所有的儿童和青少年都会阅读；所有人都理解阅读对于生活的重要意义；有越来越多的好项目支撑阅读学习。目前，参与活动的成员已有约150个。2021年3月的全国阅读大会标志着阅读公约的正式启动。

2. 青少年阅读活动

"开始阅读1—2—3"是一项全国性的幼儿阅读推广计划，前身是"开始阅读——阅读的三个里程碑"。该项目受德国联邦教育及研究部资助，由阅读基金会自2019年底开始实施。项目每年为有1至3岁幼儿的家庭免费提供三套阅读入门套装。除适龄书籍外，套装中还包含给父母的、用多语种写成的朗读建议。套装中的前两套由儿科诊所在体检时提供给孩子的父母，每年参与这项活动的儿科医生约6000人，分发的阅读套装达50万份。第三套由孩子的父母在当地的合作图书馆领取，这样做的另外一个目的也是引导获赠者去发现当地的图书馆。

"送你一个故事"：1997年，德国阅读基金为配合联合国教科文组织的"世界读书日"活动，由德国书商与出版商协会、贝塔斯曼少年儿童出版社、德国邮政以及德国电视二台（ZDF）共同倡议发起"送你一个故事"活动，并联合书店、出版社、学校等机构共同举办，活动旨在吸引儿童阅读能够反映他们兴趣的故事，并提高他们的阅读技巧。此外，活动也希望能够使那些德语能力还不够好，或者不喜欢读书的孩子发现阅读的乐趣，因此每年会选择适合各种不同阅读程度的作品赠送给学生。活动期间，全德国所有四、五年级的学生均可凭赠书券在书店免费领取一本专为活动创作的故事书。目前，每年有约一百万学生参与这项活动。为配合故事的阅读，阅读基金还为学校教师提供配套的教学材料，以便学生们能够在校共同阅读获赠的故事书。此外，项目还会在全国各地的书店组织青少年文学作家朗读会。参与活动的书店也会推出相应的配套活动。

（二）地方性活动

德国黑森州的"爸爸妈妈学读书"（Eltern lernen Lesen）是一个针对有阅读障碍父母亲的帮助项目，由德国阅读基金发起，德国储蓄银行资助。这个项目旨在培训幼教人员如何识别并帮助那些有读写困难的父母，通过使这些父母学习阅读，继而达到促进儿童阅读能力培养的目的。2020年和2021年，该活动在黑森州境内的多地举行。

五、主要阅读环境建设情况

（一）图书馆

德国拥有发达的图书馆系统。根据德国图书馆协会（Der Deutsche Bibliotheksverband e.V.）提供的数据，德国有各类图书馆9397家，馆藏资料3.73亿册，每年出借资料4.14亿册。每年约1.21人次使用公共图书馆。这些图书馆每年举办各类活动约42.2万场。

目前，德国的图书馆管理系统（BMS）正在经历转型，将近20年前开始使用的"图书馆网络系统"正在被新的系统取代。新的系统将能够在网络体系内实现互用，对各种不同的媒体类型进行统一管理（纸质媒体、电子媒体、数字媒体），具备云功能并能够实现高效率操作，图书馆管理平台 Ex Libris 的 Alma 和 OCLC 的 WorldShare（WMS）已开始在德国的图书馆系统中推广使用。

（二）图书空间：书店

除了采取联合和扩张销售网络的方式之外，德国的实体书店还开始尝试各种不同的营销模式来吸引读者。例如塔利亚书店就发起了一项名为"世界，请保持清醒"（Welt，bleib wach）的行动，利用一些带有挑衅意味的口号，例如"唐纳德·特朗普不爱看书"或者"感情不只是表情符号"等，以及电视广告等手段，旨在将书店明确定位为给人们带来阅读乐趣和思想灵感的地方。2018年秋季，塔利亚书店又开展了一项门店改造计划，目的是给顾客提供更清晰的引导，同时通过扩大阅读空间，增加游戏角、咖啡吧和供顾客工作的空间，增加顾客留在书店里的时间。而胡根杜贝尔书店则在2018年推出了"未来书店"计划，按照这项计划，书店将打破传统按照图书种类分区的模式，依主题建立起不同的"阅读空间"。顾客在这个"未来书店"中，可以利用免费的网络，阅读店中的所有电子书，此外还有"寂静空间""演示厨房"等不同设计，为顾客提供个性化的服务。

（作者单位：北京外国语大学）

法国全民阅读工作开展情况

王　珺　陈　贝

法国是西方启蒙运动的发源地之一，文学艺术的普及性是法国社会发展与大众民权的重要标志，报纸发行、图书出版、文化活动、历史遗产保护与利用等成为法国民众社会生活的重要组成部分。这其中，阅读一直是民众重要的休闲娱乐与交往互动的重要方式，一直受个人与国家的共同关注，以图书馆为公共阅读服务核心场所的全民阅读工作覆盖近九成民众[1]。近年，法国政府从中央到地方，法国各行业从专业入手扩大到广泛领域，法国各类机构力所能及支持参与，形成了覆盖全国、全年龄段的阅读活动开展机制和网络，为包含欠发达地区、偏远地区、教育优先发展地区在内的广泛人群提供公共阅读服务，并在持续开展活动的过程中不断总结经验、完善流程，形成了全国活动与地方活动相补充，社会节庆与学校教学相补充，全民参与与全社会参与相结合的全民阅读活动蓬勃、持续开展的新样貌。[2]

---

[1] 2021年，法国人口超过6554万人，其中，15岁以下人口占18.5%，15—64岁人口占64.7%，65岁以上人口占16.8%。目前，法国有馆藏和年度购买预算、有专职专业工作人员、建筑面积大于25平方米的图书馆7700座，另有8800个无馆藏、无专业图书馆员的图书存放处或阅读小站；89%的法国社区至少有一个阅读点，城市和农村、发达与欠发达地区的不平衡性仍较明显。

[2] 考虑文章篇幅，本文未对已了解的以书展、书店系列活动为主要形式的出版业活动，以营利、企业宣传为部分目的的企业主导活动进行介绍，主要集中在非出版领域的公共服务性阅读推广工作。

一、绪　论

　　法国政府和民间组织对全民阅读状况的关切由来已久。目前可知的法国全国阅读活动开始于20世纪末，地方性阅读活动则在20世纪80年代就自发出现，全民阅读情况调查数据则可追溯21世纪初。但与其他国家面临的情况相似，法国传统的阅读文化受到互联网发展、智能手机普及、社交媒体盛行的冲击，不仅大量阅读图书的"书虫"人群在减少、阅读人群有"高龄化"趋势，法国青少年的阅读素养表现也实为堪忧，20.9%的法国15岁学生（初三）在2018年国际学生评估项目（PISA2018）测试中存在阅读素养欠缺的问题，20%的小学毕业生（五年级）尚未掌握好阅读、写作、算术等基本知识。这1/5受义务教育人数的阅读能力较差，不仅给个人的后续发展造成不利影响，也逐渐会给教育公平化和社会发展造成阻碍。

　　2017年马克龙成为法国新一任总统以来，对图书和文化产业的支持就一直是其施政纲领的重要组成部分。"周日以及晚间开放图书馆"是法国总统的文化优先事项之一，目的是促进民众走进图书馆，发展公共阅读。法国教育部（Ministère d'éducation nationale, de la jeunesse et des sports）和文化部（Ministère de la Culture）也更加关注阅读习惯的弱化和阅读素养的下滑情况，并自2017年起就联合呼吁将阅读置于所有人生活的核心，发起"共建读者之国"（Ensemble pour un pays de lecteur）长期计划，以期培养法国青少年良好的阅读习惯，打造良好的阅读教育环境，凝聚全社会力量，进一步切实提升法国全民特别是青少年的阅读素养。

　　在此基础上，法国总统马克龙于拉封丹诞辰400周年之际，宣布把阅读作为2021年的"国家伟大事业"（La lecture, grande cause nationale）。① 马

---

① "国家伟大事业"为1977年以来法国设立的重要官方标签，法国总统每年都会将这一标签授予一项公共利益活动，气候变化、反对种族主义及排犹主义、打击对妇女的暴力行为、性别平等等是2015年以来的重要主题。法国将在一年内围绕选定主题开展丰富活动，公共电视台、广播电台等公共媒体在一年中至少要免费播放12条关于年度该"国家伟大事业"的信息，提高公众对该公共问题的关注与参与。

国别报告
法国全民阅读工作开展情况

克龙表示，阅读是"公民的基础"之一，能够培养自我解放的能力，与他人联系，构建共同的价值观，共创和谐的法兰西民族。为期一年的活动旨在通过书籍传授知识，让法国学生享受阅读的乐趣，促进民众每日进行阅读。正是在这一为期一年的"国家伟大事业"号召下，法国民众阅读状况重新被广泛讨论，全国性、地方性全民阅读活动交替开展，越来越多的各行业组织、企业的长期阅读推广活动得到积极关注，阅读环境进一步优化，儿童、青少年、老年人、残障人士等社会特殊群体的阅读需求得到更大满足。

二、法国阅读情况调查

事实上，早在马克龙把阅读作为"国家伟大事业"之前，阅读就已是法国人多年休闲娱乐活动的主要选项，法国人购书作为礼物已成习惯。随着近年互联网的不断发展变革，个体休闲活动网络化、娱乐化加速，法国民众用于深度阅读，尤其是图书阅读的时间却越来越少，致使阅读率逐步下降，青少年的文本分析能力持续走低。

（一）国民阅读情况调查

根据 2020 年法国国家图书中心"法国国民阅读研究报告"（*Baromètre les Français et la lecture*）[1]，86% 的法国人在 2020 年至少阅读了一本书，虽然 2020 年法国人的阅读量和阅读率较往年呈下降趋势，但国民阅读率仍居高位。除了时政类图书，几乎所有文学体裁的阅读量均有所下滑。在 15—24 岁的年轻人中间，时政类图书阅读率增幅明显。

除上述基本特征外，2020 年新冠感染疫情影响下，法国民众阅读体验的

---

[1] 自 2015 年以来，该研究由法国国家图书中心主导，法国市场研究中心益普索（Ipos）公司执行，每两年采集一次数据。调查目的旨在研究法国人在图书和阅读方面的做法和观念的变化，旨在更好地了解法国人阅读书籍的动机或障碍，为政府进一步的政策改革提供参照。调查方式为抽样调查，随机抽取 15 岁以上的 1000 名法国人进行电话调查。2020 年数据为 2021 年 1 月调查结果。

复杂感比较明显。第一，更多的法国人认为他们的阅读量比以前多了，特别是在第一次封城期间[①]，法国人或有更多的时间进行阅读，他们以工作和学习为目标的阅读增幅明显，然而与2018年的数据相比，希望在未来增加自己阅读量的法国人减少了。第二，虽然法国人的阅读场所仍多集中在家里，在晚上进行阅读，但2020年受实体书店和图书馆的访问限制的影响，更少的人在住宅以外的场所阅读，在交通工具上阅读的人尤其呈下降趋势。第三，尽管法国民众购书人数减少，选择在书店买书的法国人比以往任何时候都多，书店领先于超市和大卖场，成为法国人购书的主要场所。第四，就个人阅读而言，获取和巩固知识仍然是他们主要的阅读动机。但阅读带来的放松感（特别是在35—49岁的人中），以及逃避感（特别是在15—24岁的人中），越来越受到关注。第五，更为轻松、耗精力更少的阅读体验、在线交流和网络上的推荐能够激励他们阅读，而阻碍他们阅读书籍的主要因素为缺乏时间。

阅读仍然是广泛接受的休闲方式，但在疫情背景下，消遣性阅读和工作性阅读结合更为紧密，两者相互渗透或使法国人对阅读产生倦怠。该情况在男性和女性读者中均有体现，在15—24岁和35—49岁的人群中尤为明显。调查显示，只有5%的民众仅进行工作性阅读（为了学习或工作进行阅读），其余95%的被调查者认为自己进行了消遣性阅读，其中，70%的人主要为娱乐放松阅读，25%的人既为了娱乐，也为了工作阅读（+5%）。（见表1）

表1 2014—2020年法国民众阅读目的变化情况

类别	2014年	2016年	2018年	2020年
为娱乐放松	74%	77%	74%	70%
为工作学习	19%	19%	20%	25%
两者皆有	7%	4%	7%	5%

资料来源：捷孚凯市场研究：市场&消费者，法国数据2020 VS 2019（GfK Market & Consumer Intelligence, données France 2020 vs 2019），2021年2月发布

[①] 2020年3月至5月。

从阅读的图书类别看，各类小说、实用类图书、历史类作品、漫画是 2020 年法国民众阅读最多的 4 类，其中，2018 年排名第三的漫画被历史类作品替代，可见疫情影响下读者有阅读更严肃内容的需求。在文学体裁选择方面，男女差异显著。在女性中，虽然实用类图书仍然很受欢迎，但 2020 年的读者人数比 2018 年下降明显（-8%），儿童书籍下降幅度最多（-14%），而新闻报道类书籍大幅上升（+8%）。2020 年女性阅读数量前五名的分别是：实用类图书（59%）、侦探或间谍小说（46%）、历史类（44%）、时事类（38%）、21 世纪前法国或外国经典文学作品（38%）。在男性中，虽然漫画书继续受到青睐，但它的排名从第一降至第四，读者人数下降最多（-13%），侦探或间谍小说呈上升趋势，与 2015—2019 年平均水平相比增长 5%。2020 年男性阅读数量前五名的分别是：历史类（45%），科学、技术或专业图书（42%），侦探或间谍小说（41%），漫画（38%），实用类图书（37%）。

在阅读媒介方面，根据法国作家权益协会、法国出版商协会和法国文人协会（SGDL）联合发表的"第十一次数字图书使用报告"（*11eBaromètre sur les usages des livres numérique/audio*），法国人 2020 年电子书和听书阅读率持续增长。2020 年，电子书读者增加近 100 万人次，1/5 的法国人接触过有声读物。图书馆的数字图书借阅率上升，29% 的电子书读者和 34% 的听书读者通过图书馆获得资源。在 15—24 岁年龄段，纸质图书和数字图书的阅读率均有上涨，1/2 的青少年阅读过电子书，1/5 使用过有声书。法国国家图书中心的调查结果显示，2020 年法国民众平均阅读电子书的数量为 3 本，比 2018 年减少一本；47% 的女性和 53% 的男性进行数字阅读；数字阅读者的平均年龄为 41 岁，15—34 岁年龄组（44%）最高，50% 拥有大学学历，多分布在法兰西岛大区（23%）；数字阅读的发展与智能手机的普及紧密相关，2020 年的读者中有 95% 的数字阅读读者拥有 1 部手机，2014—2019 年这一比例为 88%。

法国民众的购书情况也一定程度上反映了其阅读习惯。2018 年至少购买了 1 本纸质新版图书的法国人占受访者总比例的 51%，至少买了 1 本电子书的读者占比 4.5%；在所有纸质新书购买渠道中，只有 21% 的受访者通过网络购书，更多的人选择在书店、文化用品大卖场、报刊亭、读书俱乐部、学校、超市、图书沙龙等实体渠道购买。2020 年的特殊情况显示，购书人数比上一次调查减少了 14%，但平均购书消费金额达到 101 欧元，比上一次调查增加 12 欧元。

（二）青少年阅读情况调查

法国每年在国防和公民资格日（JDC）[①] 都会进行阅读评估，对 16—25 岁的法国籍青少年的阅读能力进行测试。该项测试分为阅读自主能力测试、词汇能力测试、两项复杂文本理解能力测试等 3 个部分，反应时间和正确率是不同测试部分的重要指标。

2019 年，超过 49.6 万名 16—25 岁的法国青少年在参加国防和公民资格日活动中进行了阅读测试。结果显示，被评估为文盲的占 5.3%；超过 10% 的青少年阅读能力差；77.3% 的阅读能力良好。此外，此次调查也得到如下结论：阅读能力与文化程度成正比；女生的阅读能力普遍比男生强；海外省的青年人阅读水平较低；在法国本土，阅读困难在北方更为常见。根据此次评估，有 11.8% 的青年存在阅读困难，主要体现为复杂文段理解能力差。（见表 2）

表 2 2019 年国防与公民资格日青年阅读情况调查类型与能力评估表

类型	复杂文段理解能力	自主阅读能力	词汇理解能力	男生	女生	总体	总体评估（%）
5d	+	+	+	58.2%	63.1%	60.6%	阅读能力强
5c	+	-	+	17.6%	15.6%	16.7%	77.3
5b	+	+	-	6.4%	7.4%	6.9%	阅读能力普通
5a	+	-	-	4.1%	3.9%	4.0%	10.9
4	-	+	+	3.6%	2.8%	3.2%	阅读能力差

---

① 国防和公民资格日前身是国防训练课程（JAPD），是法国国防部（DSNJ）与国民教育、青年和体育部共同组织的国民教育活动。

续表

类型	复杂文段理解能力	自主阅读能力	词汇理解能力	男生	女生	总体	总体评估（%）
3	-	-	+	4.2%	2.5%	3.3%	6.5
2	-	+	-	1.8%	1.8%	1.8%	阅读能力极差
1	-	-	-	4.1%	3.0%	3.5%	5.3

资料来源：国民教育、青年和体育部基础教育评估、预测与监测司，2020年6月

结合评估的复杂文段理解能力、自主阅读能力、词汇理解能力等3个维度，受测人被分为8个类型。类型1—4的青少年无法进行复杂文本的阅读，长阅读的理解能力极差，搜索信息的能力极差，低于正常阅读能力阈值。而类型5a、5b、5c和5d的受测人，阅读能力较强。故类型1—4与类型5a、5b、5c、5d之间的阅读能力悬殊。

2019年的受测者分成了四种受教育程度类型。结果显示，教育水平与阅读能力成正比，在阅读困难的青少年中，处于初中教育水平阶段的占49%，而处于高中阶段（含综合教育、技术教育）的青年仅占4.9%。另外，在阅读困难的青少年中出现明显的性别差异。与女生相比，男生的基本阅读能力更弱，他们在类型1和类型3中占比也更大。在复杂文本理解能力和阅读自主能力上，男生表现不如女生。这与在受教育水平低的受测人中，男生比例高于女生相一致。（见图1）

单位：%

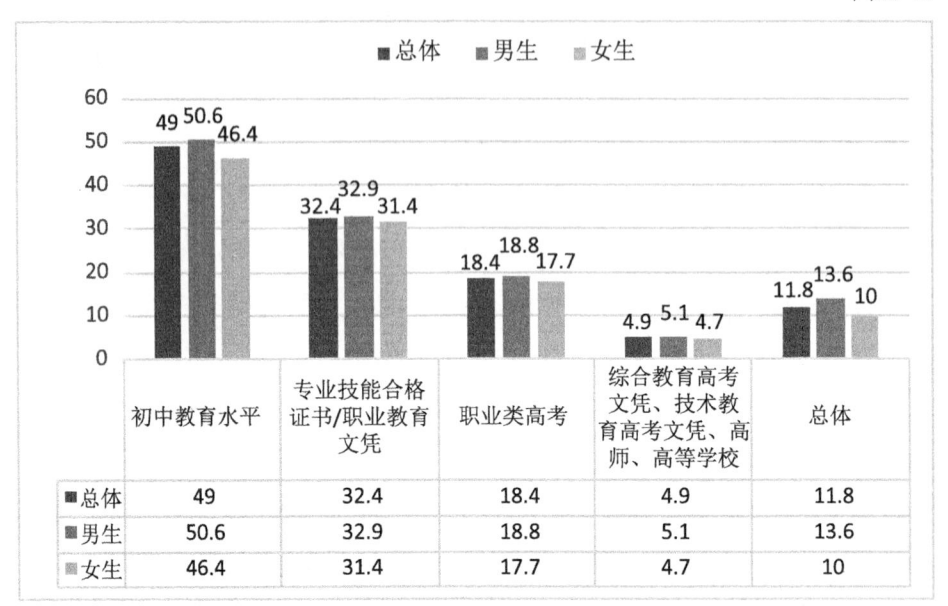

	初中教育水平	专业技能合格证书/职业教育文凭	职业类高考	综合教育高考文凭、技术教育高考文凭、高师、高等学校	总体
总体	49	32.4	18.4	4.9	11.8
男生	50.6	32.9	18.8	5.1	13.6
女生	46.4	31.4	17.7	4.7	10

图 1　2019 年国防与公民资格日阅读困难青年受教育程度与性别分布

资料来源：国民教育、青年和体育部基础教育评估、预测与监测司，2020 年 6 月

（三）针对儿童的阅读行为研究

根据 2011 年国际阅读素养进步研究（PIRLS），法国小学生平均阅读水平较低，学习能力差距较大，其差异尤其体现在语言水平（词汇量、理解力）方面。此外，法国的社会不平等现象体现在了儿童的阅读及语言能力上，家庭资本与儿童阅读能力正相关。

鉴于此，巴黎政治学院公共政策评价交叉学科研究中心与社会变革变迁研究中心在 2016—2017 年开展"以亲子阅读促进弱势群体儿童语言能力"研究（Favoriser les compétences langagières des enfants des milieux défavorisés : une évaluation expérimentale d'un dispositif d'accompagnement à la lecture parentale），最终选择了属于教育优先发展地区巴黎 18 区、19 区和 20 区的区的 44 所幼儿园 86 个班级的 1786 名 4 岁儿童参与（包括移民后裔和身体障碍儿童）。参与研究的儿童被分成两组，对照组什么都不做，实验组的孩子的家庭每周会收到 2 本书；会得到项目负责人员（主要是教师）的电话指导，介绍阅读对儿童学业进步和个人成长的积极影响以及提供相关阅读建议；会收到 8 册家庭阅读指导建议。研究从准备到结束用了 2 年时间，4 岁儿童的家庭获得支持的时间持续 4 个月。

研究结果表明，学校、儿童反应良好，家长参与度高，且项目成本低廉（平均每个孩子 3.5 欧元），这样的阅读支持项目可获得预期的社会性目的。该项举措受到了学校领导和教师极大支持。对于教师来说，该项目不会给他们带来额外的工作量。家长与孩子们也给予了积极的反馈，认为共同阅读给亲子间带来了欢乐。数据分析表明，提倡亲子阅读提高了家庭阅读频率和儿童语言能力，来自受教育程度低的家庭的儿童进步更为明显；移民家庭儿童与非移民家庭儿童的进步相当；男孩的进步比女孩更为明显。总而言之，早期教育能为儿童的学校学习奠定良好的基础，而父母为孩子阅读书籍能够成为一个有效的杠杆。对于社会资源较少的家庭来说，该活动相对成本较低，适合推广。

三、推动全民阅读工作的主要机构与政策环境

全民阅读工作在法国是"国家伟大事业"，在国内承担着提升国民阅读兴趣与文化素质的重任，在国际交往中参与当地阅读气氛渲染与法国国家文化形象建构。在法国国内，法国文化部、教育部是全国层面阅读推广工作相关政策的主要制定者和主要经费的拨付者；各大区、市镇在地方相关活动中起到鼓励和推动作用；包含出版机构、书店在内的文化企业、机构和其他行业有阅读推广意愿的企业，各种民间阅读活动的组织者是法国全民阅读活动多姿多彩的重要推动力量。在法国国外，法国外交部下属机构负责全民阅读工作在各国的落地。

（一）国家级部门情况

1. 法国文化部及其下属机构

法国文化部传媒与文化产业总司（Direction générale des médias et des

industries culturelles）主要职责是拟定媒体、音乐、图书产业以及公共阅读政策及发展规划并组织实施。在图书产业和公共阅读方面，该司组织协调图书产业信息化、标准化工作；拟定公共阅读发展政策并组织实施；指导图书馆和文化机构的文化遗产保护和数字化工作。传媒与文化产业总司下设图书和阅读处（Service du livre et de la lecture），负责拟订图书和阅读发展规划并组织实施；指导、协调并评估图书产业工作；推动出版业发展，促进优秀公共文化产品的提供和传播；支持开展全民阅读工作。图书和阅读处指导并监督法国国家图书馆（BNF）、法国公共信息图书馆（BPI）和法国国家图书中心（CNL）的工作，其中，国家图书馆和国家图书中心是法国具有公共服务性质的全民阅读活动的重要负责部门。

法国国家图书中心是法国文化部下属的公共行政机构之一，是法国文化部落实图书和阅读政策的主要杠杆。其主要职责是支持法国图书产业发展和推广全民阅读，一是通过发放津贴或贷款，支持作家和译者的文学活动，促进出版和翻译，引导图书行业健康发展；二是鼓励各种形式的文学表达，以津贴补助的方式鼓励举办作者见面会，加强国内和国际的文学交流，传播并发扬法国文化。法国国家图书中心下设22个常规援助体系，分为图书品类资助、翻译资助、特殊群体阅读发展资助、书店资助、文学活动资助。除了审批和下放补贴之外，该中心每两年发布"法国国民阅读研究报告"，旨在研究法国人全民阅读现状，以期知悉法国人阅读的动机或障碍，为政府深化改革提供参考。

法国国家图书馆是文化部下属的一个公共机构，根据《法国遗产法》及2006年制定的版本收缴规定，有权编订《法国国家书目》；创建和运营法国国家数字图书馆（Gallica），并基于此创建法国国家联合目录数据库（CCFr）。法国国家图书馆每周开放71个小时，周一至周日开放五个场馆，接待访客：五个场馆均设有研究性图书馆功能，向18岁以上的人开放，供个人专业或学习之用；弗朗索瓦·密特朗公众图书馆向16岁以上的人开放，其中，国家儿童文学中心阅览室周末向由父母陪同的儿童开放。此外，国家图书馆还设有1个对外法语中心和法语国家与地区、社会焦点、欧洲事务、可持续发展等4

个文献资料中心，用于专业资料的保存与研究。国家图书馆还在积极参与文化部传媒与文化产业总司牵头制定的公共数字无障碍阅读衡量指标，以期帮助残疾人士、有特殊需求的健全人实现信息的无障碍浏览。

法国国家儿童文学中心（Centre national de la littérature pour la jeunesse）[①]是法国国家图书馆服务机构，主要围绕以下5个方面开展工作：促进儿童接触图书、阅读和文化；扶持儿童文学创作者，推动儿童文学优质内容供给，推广优秀儿童文学作品；保存法国儿童文学文献并向公众提供经典作品；为专业人士提供讯息和培训；支持并参与儿童文学相关研究。该中心出版的《童书杂志》（Revue des livres pour enfants）双月刊立足于国内外童书出版和儿童阅读的亮点事件，旨在为业内人士提供专业性和前瞻性的分析。

2. 法国教育部

法国教育部的全称是法国国民教育、青年和体育部，通过调研、评估中小学生的阅读水平和举办相关活动，旨在加强中小学生的阅读培养，宣传青年阅读习惯培养的重要性。在校内，法国教育部通过设定教学目标、开展校内活动、扩大班级数量保证基础教育、进行读写能力培养改革等方式重点加强小学校内阅读工作的开展；在校外，通过支持若干活动为学生打造丰富多彩的阅读环境；组织由中小学教师、文献资料工作者、教育培训者、图书馆员、学者、督学、儿童文学专家组成的特设委员会分四个阶段制定面向3—15岁学生的推荐书目；通过Canopé教育平台提供出版物、相关资料、人员培训和文献管理方面的专业知识，满足教育系统工作者需求。

在小学阶段，教育部除详细制定教学标准外，将推进阅读作为重要的教育环境和水平的评价标准。硬件上，每学年为每个年级提供6—8种与课程相

---

① 前身是"以书获乐"（Joie par les livres）协会。该协会在法国慈善家安妮·格鲁纳·斯伦贝谢（Anne Gruner Schlumberger）的倡议下于1963年创立，旨在推广图书、普及阅读。1972年1月，该协会成为公共服务组织，受法国教育部直属的法国国立高级图书情报学学校（ENSSIB）管理。1997年1月，"以书获乐"协会成为法国文化部图书和阅读处（Service du livre et de la lecture）下属机构。2008年1月，协会更名为国家儿童文学中心，成为法国国家图书馆服务机构之一，隶属于法国文化部。

关、体裁多样的图书目录；针对离市镇图书馆较远的小学，建设校内图书馆。软件上，将朗读作为低年级提高在校阅读能力的核心，实现课堂阅读日常化，个人与集体阅读齐下，默读与朗读并行；对高年级学生采取阅读与写作结合的教学模式，从四年级开始，各科教师应保证留出大量时间给学生用于个人阅读。硬软件结合方面，学校设置班级图书角、学校浏览室，鼓励学生到当地图书馆和书店参观；以工作坊的形式，利用"教学活动补充时段"，保证阅读；提供小说、诗歌、纪实作品以及新闻和科学报刊等多样化的读物，训练学生根据所读内容的体裁进行阅读。

3. 法国外交部

法国外交部全称为欧洲与国际事务部（Ministère de l'Europe et des affaires étrangère），其下属法国文化中心（Institut Français）及有合作关系的法语联盟（Alliance Française）承担法国阅读活动的海外推广工作。一方面，法国开展的全国性阅读活动或具有文化名片属性的地方性活动都由外交部驻各国使领馆通过文化中心落实，服务驻外法国公民；另一方面，驻各国的文化中心统筹联系当地国的文化机构，开展丰富的文化交流活动，以读者见面会、专家研讨会、翻译培训、翻译奖项等形式加强法国文化与当地读者的接触。另外，自1985年起，法国启动法语季和法语年计划，由法国政府每年选择一个对象国，建立双边合作计划，促进法国与不同国家的合作联系和交流，至目前已与60多个国家开展广泛的对话，阅读推广活动也是其中的重要组成部分。

法国文化中心正式成立于2011年，受外交部监督，是法国对外文化行动的唯一执行者，负责加强与各国文化的对话和沟通，提升法国的海外影响力。北京法国文化中心是经由中法两国2002年11月签订的政府间协议所创立的文化中心，使命是促进法国文化在中国的传播和跨文化对话。该中心拥有一个用于多种用途礼堂、一个多媒体图书馆、一个阅读俱乐部，以及一个可以调整的展览空间。文化中心在中国以"傅雷学院"的名义开展丰富的文化、出版、人文学术交流活动，开展翻译培训、颁设傅雷翻译奖、提供法文图书翻译成中文的资助。多媒体图书馆除正常的借阅服务外，还会定期组织面对儿童的读书会。

（二）国家级法律法规

法国以法律形式明确公共阅读服务的情况并不多见，目前主要是对公共图书馆和对监狱的法律。

法国 2021 年 12 月 21 日出台《图书馆和公共阅读发展法》（*Loi du 21 décembre 2021 relative aux bibliothèques et au développement de la lecture publique*），明确定义市级及跨市级图书馆的使命为保障人人平等获取文化、信息、教育等知识的权利，促进阅读发展。该法规定，各市政府需出台公共阅读发展规划，保障公民自由且免费使用公共图书馆，确保图书馆馆藏的多元化和多样性。法律严令禁止市级部门关闭公共图书馆。此外，依据该法，省级公共图书馆有义务向市级以下图书馆提供援助和支持，在地域覆盖和区域联动等方面加强公共阅读政策部署，加强打造互联互通的区域性公共阅读网络。该法是法国首次明确定义公共图书馆使命、明确要求保障图书馆馆藏多元化和多样化的法律，丰富了文化法律制度的内容，以法律手段保护公民阅读权益。

自 19 世纪以来，法国政府关注特殊群体再成长，保障监狱服刑人员的阅读权益，以阅读助力狱犯文化改造。1841 年 10 月 30 日颁布的《法国省级监狱法》第 120 条（*article 120 du règlement pour les prisons départementales*）明确要求每所监狱应设立图书存放处，供服刑人员使用。图书的选择应在市长和监督委员会的建议下，由省长审核批准。未经省长授权，不得将任何其他印刷品带入监狱。1885 年 11 月 11 日法令（*décret du 11 novembre 1885*）宣布，全法每所监狱应设立监狱图书馆，图书目录由法国内政部审核并授权。1985 年 8 月 6 日，第 85-836 号法令（*décret n° 85-836*）规定，每个监狱至少配有一间图书馆，图书免费提供给服刑人员。为考虑囚犯的语言和文化多样性，图书馆图书的数量和种类应得到保证，应尊重囚犯的选择图书的自由。1986 年，法国文化部和司法部就监狱阅读事宜签署首个双方合作协议，并于 1990 年和 2009 年签署续签。1989 年 10 月 13 日，欧洲委员会（Conseil de l'Europe）发布的"关于监狱教育"的报告中明确论述了监狱图书馆的作用和运营建议。在此背景下，法国文化部和司法部于 1992 年和 2012 年颁布"关于监狱图书馆运营和发展监狱阅读实践的通知"（*circulaire sur le fonctionnement des bibliothèque et le développement des pratiques de lecture dans les établissements pénitentiaires*），对图书馆位置、工作人员、设备、运营预算和活动方面作出指示。2013 年 4 月 30 日，第 2013-368 号法令（*décret n° 2013-368*）指出，各监狱应与当地图书馆合作，保障服刑人士使用多媒体图书馆以及接受培训的权利。2014 年 8 月 15 日，第 2014-896 号法令（*n°2014-896*）对法国刑法典第 721-1 条关于刑罚个人化的规定（*article 721-1 du code de procédure pénale sur l'individualisation des peines*）进行修正。根据现条例，服刑人士若积极接受教育改造，积极参与阅读和写作等文化活动，可额外获得减刑机会。

（三）地方管理部门与相关政策

在国家推动全民阅读工作的大政方针指引下，法国大区、省、市镇等各级地方政府[①]制定并开展阅读推广活动。地方文化事务局是各地具体政策的制定方和主要活动的支持者，各地方图书馆、文化机构、教育机构及各类企业、组织是具体活动的组织者。

法国各地区都可自行组织本地阅读活动，参与全国性阅读活动可按照活动要求申请参加。考虑到法国市镇数量多、人口少、政府经费有限，法国文化部于 2010 年推出了扶持区域性阅读项目的政策工具法国区域阅读合约（Contrat territoire-lecture）。该合约旨在扶持法国各地的为期 3 至 4 年的阅读合作项目。法国中央政府以资金下放的形式支持各项目的开展，地方文化事务局和地方政府共同出力，打造区域性的阅读推广项目，并积极促进市际或者省际合作。在此区域阅读合约框架下，法国地方文化局在推进当地公共阅读方面起到关键作用。大多数协议由地方文化事务局牵头，与市镇联合体（intercommunalité）和省政府签署。区域阅读合约是一套灵活的工具，各地

---

① 分为大区、省和市镇。2022 年 1 月，法国本土划为 13 个大区、94 个省，还有 5 个海外单省大区、5 个海外行政区和 1 个地位特殊的海外属地。全国共有 34955 个市镇。https://www.mfa.gov.cn/web/gjhdq_676201/gj_676203/oz_678770/1206_679134/1206x0_679136/.

可以结合实际情况，加强国家机关、地方部门、专业人士和图书链上所有参与者之间的合作，统筹区域联动，扩大全民阅读的辐射广度，提高全民阅读推广质量。

截至 2020 年 12 月 31 日，在区域阅读合约框架下，法国各地已签署 179 份合约，政府每年拨款近 360 万欧元。合约目标包括建设市镇间公共阅读网络、开展扫盲行动、促进青少年及特殊群体的阅读、发展图书馆数字技术和支持图书馆施工等。法国文化部和地区文化局共同负责评估"区域阅读合约"成果。评估指标包括行动对当地公众的影响（满意度调查和访谈等）、财政资源分配情况、对合作伙伴的影响、与国家其他文化项目的关联性以及对图书馆等文化机构工作改革的借鉴意义等。

除国内地区间的合约，法国也有面向海外的综合性文化协议。2019 年 3 月 29 日，里昂市政府、里昂大都会、法国外交部下属机构法国文化中心正式签订为期三年的《法国里昂市政府、里昂大都会、法国文化中心三方协议》（*Convention tripartite entre la Ville de Lyon, la métropole de Lyon et l'Institut Français*），旨在深化三方在文化领域的合作伙伴关系[1]。根据协议，法国文化中心每年投资 13 万欧元，里昂市政府投资 9.5 万欧元，里昂大都会投资 3.5 万欧元，共同支持里昂的文化事业发展。协议涉及领域广泛，其中也支持阅读与知识传播项目。在阅读项目方面，在法国文化部的支持下，法国文化中心推出图书聚焦项目，致力于邀请外籍专业人士参与法国里昂国际侦探码头小说节（Quai polar Lyon），促进国内外文化交流，吸引公众参与活动。在法国文化中心的支持下，德国和瑞士部分城市以里昂国际侦探码头小说节为参照，纷纷举办起侦探小说节，彰显了法国阅读活动的国际影响力。

（四）阅读活动组织方情况

法国各类组织、机构参与全民阅读推广工作的积极性较高。除法国出版

---

[1] 2021 年 12 月 24 日，里昂市政府、里昂大都会、法国文化中心再次签订 2022—2024 年文化合作协议。

商协会（SNE）、法国书商协会（SLF）、法国作家权益协会（SOFIA）等与出版业相关的行业组织积极参与外，很多以推广阅读活动为首要目的的组织在开展全民阅读活动的过程中起到了十分重要的作用。这些组织的活动能力、活动方式、目标对象都有不同，成为法国全民阅读活动丰富广泛开展的重要民间力量。

法国"阅读社会"协会（Lire la Société）成立于1991年，是由记者发起建立的法国致力于推广阅读的公益组织。该协会以图书和辩论为核心，致力于在学术界、媒体人士、政府部门、民间社会团体和公民之间建立联系，提升公民的人文社会科学素质。协会每年负责举办"政治图书日"（Journée du Livre Politique）和"经济图书日"（Journée du Livre d'Économie）活动，并筹办评选法国地缘政治图书奖（Prix du Livre de Géopolitique）、法国当代历史图书奖（Prix du Livre d'Histoire contemporaine）和最佳金融文章奖（Prix du Meilleur Article Financier）。

法国"途径"协会（A.C.C.E.S.）全称为反排外和反区隔的文化行动组织（Actions Culturelles Contre les Exclusions et les Ségrégations）成立于1982年，受法国教育部和文化部支持，旨在发起并支持幼儿阅读和文化项目，强调幼儿接触图书和阅读的重要性。协会委员会由图书界人士、幼儿教育专家、儿童精神病学家、心理语言学家和心理学家等组成。该协会主要围绕四个方面开展活动。一是幼儿阅读会，协会成员和志愿者每月在孕产妇中心、托儿所、幼儿园、儿童休闲中心等地举办婴幼儿阅读活动。二是合作项目，协会与幼儿机构合作，开展针对3岁以下儿童家庭的活动，包括在儿童出生时捐赠图书和交叉培训等，促使父母在儿童婴幼儿时期便意识到阅读的重要性。三是全国培训，协会与法国国家图书中心和法国国家儿童文学中心合作，定期举办培训会，分享幼儿阅读经验和实践做法，帮助各地区专业人士建立以图书为媒介的婴幼儿文化项目。四是出版婴幼儿阅读参考书目和最新研究成果。

法国"阅读即出发"协会（Lire c'est partir）成立于1992年，致力于促进经济欠发达地区的青少年阅读。①1998 年以来，协会成立同名出版社，以每册 0.8 欧元的低廉价格出售童书及绘本和音频 CD。"阅读即出发"出版社图书名录包含 130 种图书，每年秋季出版约 30 种新书。图书以大量印制的方式降低印刷平均成本，每本书平均印刷量达 4 万份。该出版社目的并非盈利，而是以低价售卖图书的方式，让更多的法国青少年获取文化和教育资源。出版社图书仅在线上或线下巡回售卖（ventes itinérantes）。"阅读即出发"协会与各地学校和文化机构进行合作，建立全国联络网点，即时发布巡回信息。在协会成员的组织下，载满童书的大卡车定期驶入农村、偏远地区和经济欠发达的社区，为当地儿童带来负担得起的图书。

法国"拉丁区委员会"协会（Comité Quartier Latin）是 2010 年在巴黎第五区和第六区区政府的支持下成立的致力于发展巴黎拉丁区②文化的组织。协会成员主要由本地书商、出版商、大学教授、学生和画廊业主组成。该协会致力于保护和发展拉丁区文化产业，制定当地文化生活的发展计划，组织丰富的文化活动，以期凸显拉丁区的文化魅力。该协会是法国巴黎图书街区节（Festival quartier du livre）多项活动的举办方。此外，协会关注青少年阅读，积极邀请该街区中小学生走进书店，参加各类趣味阅读会，在学校和书商之间搭建桥梁。

法国"读书即生活"协会（Lire c'est vivre）成立于 1987 年，是法国致力于保障狱犯阅读权利的社会团体。③该协会以法国文化部和司法部签署的谅解备忘录为指导方针，以法国图书馆高级理事会（Conseil Supérieur des

---

① 2011 年，协会创始人文森特·萨夫拉获法国文学与艺术骑士勋章（Ordre des Arts et des Lettres），以表彰他在法国文学界和教育界的杰出贡献。
② 法国巴黎拉丁区处于巴黎五区和六区之间，文化、教育、科研资源集中，大学、图书馆和书店比比皆是，学生与教师频繁往来，故而被誉为巴黎文化圣地。
③ 1986 年，埃松省图书馆时任馆长吉纳维夫·吉勒姆（Geneviève Guilhem）受掌玺兼司法部长罗伯特·巴丁特委托（Robert Badinter），创办了弗勒里·梅罗吉斯监狱图书馆（bibliothèques de la Maison d'Arrêt de Fleury-Mérogis），并呼吁该省图书馆员一同建立监狱公共阅读项目。在此背景下，"读书即生活"协会于 1987 年成立。

Bibliothèques）1991 年图书馆宪章（Charte des bibliothèques）、1994 年联合国教科文组织公共图书馆宣言（Manifeste de l'UNESCO sur les bibliothèques publiques）和 2012 年法国图书馆馆员协会宣言（Manifeste de l'ABF）为行动基准，致力于保障弗勒里·梅罗吉斯镇和科尔贝伊·埃松镇（Corbeil-Essonnes）10 间监狱 4000 多名狱犯的阅读权利。此外，囚犯可以申请参加法国图书馆馆员协会的培训，为俱乐部和研讨会的图书借阅和归还提供帮助。

法国"无国界图书馆"组织（Bibliothèques Sans Frontières）成立于 2007 年，是致力于促进知识传播的非政府组织。该组织通过推出虚拟、实体或移动图书馆项目，致力于促进知识的平等获取。该组织与联合国难民署（UNHCR）共同设计的创意箱（Ideas Box）旨在为人道主义危机地区提供文化资源。2015 年，其推出便携式数字图书馆装置创意立方（Ideas Cube）。自 2018 年 7 月以来，该组织在法国国家彩票公司基金会（FDJ）的支持下推出"数字旅行者"（Voyageurs du Numérique）项目，其目标是在法国各地开展数字技术培训，协助当地文化参与者进行数字化转型。多年来，"无国界图书馆"的足迹遍布 50 多个国家，已帮助 600 多万人获取图书。

四、法国全国性阅读活动开展情况

法国的全国性阅读活动丰富多样，按人群分类，可分成全民性阅读活动、小学生阅读活动、青少年阅读活动、特殊群体阅读活动等。除此之外，围绕阅读活动还延伸出一些文化活动形式，或包含全民阅读元素，或有较明确的阅读习惯养成指向，为民众感受阅读氛围提供帮助。

（一）全民性阅读活动[①]

1. "阅读之夜"活动

"阅读之夜"活动（Nuit de la Lecture）是法国文化部自 2017 年起推出

---

① 这里的全民性阅读活动是指全年龄段可参与的阅读活动。

的全民阅读活动。该活动的承办方为法国国家图书中心（CNL），协办方和赞助方范围较广，包括法国国家图书馆（BNF）、法国出版商协会（SNE）、法国观点报（Le Point）、法国《读书文学杂志》（Lire Magazine littéraire）以及巴黎大众运输公司（RATP）等组织机构。

"阅读之夜"于每年冬季举办，法国各地以及国外的文化机构在"阅读之夜"举办期间延长开放时间，开展丰富多样的文化活动：在黑暗中或穿着睡衣阅读、作者见面会、文学游戏表演、朗读活动、竞赛、文字寻宝、文学辩论、文学研讨会、展览……2022年第六届"阅读之夜"以"爱"为主题，并与法国作家维克多·雨果所倡导的"一直爱，继续爱！"（Aimons toujours! Aimons encore！）相呼应，在1月20日至23日的几天时间里，近2700个地点开展了5000多个活动，法国各地图书馆、多媒体图书馆、书店、文化机构、博物馆、戏剧院、学校、教化和社会医疗机构均受邀推广阅读的乐趣、分享对图书的热爱以及有关"爱"的图书。

2. "读与促读"活动

"读与促读"活动（Lire et faire lire）旨在培养儿童阅读习惯，促进代际交流和积极老龄化。活动灵感源于法国西北部城市布雷斯特。1985年，在一位教师的倡议下，布列斯特退休协会成员走进当地一所小学，帮助管理学校图书馆，为学生朗读作品，与该校师生建立起了良好关系。1999年，"读与促读"协会在法国教育部和文化部的支持下成立。协会与法国教育联盟（Ligue de l'enseignement）和法国家庭协会全国联合会（Union nationale des associations familiales）建立合作，短短几年时间便在全国范围内搭建起了组织网络。

截至2022年，协会共有近2万名阅读志愿者，均为50岁以上的离退休人员。在学校教师或活动负责人的组织下，志愿者结合教学实际情况或活动项目要求，走进小学，为学生朗读图书，激发学生阅读兴趣。阅读活动以小组为单位，一名志愿者负责二至六名小学生，每周至少举行一次阅读会，活动贯穿整个学年。除了学校之外，志愿者亦将前往图书馆、休闲中心、幼儿教育、卫生所和母婴保护所等社会机构为儿童分享阅读的乐趣。2021年，"读

与促读"活动在全法 13000 个活动点开展阅读活动,共吸引 76 万名儿童参与。(见图 2)

图 2　法国"读与促读"老人与儿童共同阅读①

"读与促读"协会亦推出主题阅读活动。"背包纸页"(Sacs de pages)于 2005 年由协会与法国教育部合作发起。受益于蒂迪耶青少年出版社(Didier Jeunesse)和开心学校出版社(École des loisirs)等多家儿童与青少年出版社的赠书,协会每年为志愿者提供一个背包,附赠 4 本主题相似的图书和 1 本活动手册。志愿者可以根据手册的建议为 2 至 12 岁的儿童组织与图书相关的活动和游戏。"我读科学"(Je lis la science)活动则为志愿者准备科学类图书背包,旨在引导 8 至 10 岁儿童走进科学,通过阅读,激发儿童对科学的兴趣。法国国家儿童文学中心(Centre national de la littérature pour la jeunesse)负责

---

① 本文中照片均为活动主办方官方图片。

推荐图书和给出活动建议。

"读与促读"受法国教育部、文化部、法国国家图书中心和法国国家图书馆等官方机构支持。各大出版商纷纷为活动提供赠书，巴黎机场集团基金会（Fondation Groupe Aéroports de Paris）和万喜高速公路集团汽车责任驾驶基金会（Vinci Autoroutes pour une conduite responsable）、福纳克（Fnac）、文化广场（Cultura）等集团企业为活动提供资金赞助和场地支持。法国回收图书平台（Recyclivre）和《读书文学杂志》（Lire Magazine littéraire）为活动捐赠部分营业额收入。

3. "阅读社会"协会的相关活动

该协会以设立的众多奖项和类型图书日为抓手，与政府、机构等广泛合作，促进读者广泛参与社会生活和问题讨论。

"政治图书日"自1991年起由该协会和法国国民议会（Assemblée nationale）首次举办。协会每年7月筹办圆桌会议和政治类作家读者见面会，积极促进政治议题辩论。此外，协会聚焦于当年出版的政治类图书，颁发政治图书奖（Prix du Livre Politique）、国民议员图书奖（Prix des Députés）、大学生政治图书奖（Prix Étudiant du Livre Politique）、大学生政治漫画奖（Prix Étudiant de la BD Politique）4个文学奖项。前两项奖项由政治记者或法国国民议会成员选出，后两项奖项则邀请法国在读硕博生担任评委。

"经济图书日"由"阅读社会"协会和法国经济部自1999年起共同设立。每年12月活动举办之际，协会邀请学界、记者和公众参与经济议题圆桌会谈和论坛。活动亦会评选出年度最佳经济类图书，并颁发由法国经济记者评选出的"经济学图书奖"（Prix du Livre d'Économie）以及与法国教育部合作举办的高中生"阅读经济"奖（Prix lycéen "Lire l'Économie"）和高中生"阅读经济"漫画奖（Prix lycéen "Lire l'Économie" spécial BD）。后两项奖项的评选旨在引领法国各地高中生阅读经济学图书，锻炼其思辨能力。

法国地缘政治图书奖于2013年在法国外交部长让·伊夫·勒德里安（Jean-Yves le Drian）、法国电力集团执行董事塞德里克·莱万多夫斯基（Cédric Lewandowski）和"阅读社会"协会创始人露丝·佩罗三人的共同倡议下创立。

该奖项旨在评选出年度最能促进公众思考社会热点和理解当今世界的地缘政治类图书。

法国当代历史图书奖由"阅读社会"协会和巴黎第五区区长弗洛伦斯·贝尔图（Florence Berthout）于2016年共同成立，旨在表彰年度出版的融合学术性和科普性的当代历史图书。颁奖仪式在每年法国巴黎图书街区节（Festival quartier du livre）之际举行。

最佳金融文章奖由法兰西银行、法国财经记者协会（AJEF）和"阅读社会"协会自2010年起共同举办，每年评选出新闻媒体界最佳经济金融类文章。

（二）小学生阅读活动

1. "15分钟阅读"活动

自2018年以来，法国国家教育与青年部在全国幼儿园和小学推广"15分钟阅读"活动（Quarts d'heure lecture），邀请教师和同学在校期间每日固定15分钟阅读，静享阅读，培养阅读兴趣。活动面向幼儿园至小学阶段的所有班级学生。幼儿园和小学低年级学生可选择绘本进行阅读，或由教师朗读。教师在"15分钟阅读"活动期间，亦需阅读图书，为学生做表率。

法国教育部强调，"15分钟阅读"旨在激发学生阅读兴趣，故不宜纳入强制性评价机制，学生应自主选择图书进行阅读。各校应根据自身情况，选择15分钟集体阅读时间，可在午休或课间进行，亦可将该活动录入课表。为确保人人有书读，人人有兴趣读，教育部建议学校设立图书角，开办阅读心得交流会等活动，组织学生讨论并分享"15分钟阅读"内容。

法国图卢兹教育部门立足于2018—2019年活动摘要与研究，指出"15分钟阅读"每日在匆忙而喧嚷的学习时间中，为学生留出一刻钟的静享时光，带领学生走向书中世界，不仅促进学生养成阅读习惯，亦有助于培养学生专注力。此外，活动亦有利于创造校园文化，改善学校氛围。基于此，图卢兹教育部门向法国教育部提出建议，应将"15分钟阅读"活动推广至中学以及大学。自2019年起，法国多个地区已自主将该活动纳入中学培养框架。2022年，"15分钟阅读"被列入法国教育部中学阶段推荐文化项目。

2. "假期一本书"活动

"假期一本书"活动（Un livre pour les vacances）为法国教育部2017年推出的赠书活动，首先在艾克斯、马赛、南特和里尔四个城市试点运行，随后自2018年起推广至全国。通过此活动，法国小学毕业生将于每年6月毕业之前获赠一本拉封丹选集。该书由20余则拉封丹寓言选编而成，每年由不同的插画师为其配图。赠书以班级为单位发放至个人，盲孩家庭亦可申请盲文版图书。

拉封丹为法国古典文学的代表作家，创作的寓言故事充满童趣，亦引人深思。该活动以拉封丹寓言为引，选择图书作为小学生的毕业礼物，旨在将阅读融入学生生活，促进学生掌握基础语言知识，发展语言技能，强化语言综合运用能力。此外，该活动亦可助力小学到中学阶段学习的过渡。在法国教育部的建议下，法语、艺术史等学科的初中教师大多以该书开始初中阶段的教学。法国教育部打造的教育资源平台Éduscol亦针对该书推出多种教学设计思路和多媒体资源，例如鼓励教师借由寓言文本设置问题，引导学生反思公共价值观，带领学生进行相关的讨论和写作练习等。

3. "阅读小冠军"比赛

在法国教育部、文化部和法国出版商协会（SNE）的支持下，"阅读小冠军"比赛（Les petits champions de la lecture）自2012年起举办，活动邀请法国小学四年级和五年级学生朗读一篇时长不超过3分钟的自选短文，选拔出最佳朗读者。

比赛分为四轮，即校内选拔、省市级选拔、大区选拔和每年6月在巴黎举行的决赛。除戏剧和诗歌之外，参赛者可以自选文本进行朗读。全国总决赛的朗读文本由组委会选择。总决赛期间，选段作品的作者将前往决赛入围者的班级，与小朗读者们进行零距离接触。（见图3）

图3 法国"阅读小冠军"活动学生准备环节

该活动希望借由朗读，激发学生阅读兴趣，提高学生表达能力。在阅读方面，学生自由选择朗读文本，利于塑造个人阅读品位，促进阅读个性化。参与者经过大声朗读和准备比赛，能够加深对文本的理解，台下的聆听者亦能欣赏同龄人选择的文本，体验阅读分享的乐趣。在表达方面，参与者通过在同学和教师面前大声朗读能够锻炼口头表达和当众演讲能力。2021年，组织方采访了参与活动的2000名教师、图书馆员和相关工作人员的调查问卷信息。91%的教师表示，参与该活动后，学生阅读速度有所提升，表达能力明显提高。60%的教师认为，学生自信心得到加强。95%的教师指出，活动增强了班级凝聚力。

4."学校新媒周"活动

自1989年以来，在法国教育部的推动下，法国基础教育各级各类学校每年3月举办"学校新媒周"活动（la Semaine de la presse et des médias dans l'École）。该活动由教育部下属机构"教育与教学方法中心"（CLEMI）负责筹办，每年邀请近1800家媒体参与。活动旨在以新闻报刊为阅读材料，锻炼学生的阅读能力，区分不同的信息来源，带领学生了解日新月异的媒体世界。

"学校新媒周"每年主题不同。2022年的活动主题为"获取信息，了解世界"（S'informer pour comprendre le monde）。在活动周开始之前，法国各大报刊、出版社和其他媒体将在"教育与教学方法中心"的审核下，围绕年度活动主题，向学校发放大量阅读材料。教师根据班级实际情况，开展批判性阅读教学，自主举办阅读和讨论活动，引导学生辨别信息。

法国各类出版商每年在活动期间提供 3.5 万余份图书和报刊，法国 – 新闻总联盟（Alliance de la presse d'information générale）、法国新闻杂志编辑工会（Syndicat des éditeurs de la presse magazine）和全国新闻专业联合会（Fédération nationale de la presse d'information spécialisée）向学校和教育机构分发 46 万余份报刊。法国邮政负责准备、运输以及为学校分发杂志和报纸。此外，在活动期间，法国多数地区性日报和周刊免费向学校发放报刊，并支持学校教师和学生免费访问其网站。

（三）青少年阅读活动[①]

1. "去读书吧"活动

在法国文化部的倡议下，法国国家图书中心和法国蒙特勒伊青少年读物展（Salon du Livre et de la Presse Jeunesse）于 2015 年共同推出了"去读书吧"活动（Partir en livre）。该活动每年夏季举办，是第一个致力于在全法范围内促进 25 岁以下青年阅读项目，自 2015 年以来，已在法国各地举办 7200 多场免费活动，形式包括文学主题公园、文学户外活动、沉浸式阅读、见面会、工作坊、绘画室、音乐会、展览、海滩图书馆、文学广播站和寻宝活动等。自举办以来，活动反响良好，广泛吸引青少年及其父母参与，受众逐渐从青少年扩大至各个年龄层。

"去读书吧"在暑假期间为青少年送上丰富多彩的文学活动。组织方每年夏季在巴黎乔治瓦勒邦公园搭建文学主题公园，在两周左右的时间里，组织方在公园内积极组织朗读会、文学游戏和研讨会等活动，鼓励青少年在游戏中探索艺术家所创造的儿童文学世界。随后，文学主题公园摇身一变，成为满载文学游戏和图书的 4 辆"文学卡车"（ParkoTruc），在塞纳·圣但尼省的 26 个市镇穿梭，与当地青少年相会。此外，组织方在法国教育部的支持

---

① 这里的青少年指 12—25 岁人群。

下，与法国国家图书中心、法国教育联盟和法国青少年文学作家和插图画家宪章协会（Charte des auteurs et illustrateurs jeunesse）合作，共同筹办假期夏令营，为青少年提供丰富的文化活动。儿童作家和插画家亦会前往营地授课，他们与青少年一起在炎炎夏日写作、阅读与游戏，夜晚在篝火旁讲故事……（见图4）

图4 法国"去读书吧"的"文学卡车"站点

该活动还与环法自行车赛（Tour de France）组织方建立合作，在赛程多个站点设立免费的移动图书馆，并在环法自行车赛车迷公园（Fan Park du Tour de France）搭建文学展台、举办插画家和作家见面会，实现"体育+阅读"融合。

"去读书吧"活动受到社会各界力量的支持，合作伙伴有法国国家图书馆、法国出版商协会、《读书文学杂志》等文化组织和机构，伽利玛青少年出版社、开心学校出版社和奥佐出版社（Auzou）等出版社以及万喜高速公路集团汽车责任驾驶基金会、法国麦当劳和巴黎大众运输公司等企业集团。

2. 高中生龚古尔文学奖

1987年，为鼓励年轻人发现法国当代文学之美，法国龚古尔学会（Académie Goncourt）特别设立龚古尔文学奖平行奖项——高中生龚古尔文学奖（Prix

Goncourt des lycées），由福纳克和法国教育部共同组织全国约 50 个班级的中学生根据当年龚古尔学会公布的奖项入围书目，投票选出年度出版的最佳小说。包括法国技术学校（BTS）、法国海外教育学校和青少年教化中心在内的所有类型的高中均可申请成为该奖项的评委。申请班级必须保证全班同学参与评选活动，且于 9 月和 11 月期间阅读完当年龚古尔奖的所有入围图书。（见图 5）

图 5　法国 2021 年高中生龚古尔文学奖揭晓仪式

除了引导学生接触当代作品之外，组织方积极举办作者见面会和文学探讨会等活动，进一步激发学生阅读兴趣，促进学生理解和欣赏文学作品。2021 年，里昂米尼姆圣母院高中（lycée Notre-Dame des Minimes）高三学生组织了一场围绕龚古尔作品的文学交流。学生分别介绍自己的心仪之作，随后进行探讨和辩论。当地教师指出，高中生龚古尔文学奖不仅鼓励学生阅读图书，还促进学生借由文学世界思考社会问题，锻炼其思辨能力和表达能力。

此外，在布列塔尼大区市政府的倡议下，高中生龚古尔文学批评比赛（Concours de critique littéraire）于 1993 年首次举办，活动邀请当地高中生为当年龚古尔奖入围作品撰写书评。比赛结合阅读、论证、写作和思辨，是大区高中生的重点文化活动之一。

3."如果我们大声朗读"比赛

在法国文学评论家兼记者弗朗索瓦·布斯内尔（François Busnel）的倡议下，"如果我们大声朗读"比赛（Si on lisait à voix haute）自2019年起，由法国电视文学节目"大书店"（La Grande Librairie）、法国电视台（France Télévisions）和法国教育部数字化平台"路米"（Lumni）共同举办。活动得到了法国教育部的支持。

该活动与"阅读小冠军"活动一脉相承，旨在邀请法国各地的初中生和高中生朗读一篇自选短文，时长为1分30秒至2分30秒，最终评选出最佳初中生朗读者和最佳高中生朗读者。比赛分为三轮，即班内选拔、学区选拔和全国选拔。班内初赛每年2月举办，总决赛于6月在法国电视五台播出。活动期间，作家和文学评论家将受邀前往各个参赛中学，与学生一同讨论文本。"如果我们大声朗读"组织方指出，朗读是促使学生阅读和锻炼其表达能力的有效方式。该活动广受欢迎，2022年共有来自5600个班级的15万中学生报名参赛。

4."书店年轻人"活动

"书店年轻人"活动（Jeunes en librairie）旨在邀请中学教师和独立书商共同设计文化项目，引领初高中生走进书店，深入了解图书产业，激发阅读兴趣。该活动于2005年起在法国阿基坦大区政府的支持下举办，自2021年起被法国教育部和文化部纳入艺术和文化教育计划，推广至全国。

法国各地政府结合本地实际，细化完善本地区实施计划，各学校在教育部门的领导下与独立书店建立合作关系，共同构思适合当地学生的文化项目。学生则将在老师的引领下，前往独立书店，首先聆听书商介绍自己的职业、图书产业及其与阅读和文化的联系，随后参加阅读会、圆桌会、写作工作坊和翻译坊等形式多样的文化活动。参与学生还将获赠20—50欧元的购书券，仅限在活动现场使用。活动费用由当地教育行政、财政部门支出。

5."高中生野兽漫画奖"活动

2017年，法国教育部和法国文娱商店文化广场（Cultura）共同推出法国

"高中生野兽漫画奖"活动（Fauve des lycéens），每年邀请全国各地的 1000 名高中生从专家评审会拟定的书单中选出当年最佳漫画作品。在法国，漫画被视作第九艺术，广受青少年喜爱。法国教育部推出该活动的目的是为促进学生阅读、激发学生想象力、创造力和培养思辨能力。

每年 9 月，法国各个高中可申请参与"高中生野兽漫画奖"评选活动，由活动组委会确定入选高中名单。10 月，组委会与评审团所在高中的负责人及教师联系，阐明活动举办方式，并鼓励学校着眼于学生阅读兴趣点，围绕漫画开展多样的阅读和文化活动。11 月起，各个高中将陆续收到组委会提供的漫画，并组织学生阅读、讨论、评选和投票。各个评审团所在的高中亦将围绕所读漫画举办阅读会、辩论会等活动。此外，教师根据漫画题材和风格，列出书单，引领学生阅读扩展。奖项将于第二年 3 月在法国昂古莱姆漫画节举办之际颁发。

（四）特殊群体阅读活动

保障社会特殊群体的阅读需求是全民阅读工作公共服务属性的重要体现。身体残障人士，医院、监狱等特殊社会空间，法国的全民阅读工作都有覆盖。

1. 法国医院阅读活动

1999 年 5 月 4 日，法国文化部和法国社会事务及卫生部签署"医院文化活动发展协议"（Convention du 4 mai 1999, relative au développement des activités culturelles à l'hôpital）。协议将阅读列为文化发展主轴之一，并提倡医院与当地图书馆等文化机构"结对子"，促进医院文化活动的发展，进一步满足公众的文化需求。2019 年 2 月 21 日，法国文化部图书与阅读处与法国社会事务及卫生部共同出台"促进医院阅读指导手册"（Faire vivre la lecture à l'hôpital Recommandations et bonnes pratiques）。研究人员针对医疗卫生机构中开展的阅读活动展开调研，指出现存不足，并给予可行性建议。

在政府的倡议下，法国各地医疗机构重视阅读活动的开展。法国南特大学医院中心（CHU）与周边地区文化协会建立良好合作关系，积极在院内引入文化实践，让患者接触文化生活。医院内不仅设有图书馆和阅读角供患者免费借阅，还安置了两项新颖设备，吸引患者阅读。读者可以通过短篇小说分发器（Distributeur d'Histoires Courtes），选择 1、3 或是 5 分钟的阅读时间，随后按下按钮，免费获取长短不一的小说。医院还与当地书店科法德（Coiffard）进行合作，安置了故事电话亭（Coiffard j'écoute），亭内贴有阿尔贝·加缪和乔治·奥威尔（Georges Orwell）等 50 位作家的出生年月，读者仅需拨入对应的数字，便可聆听作家作品的选段。法国里昂、雷恩和里尔等城市则通过当地的医院图书馆协会（Association des Bibliothèques d'Hôpitaux）发展医院公共阅读。协会定期组织志愿者团队前往医院、诊所或疗养院，为患者分享图书，朗读故事。在法国国家卫生研究院（Haute Autorité de santé）的建议下，巴黎多家医院开展"阅读疗法"，通过阅读纾解患者负面情绪困扰。例如，巴黎主宫医院（Hôtel-Dieu de Paris）的护理人员定期参加朗读培训课程，医院每月举办一次朗读坊活动。

2. 视力障碍者相关的阅读推广活动

法国"柏拉图"平台（plateforme PLATON）全称为"数字作品转让平台"（Plateforme de transfert des ouvrages numériques），在法国文化部的支持下，由法国国家图书馆和法国国家盲人和弱视者社会促进委员会（CNPSAA）于 2010 年共同推出，致力于保障视力障碍者阅读。截至 2020 年，柏拉图平台授权组织超过 120 个，共计 1440 多家注册出版商，已改编 5.32 万种图书，格式包括盲文、大字和有声书。

每年 8 月中旬至 11 月期间，法国五六百本新书相继出版发行，称之为"文学回归季"。为了使盲人和视力障碍者参与年度文学盛宴，自 2013 年以来，法国出版商协会、法国国家图书馆和法国国家图书中心开创"所有人的文学季"（Rentrée littéraire pour tous）项目，旨在为视力障碍者免费提供"文学回归季"作品。每年新书面世前，法国出版商秉承自愿的原则将 XML 格式的图书文件传送至法国国家图书馆的柏拉图平台，图书改编费用由法国国家图书中心承担。截至 2022 年，弗拉马利翁（Flammarion）、伽利玛（Gallimard）、瑟伊（Seuil）和蒂迪耶青少年出版社等 80 余家出版商自愿加入该项目，每年改编超过 400 种新作，几乎覆盖当年所有文学奖项入围图书。

3. 监狱的阅读活动

上文中提到的,法国"读书即生活"协会为监狱服刑人员提供了形式丰富的阅读支持。除为狱犯提供种类丰富的图书外,该协会亦负责举办读书会、电影会、讲座等丰富多彩的文化活动,"阅读圈"(cercle de lecture)便是其中之一。该活动每个星期组织10—12名狱犯阅读文学作品,由一到两位翻译、作家、专家或图书馆员等专业人士主持。参与者在主持人的带领下,大声朗读文本并交流阅读感想。在每年"阅读之夜"和"去读书吧"等全国性文化活动举办之际,法国"读书即生活"协会亦会在监狱内部组织主题相关的阅读活动和见面会,力图以图书为纽带,维持狱犯与社会之间的联系。

五、法国地方性阅读活动开展情况

巴黎和里昂是法国文化重镇,全民阅读活动丰富多样;围绕两个大都会建立的区域阅读合约也充分顾忌各类人群与地区,尽量弥合教育优先地区、农村地区、欠发达地区与大城市和重点市镇间的文化资源差异。

(一)巴黎地区的主要阅读活动

1. 巴黎图书街区节

巴黎第五区拥有巴黎最多的书店和出版社,文化资源丰富。2015年,在法国巴黎第五区政府的倡议下,巴黎年度图书街区节(Festival quartier du livre)首次举办。每年6月的首个星期,第五区将邀请上百位作家和文艺界人士,为公众带来近200场免费文化活动。参与者可于巴黎图书街区节官方网站下载手机应用程序,随时随地接收最新活动讯息。

图书街区节得到法兰西岛大区政府、巴黎第五区政府、巴黎学院(Académie de Paris)、法国国家古迹中心(Centre des monuments nationaux)、埃蒂迪出版集团(Groupe Éditis)、法国麦当劳、德高集团(JCDecaux)、"读与促读"协会和"阅读社会"协会的支持与赞助。

节日期间,第五区的出版社、大学、商店、学校、博物馆、第五区市政厅以及各具特色的图书馆和书店相继推出各类文化活动：作家见面签售会、讲座、文学研讨会、文学辩论、儿童故事会、阅读会、剧本式阅读活动、学生阅读展示会、阅读表演会、文学演出、诗歌晚会、二手图书集市、精选书籍介绍、写作坊、手工坊和哲学坊等。此外，"读与促读"和"麦当劳阅读星期三书籍"专题阅读会将分别在先贤祠广场和米歇尔·福柯广场举办多场活动，邀请青少年参与。由"阅读社会"协会组织的"当代历史图书奖"颁奖典礼亦会在图书街区节期间举行。

众多活动中，"家长咖啡馆"（café des parents）和"文学漫步会"（balade littéraire）颇具特色。节日期间，组织方将邀请家长分享育儿经验，探讨如何陪伴亲子阅读，培养青少年阅读习惯。"文学漫步会"则邀请公众在散步中发现文学。儿童可以在负责人的带领下，一边在植物园和博物馆等地漫游，一边聆听童话故事。成人则适合参加"第五区的作家与诗人"和"雨果的回声"等专题漫步会。参与者将在组织者的带领下，探寻文学巨匠踏过的足迹，共同阅读美文佳篇。（见图6）

图6 法国巴黎图书街区节青少年"文学漫步会"

2. 法兰西岛大区高中生、学徒和职业教育实习生文学奖

在法兰西岛大区政府的支持和倡议下，法兰西岛大区高中生、学徒和

职业教育实习生文学奖（Prix littéraire des lycéens, apprentis et stagiaires de la formation professionnelle de la Région Île-de-France）于 2011 年成立。该文学奖为法兰西大区政府教育和文化项目之一，每年邀请来自 40 个班级的 1200 名高中生在上一年出版的法语作品中评选出 8 部佳作。活动旨在促进青少年阅读，引领青少年发现当代法语文学之美。

活动面向法兰西岛大区 8 个省份，每个省份将邀请普通高中、学徒培训中心和职业教育中心的 5 个高中参与评选活动。法国作家和文学之家协会（Maison des écrivains et de la littérature）负责从上一个学年出版的法语作品中选出 40 部具有代表性的作品。参与活动的班级将有 7 个月的时间进行文本阅读和讨论交流，每名参与者将获得 30 欧元的"阅读券"，可在合作书店和巴黎图书沙龙上使用。颁奖仪式于每年 3 月在巴黎图书沙龙期间举行，获奖作者将获得 2250 欧元的现金奖励。

活动期间，每个省份将举行时长 2 小时的省级论坛，邀请 5 个班级的学生和 5 名作家见面交流。同时，参与活动的班级可以多次邀请作家前往所在学校、图书馆或合作书店与学生进行零距离接触。学校教师、当地书店和图书馆亦将围绕参评作品，开展阅读交流会、辩论和写作坊等活动。

3. 法兰西岛大区"文学课堂"

2017 年，法国法兰西岛大区政府教育部门推出高中生艺术和文化教育重点项目"文学课堂"（Leçon de littérature），旨在邀请作家走进高中，与学生一同分享文学经历、创作过程和写作灵感，促使高中生通过与作家面对面的接触，重新审视和思考文学。该项目由政府主导，法国作家和文学之家协会负责执行。

通过"文学课堂"项目，受邀作家将与一所高中的三到五个班级的学生见面，交流时长约为 1 小时。作家将向学生分享自己对文学的看法，并共同讨论阅读与写作的联系。荣获法兰西岛大区高中生、学徒和职业教育实习生文学奖的作家是项目的优先邀请对象。

除了邀请作家走进课堂之外，活动还将引领高中生前往当地图书馆，借阅受邀作家的作品，走近法国当代文学。截至 2021 年，共有 168 位作家为各地高中生带来 328 次"文学课堂"。

4. 法兰西岛大区"书店双周：高中生文学聚会"

2014 年，法国法兰西岛大区政府发起"书店双周：高中生文学聚会"项目（Quinzaine de la librairie, une rencontre littéraire pour les lycéens），每年 5 月的两个星期内，邀请 50 余名作家与来自 50 个班级的 1300 名高中生在大区的独立书店进行面对面交流。高中生可以借此机会近距离接触法国当代知识分子，包括"法兰西岛大区高中生、学徒和职业教育实习生文学奖"的获奖作家。

活动期间，作家和高中生将围绕作品本身、创作过程以及阅读的力量等话题进行讨论。大区政府将为每位参加活动的学生提供价值 18 欧元的阅读券，仅限在活动举办的独立书店现场使用。

5. 法兰西岛大区书箱项目

2016 年 9 月，法国法兰西岛大区议会提出了在人员密集的公共场所安装书箱的倡议（Boîtes à livres de la Région Île-de-France），以此促进全民阅读，丰富当地民众文化生活。2018 年 1 月，大区政府与法国国家铁路公司（SNCF）建立合作关系，在大区各城市的火车站附近安装书箱。截至 2021 年 12 月，大区近 100 个火车站配备有透明的书箱装置。（见图 7）

图 7　法兰西大区火车站附近双层书箱装置

书箱的运营基于政府与当地图书馆的合作关系。在安装之初，市政府图书馆为每个书箱提供 200 本书的启动性资助。当地民众可以自由地借书、归还，甚至可以在书箱内放置自己希望分享的书籍。据 2020 年 8 月《费加罗》（Le Figaro）报道，法兰西大区居民对此举纷纷予以好评，指出书箱装置新颖而方便，为公众提供了优良的阅读资源，且能够有效促进人们捧起图书，随时随地进行阅读。

事实上，"书箱"的概念早在 20 世纪 90 年代便传入了法国，经过十几年的发展，已在法国各省的中小城市"扎根"。然而，该装置多由图书协会或公益协会安装并运营，法兰西岛大区的该项目为法国首例由当地政府组织的书箱项目。

（二）里昂地区的主要阅读活动

1. 里昂国际侦探码头小说节

在法国文化部和里昂市政府的支持下，法国里昂国际侦探码头小说节（Quai polar Lyon）自 2005 年首次举办，每年三四月份在法国里昂市举行。小说节融合了电影、音乐、戏剧和舞蹈，各个领域交叉渗透，不仅是侦探文学盛会，亦是跨学科的节日。小说节免费向公众开放。自 2016 年起，公众可在线上免费观看活动期间举办的所有研讨会和演讲。

在 3 天时间里，数万名公众与上百位海内外作者聚集在一起，在书店、剧院、公园和图书馆等场所参加书展、文学漫步会、主题研讨会、作者见面会、电影展映和解谜游戏各项活动。此外，主办方与侦探小说作家合作，推出"全城大调查"（Grande enquête）探险游戏。主办方设定具体人物以及虚构的剧情，以调查手册形式分发至公众。参与者可以根据手册，在全城范围内搜集线索、破解谜题，踏上侦探探秘之路、奔赴城市探索之旅。探险手册上亦附有侦探小说推介信息，旨在激发公众的阅读兴趣。

小说节致力于增强社会凝聚力，推出"监狱阅读"和"医院阅读"活动。在法国地区文化事务局的支持下，组委会和罗讷-阿尔卑斯大区图书和文献机构发起"墙内的侦探小说"（Polar derrière les murs）活动，为当地狱内人员提供阅读资源。小说节举办期间，数位作者将前往奥弗涅-罗纳-阿尔卑斯大区不同的监狱，向"墙内"的人介绍侦探文学，加强"墙内"和"墙外"的联系。此外，组委会在法国教育部和文化部的支持下，与省市级图书馆、法国监狱服务和缓刑中心合作，推出"墙内侦探小说奖"（Polar derrière les murs » du Prix des Lecteurs）评选。奥弗涅-罗纳-阿尔卑斯大区监狱的囚犯每年受邀担任侦探小说评委，选出年度佳作。组委会亦与里昂圣约瑟夫·圣·吕克医院（Centre Hospitalier Saint Joseph Saint Luc）等多家医疗中心合作，在小说节期间在医院举办作家见面会等活动。

小说节积极促进青少年阅读。组委会邀请各个学校组织学生参与写作比赛、作家见面会和阅读会，并专为教师和图书馆工作人员提供培训。2016年起，为支持法国国家扫盲行动，小说节推出"黑色听写"（Dictée noire）。该活动每年邀请著名侦探小说家朗读一段文本，全国中小学生可在家或在校根据录音进行听写，并根据官网发布的文本更正。

2. 里昂"星际生物"科幻节

自2012年起，在里昂市政府的支持下，里昂"星际生物"科幻节（Les Intergalactiques）于每年4月底至5月初举办。活动期间，里昂市将以"科幻"为主题，开展书展、科幻小说创作比赛、讲座、电影放映和圆桌会等多项文化活动，每年吸引数万名公众参与。该活动由非营利性文化组织AOA Prod负责筹办，与法国作家权益协会、法国文化与私人复制协会（La Culture avec la Copie Privée）及里昂市立图书馆等多个文化机构建立了合作关系。

里昂"星际生物"科幻节组委会为纪念法国20世纪著名科幻作家，成立了赫内·巴赫札维勒（René Barjavel）科幻短篇小说奖。组委会每年将根据收到的投稿评选出最佳科幻小说奖，以此激励公众关注科幻文学及其创作。

"星际生物"科幻节期间，多名学者和作家汇聚一堂，围绕科幻小说里的语言、政治、社会关系和身份认同等多个主题，举办多场圆桌会议、讨论会和论坛，并欢迎公众参与。活动旨在加强知识界和文艺界人士的交流，增加公众对科幻小说的持续关注度，促使公众深入思考科幻小说的多重元素。

图书展亦是主要活动之一，里昂市多家书店将精心挑选一系列科幻小说和奇幻小说,并在书展现场为公众提供咨询服务,为读者提供个性化荐书服务。若线下书展无法满足读者需求,参展人亦可登录里昂区域性书商协会"在我的书商里"(Chez mon librairie)官网,购买心仪图书。此外,活动筹办方每年举办"星际生物"入迷者杂志展览会,邀请科幻小说爱好者共同展出自己创作的小说、杂志、海报或立绘等作品,为广大科幻迷提供交流的平台。

3. 里昂"所有人都出门"文化节

自2002年以来,里昂市政府每年6月至8月举办"所有人都出门"夏季户外文化节(Tout le monde dehors!),举办近300场活动,邀请公众免费参与。文化节旨在通过音乐会、戏剧、故事会、展览等丰富多样的文化活动邀请公众体验文化生活,促进当地文艺的繁荣发展。

丰富多彩的故事会和阅读会是"所有人都出门"文化节的重点项目之一。里昂图书馆和书店是活动的主要承办方。例如,里昂四区的红十字图书馆(Bibliothèque du 4e Croix-Rousse)每年夏季邀请公众在公园共享休闲时光,举办朗诵会、故事会和木偶戏等多项活动。当地知识分子和文艺界人士将为公众呈上各具风格的故事会。里昂高等师范学院的数学博士玛丽·卢西尔(Marie Lhuissier)每年为6岁以上儿童带来数场数学故事会,从文化的角度切入数学,突出图像、思想和情感,以讲述故事的方式让孩子们对数学产生兴趣。喜爱音乐的儿童亦可参加音乐故事会,他们将在本地音乐家的带领下,聆听世界各地的音乐故事,并接触各类乐器,如科拉琴、把拉丰木琴以及凯尔特竖琴等。此外,本地音乐家和作家亦携手打造多场主题朗读会活动,他们选取乔治·桑和维克多·雨果等知名文学家的文本,在音乐的伴奏下,为公众献上别具一格的夏季文学盛宴。(见图8)

图8 里昂"所有人都出门"活动现场

六、其他阅读工具与阅读环境的建设情况

法国全民阅读活动丰富多样，能尽可能覆盖各类人群，活动开展时能在活动地区形成一个阅读气氛高涨的小高潮。除此之外，法国还努力通过图书馆系统提供多媒体文化服务，通过应用软件和阅读券发放来保持民众参与阅读活动、购买图书的积极性。

（一）与图书馆相关的阅读工具与环境

1. 法国"艺术图书馆"

在法国文化部的支持下，法国于20世纪80年代起在全国各地建设艺术图书馆（Artothèque）。如今，法国共有五十多间艺术图书馆，为文化和艺术形式的交融提供了可能。在艺术图书馆，读者可以借阅或浏览当代视觉艺术作品，如印刷品、拼贴画、素描、绢画、照片、版画等。

该类图书馆旨在通过艺术品"借阅"，从而使得公众熟悉视觉艺术。如果说，博物馆和艺术馆里的视觉艺术作品使人产生距离感，那么艺术图书馆则通过收藏品的流通和借阅，使得艺术品走进公众的生活。此外，艺术图书馆将视觉作品引入图书馆的收藏，从而带动读者阅读艺术以及艺术史相关的书籍。图书馆对学者、学生和广大公众开放，提供与当代艺术相关的纸质书籍及电子资料。

从结构的角度来看，艺术图书馆分为两大类：一是在文化机构内提供服务的图书馆，例如在画廊、图书馆、博物馆、剧院、高中、艺术中心或美术学院内部建立艺术图书馆；二是通过私人或公共资源专设的艺术图书馆，例如由政府牵头建立的市政、省级艺术图书馆。此外，法国国立高等信息科学与图书馆学院（ENSSIB）为艺术图书馆工作人员提供培训资源。

2."微型乐园"项目

2017 年以来，在法国文化部的支持和巴黎拉维莱特大展厅公共协会主席（EPPGHV）迪迪埃·弗西利耶（Didier Fusillier）的推动下，法国各地开展起了"微型乐园"项目（Micro-Folie）。

该项目首先创建了一个虚拟博物馆。拉维莱特公园、凡尔赛宫、蓬皮杜中心、卢浮宫、国立毕加索美术馆等多所法国机构和国立博物馆为项目提供支持，共提供 500 多件藏品的详细信息。在"微型乐园"装置中，艺术藏品将以虚拟形式与公众相遇。每件馆藏珍品都配有说明性的文字，加之可供放大的高清拍摄图片，以展示作品的细节。随后，地方当局可自行采购"微型乐园"装置，系统约 8 万欧元，并将其安置在公共图书馆。该项目在法国各地受到人们的普遍欢迎。在巴黎郊区的塞夫朗镇，该项目一年内接待了 2.5 万名参观者。在阿维尼翁，该项目两个月内吸引了 3 万名访客。

"微型乐园"项目是法国探索文化融合、增添文化集中效应的举措之一。在法国文化部的支持下，法国各地政府因地制宜，拓展公共图书馆以及公共阅读空间的文化服务形式，吸引公众走进图书馆，走进图书世界。

3. 图书馆无障碍阅读"柏拉图"平台

该平台的运作遵循 2006 年 8 月 1 日的版本收缴规定（即 DADVSI 法）。该法规定，经过国家批准的组织可在未经著作权人许可的情况下制作无障碍格式图书，且无需支付版权费。为获取无障碍格式图书，法国学校、图书馆、文化组织或公共机构需向文化部提交申请。经过审查且公示后，授权组织可创建"柏拉图"平台账户，访问并下载图书。授权组织亦有权向出版商请求数字文件。收到请求的出版商应无条件在"柏拉图"平台上传源文件，由华伦泰·阿羽依助盲协会（Valentin Haüy）、法国视盲与弱视知识份子团体协会（GIAA）和法国国家青少年盲人学院（Institut National des Jeunes Aveugles）等协会在法国文化部的授权下对图书格式进行改编。此外，出版商须在教学用书正式发行前，将源文件传送至该平台。

4. "巡回图书馆"装置

"巡回图书馆"装置（Bibliambule）于2015年由法国国立高等装置艺术学院（ENSAD）学生打造。这是一辆装有图书、杂志、游戏和7张吊床的电动三轮车，旨在增强阅读的趣味性和休闲性。该装置成本价格约为12000欧元。

法国波尔多、鲁昂和布雷斯特等市现已采购该装置。其中，布雷斯特市政府在2016—2018年区域阅读合约的资金支持下购置"巡回图书馆"电动车。装置由市图书馆负责管理，工作人员根据天气或当地事件将"巡回图书馆"停靠在社区中心、花园或休闲中心等不同的场所。图书馆负责人表示，"巡回图书馆"趣味性十足，吸引了不少公众，那些鲜少踏进图书馆阅读的居民亦是跃跃欲试，纷纷捧起图书，享受休闲的阅读时光。（见图9）

图9 法国波尔多"巡回图书馆"装置

（二）其他公共阅读推广工具与环境

1."阅读券"

"阅读券"（Chèque livre/Chèque Lire）是法国政府向青少年发放的阅读购书券，最早出现在 21 世纪初的巴黎图书沙龙（Salon du livre），青少年读者可凭证件获得一定额度的购书券，在书展现场购书时当作现金使用。在法国文化部举办的"去读书吧"和"阅读之夜"全民阅读活动期间，青少年亦可前往活动现场领取 12—20 欧元的"阅读券"，进行图书消费。该礼券的费用由文化部下属机构法国国家图书中心承担。

目前，越来越多的地方和活动接受"阅读券"这样的消费支持方式，2017 年起，法国新阿基坦大区政府为推动青少年阅读，每学年向当地 23 万名高中生免费发放价值 20 欧元的"阅读券"，引导和促进青少年文化消费。高中生可凭书券面值，在当地书店或文化商场购买全品类图书。2022 年，法国奥克西塔尼大区为传承和保护本土文化，发扬本地语言奥克语，为当地选修奥克语的高中生免费发放 20 欧元的"阅读券"，鼓励青少年购买相关图书。大区近 20 家奥克语图书出版商亦参与其中，为学生提供书单和咨询服务。

2."文化通行证"手机应用软件

"文化通行证"项目（Pass Culture）源于 2017 年法国总统马克龙竞选承诺，旨在推动青年走近文化艺术。2019 年，法国文化部推出"文化通行证"应用程序，首先在塞纳—圣但尼省和下莱茵省等 5 个省份试点，随后根据 2021 年 5 月 20 日第 2021-628 号法令，推广至全国满 18 岁的青年，自 2022 年 1 月扩展至 15—17 岁的初中和高中学生。

"文化通行证"基于信息技术，为用户提供了一个文化活动新型资讯平台，配有相应的消费额度，激励青少年主动选择文化、消费文化、贴近文化，利于公共文化服务建设和保障。"文化通行证"手机应用程序能够根据实时定位，提供用户周边文化活动讯息。此外，该软件根据用户年龄免费发放消费额度：15 岁为 20 欧元，16—17 岁为 30 欧元，18 岁为 300 欧元。法国青少年可用该额度购买图书、唱片、各大文化场所的门票以及艺术和美术课程等文化消费项目，其中图书是重要消费对象。《费加罗报》（Le Figaro）指出，截至 2021 年 8 月，图书消费占法国青年通过"文化通行证"额度购买的所有商品的 75%。截至 2021 年 11 月，18 岁青年已通过"文化通行证"购买 16.4 万多种图书，体现了青年阅读兴趣的广泛性。其中，漫画极受青少年追捧，在"文化通行证"全国推广的 6 个月内，法国青少年凭借该手机应用软件的消费额度已购买超过 150 万册漫画。

截至 2022 年初，"文化通行证"已有 100 万注册用户，预定量超过 600 万，已有超过 11000 家文化机构和企业在该应用程序上列出了相应的产品和活动。据法国文化部预测，到 2022 年底，"文化通行证"将覆盖 400 万名青少年。

3."无国界图书馆"组织设计的可移动装置[①]

该组织通过推出虚拟、实体或移动图书馆项目，如创意箱（Ideas Box）和创意立方（Ideas Cube），致力于促进知识的平等获取。

创意箱是一个手提箱形式的移动媒体图书馆，涵盖 2.8 万种数字资源，可切换 20 种语言。装置配备互联网连接、约 20 台电脑和触摸板、数千本电子书和 250 本纸质图书以及电影投影仪。使用者可以在不到 20 分钟的时间内，创建一个 100 平米的文化空间。（见图 10）2015 年，法国北部城市加来市政府出资购置创意箱。2018 年，在区域阅读合约的框架下，卢瓦—谢尔省将"创意箱"部署到全省十多间图书馆，旨在为当地居民提供多元化的阅读活动。如今，创意箱亦出现在欧洲、美国和澳大利亚的欠发达地区，以期满足弱势群体文化需求。

---

① 该组织虽称为"图书馆"，但目前资料不能确定与法国图书馆系统有必然联系，故先纳入公共阅读推广工具部分。

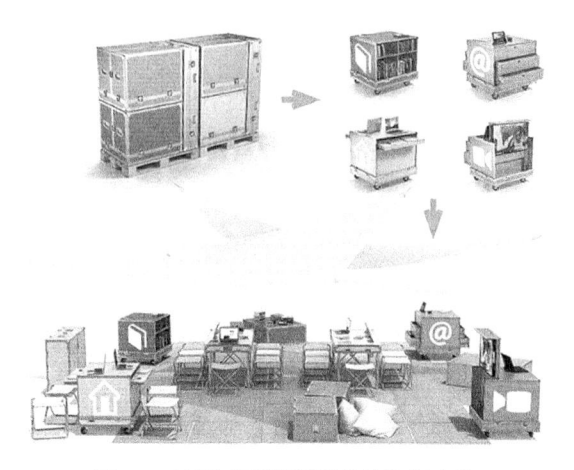

图 10　法国"无国界图书馆"创意箱

2015 年，创意立方是"无国界图书馆"推出的便携式数字图书馆装置。创意立方自带 Wi-Fi，允许 40 个数字设备同时接入。用户可以使用智能手机、平板电脑或计算机进行热点连接，访问数以千计的教育、文化或培训数字资源。（见图 11）创意立方的数字资源将由协会团队整理并上传。此外，团队收集用户数据和使用频率，即时更新数字资源，以求更好地满足用户需求。目前，创意立方出现在布隆迪、约旦和孟加拉国多个社区，以数字资源为每个人赋能。

图 11　法国"无国界图书馆"创意立方外观

"无国界图书馆"的"数字旅行者"项目不仅在法国各地开展数字技术培训,协助当地文化参与者进行数字化转型,团队亦携带创意箱穿越整个法国,与当地协会、教育部门和文化部门共同开办教育研讨会,讨论数字图书以及在线资源在当地的普及程度。

七、结　论

法国开展全民阅读工作的时间并不长,近年的国民图书阅读情况也处于一个不断下降的态势,民众虽将阅读作为重要休闲娱乐活动,但投入时间已逐渐减少。在这样的大背景下,法国积极开展全民阅读工作积累的经验有重要参考价值。

第一,全民阅读工作是法国国家文化发展重要事项,多部门联动给予支持。无论是长期的"共建读者之国",还是短期的"国家伟大事业",全民阅读被法国最高领导层和法国政府认定为国家文化发展的重要事项,文化部、教育部主导,从社会到学校无不重视和参与其中,中央和地方,地方和地方之间相互支持,形成了全国活动与地方特色活动此起彼伏,民众所处的公共阅读氛围浓厚的现状。

第二,全民阅读活动是法国对外文化交流的重要平台,起到润物细无声的作用。法国全民阅读活动在海外的开展,不仅满足法国驻外公民需求,也在加强与当地法语学习者、法国友好人士的联系。更为重要的是,通过"阅读之夜""龚古尔文学奖国际奖评选""无国界图书馆""里昂国际侦探码头小说节"等活动,法国将自己多元文化共同发展的理念、优秀文化遗产与文学作品、文化创新意识送出国门,达到了交流、交往、交融的目的。

第三,全民阅读活动是法国全体参与的公共文化活动,公共服务功能实现较好。"读与促读"活动将老人与孩子联系在一起;"柏拉图"项目为视障人士提供数字内容保障;巴黎政治学院"以亲子阅读促进弱势群体儿童语言能力"的研究不仅关注弱势群体,还将家庭阅读和父母成长放在重要位置;医院开展的"阅读疗法"、"读书即生活"协会在监狱开展的阅读活动都为保障特殊人群的阅读权益努力；巡回图书馆、巴黎书箱项目为包含欠发达地区、偏远地区、教育优先发展地区在内的广泛人群提供公共阅读服务，阅读活动的公益特性凸显。

参考文献

1. 学术论文：监狱阅读，一项监狱政策（19 世纪至 21 世纪）：https://hal.archives-ouvertes.fr.

2. 法国 Légifrance：https://www.legifrance.gouv.fr.

3. 法国政府"公共生活"网：https://www.vie-publique.fr/.

4. 法国文化部：https://www.culture.gouv.fr/.

5. 法国国立高级图书情报学学校：https://www.enssib.fr.

6. Livrehebdo 杂志：https://www.livreshebdo.fr/.

7. 法国里昂市政府：https://www.lyon.fr/node/.

8. 法国《读书文学杂志》：https://www.lire.fr/.

9. 法国儿童文学研究与信息中心：http://www.crilj.org/.

10. 法国巴黎政治学院：https://www.sciencespo.fr/liepp/fr/.

11. 法国国家儿童文学中心：https://cnlj.bnf.fr/.

12. 法国国家图书中心：https://centrenationaldulivre.fr/.

13. 法国"读书即生活"协会：https://www.lirecestvivre.org/.

14. 法国"阅读社会"协会：https://www.lirelasociete.com/.

15. 法国"拉丁区委员会"协会：https://www.cql.fr/.

16. 法国"故事庭院"公司：https://www.courdescontes.com/.

17. 法国"途径"协会：https://www.acces-lirabebe.fr/lassociation/presentation/.

18. 法国"无国界图书馆"组织：https://www.bibliosansfrontieres.org/.

19. 法国"阅读即出发"协会：https://www.lirecestpartir.fr/.

20. 法国里昂市立图书馆大都会中心：https://polemetropole.bm-lyon.fr/.

21. 法国"读与促读"协会：https://www.lireetfairelire.org/.

22. 法国"阅读之夜"：https://www.nuitsdelalecture.fr/.

23. 法国"去读书吧"：https://www.partir-en-livre.fr/.

24. 法国龚古尔学会：https://www.academiegoncourt.com.

25. 法国"阅读小冠军"比赛：https://www.lespetitschampionsdelalecture.fr/.

26. 法国里昂国际侦探码头小说节：https://www.quaisdupolar.com/.

27. 法国巴黎图书街区节：https://quartierdulivre.fr/.

28. 法国法兰西岛大区政府：https://www.iledefrance.fr/lecons-de-litterature.

29. 法国国民教育、青年和体育部：https://eduscol.education.fr.

30. 法国里昂"星际生物"科幻节：https://intergalactiques.net/.

31. 法国万喜高速公路集团：https://www.vinci-autoroutes.com/fr/.

32. 法国麦当劳：https://www.mcdonalds.fr/en-famille.

33. 法国文学新闻网（Actualitté）：https://actualitte.com.

34. 法国国家图书馆：https://www.bnf.fr/fr/centre-d-aide.

35. 法国"文化通行证"手机应用软件：https://pass.culture.fr/.

36. 法国新阿基坦大区政府：https://www.culture-nouvelle-aquitaine.fr.

37. 法国"艺术图书馆"：https://www.lesartotheques.com/.

38. 法国卫生部：https://solidarites-sante.gouv.fr/.

39. 法国南特大学医院中心：https://www.chu-nantes.fr.

40. 法国 CGOS 医疗网站：https://crh.cgos.info/.

（作者单位：中国新闻出版研究院、北京外国语大学）

西班牙全民阅读工作开展情况

刘莹晨　张沁遥

一、绪　论

2019年以来，西班牙14岁以上阅读者比例已连续三年超过95%，2020年面对新冠感染疫情肆虐，长时间封控居家的情况，全年经常阅读人群比例从2019年的50%上升至57%，居家过程中民众对于图书阅读的需求快速提升，阅读对于居家期间的各方面压力起到了缓解作用。同时，面对疫情带来的全国性居家和隔离，西班牙网络销售渠道以及数字阅读得到了快速发展，2020年西班牙民众通过网络购买图书的比例大幅增加，隔离期间，西班牙民众人均阅读3.9本图书，其中每3本图书中有1本电子书。

西班牙加泰罗尼亚圣乔治节作为世界读书日的源起，对于图书的传统可以追溯至20世纪20年代，圣乔治节期间，加泰罗尼亚地区的男女通过互赠玫瑰和图书来表达爱意，其民众对于图书阅读的喜爱由来已久。进入21世纪以来，西班牙的阅读推广活动，特别是青少年阅读进入了快速发展的时期，全国阅读推广计划于2001年正式实施，关于阅读推广活动的专项法案《阅读、图书和图书馆法案》于2007年正式通过实施，其中将青少年阅读以及教育中阅读习惯培养、图书馆在阅读中的作用等作为重点，在法案中做出了明确规定，并在阅读计划中持续提出。西班牙的阅读推广活动，逐渐形成了以政府为主导，教育机构、学校、图书馆、社会组织等多方参与的合作共同体。

二、西班牙阅读调查情况

西班牙国民阅读调查情况以西班牙出版商联合会发布的《西班牙国民阅读习惯与图书消费报告》为最主要发布来源，该报告发的数据全面展示西班牙各年龄阶段、不同性别、不同受教育程度人群的阅读习惯，针对不同阅读内容，包含图书、杂志、新闻、社交媒体等阅读情况，并且全面反映西班牙民众对数字阅读的接受度和习惯度。同时，西班牙全国阅读推广计划依据此报告发布的调查分析情况，确定其下一阶段阅读计划目标、重点方案。

（一）国民阅读调查情况

《西班牙国民阅读习惯与图书消费报告》（*Hábitos de Lectura y Compra de Libros en España*）于2000年起由西班牙出版商联合会（Federación de Gremios de Editores de España，FGEE）与原西班牙文化部图书、阅读与图书馆总局（Dirección General del Libro, Archivos y Bibliotecas del Ministerio de Cultura）联合发布。调查人群为10岁以上的西班牙公民，主要通过抽样电话访谈形式，对经常阅读和偶尔阅读人群占比、图书购买数量、阅读时间、新型阅读习惯、儿童阅读情况等指标进行持续的数据监测，对西班牙全民阅读情况做出整体呈现，深入研究阅读在西班牙社会中发挥的作用及其演变历程。该报告于2000年开始发布，曾于2012—2016年中断，后在2017年重新恢复。《西班牙国民阅读习惯与图书消费报告2021》调查于2021年11—12月进行，调查对象为西班牙17个自治区5011位公民（见表1）。

表1 2021年调查对象情况

自治区	参与调查人数	占比
安达卢西亚	538	10.74%
阿拉贡	232	4.63%
阿斯图里亚斯	219	4.37%

续表

自治区	参与调查人数	占比
巴利阿里群岛	225	4.49%
加那利群岛	268	5.35%
坎塔布利亚	200	3.99%
卡斯蒂利亚—莱昂	278	5.55%
卡斯蒂利亚—拉曼恰	263	5.25%
加泰罗尼亚	516	10.30%
埃斯特雷马杜拉	221	4.41%
加利西亚	291	5.81%
马德里	463	9.24%
穆尔西亚	240	4.79%
纳瓦拉	203	4.05%
瓦伦西亚	392	7.82%
拉里奥哈	272	5.43%
巴斯克	190	3.79%
合计	5011	

资料来源：2021年西班牙国民阅读习惯与图书消费报告

2021年西班牙国民阅读习惯与图书消费报告显示，14岁以上的阅读者总比例达到95.4%，相较2019年（95.5%）和2020年（95.7%）有所下降，主要阅读种类为新闻（71.6%）和图书（67.9%）。其中，阅读图书的人群较历年数据有所下降，在此之中，利用闲暇时间读书，保持着良好的阅读习惯等人群占比64.4%，较往年有所上升，出于工作和学习原因阅读的人群占比21.2%。此外，杂志、新闻、短讯、论坛等领域的阅读者占比有所下降，漫画和社交网络讯息的阅读量较2020年基本持平，保持在50%左右。

报告显示，每周都进行阅读的人群为经常阅读人群①。2021年经常阅读书籍的人群与2020年保持一致（52.7%）；偶尔阅读人群占11.7%，无阅读人群占35.6%。

良好的阅读习惯与年龄、性别、教育水平、地区等因素均相关。在利用闲暇时间读书的人群中，女性读者比例（69.6%）超出男性（59%），且在各年龄段的调查中均保持优势；14—24岁（74.8%）和学历达到大学（82.1%）的人群为阅读习惯最好的人群。就各地区而言，大多数大区阅读人群均较2020年有所上升，马德里（73.5%）、巴斯克（68.2%）、纳瓦拉（68.1%）、加泰罗尼亚（68.0%）、拉里奥哈（66.7%）、阿拉贡（64.9%）等五个大区位居前五。

就阅读内容而言，77%的读者表示最近读的书为文学类图书，而其中小说故事类占比达到91.5%。经常及偶尔进行双语及多语阅读人群达到43.7%，其中主要的阅读语言为西班牙语（99.9%）、英语（20.7%）和加泰罗尼亚语（20.2%）。

2014年以来，信息技术的发展变革逐渐改变西班牙国民的阅读习惯。2021年数字阅读人群占比达到82.4%，为历年最高。其中，新闻类（77.9%）、图书类（43.3%）、杂志类（22.4%）、漫画类（24.8%）为主要的线上阅读内容。从阅读人群看，低于55岁的高学历人群为线上阅读主要用户。2019年以来，手机成为西班牙国民数字阅读的最主要设备，占比达71.3%，其次为包括电脑、平板电脑、阅读器等。免费下载是西班牙国民阅读数字图书的最主要获取方式（60.3%）。

当前，利用闲暇时间读书的人群中，大多数人兼用纸质书和电子书两种形式，仅仅阅读纸质书人群占比为37.2%，而仅阅读电子书人群占比为8.2%。

此外，2021年有声书用户人群显著上升，在近五年中首次超过了5%。

---

① 根据《西班牙国民阅读习惯与图书消费报告》中阅读频率的分级，共分为：每天或几乎每天阅读、每周阅读一到两次、每月至少阅读一次、至少每三个月读一次、几乎从不阅读、从不阅读等6个等级。

目前仍有 45.4% 的人群尚未尝试过这种媒介。

2021 年图书购买人群占比较 2020 年（64.2%）略有下降（63.1%），其中非文字类图书的购买人群占比稳定上升，达到 52.3%，未购买图书人群占比为 36.9%。其中大多数图书购买者为大学生；大多数人购买册数为 1—5 本。就地区而言，图书购买人群占比前五的大区分别为马德里、巴斯克、拉里奥哈、巴利阿里、卡斯蒂利亚-莱昂。主要购买图书途径仍然为书店，其次为互联网。种类上，文学类图书的购买占比达到了 65.2%。

就对于阅读的认知而言，大多数人展现出积极的态度，对"阅读是一项动人而有助益的活动"（84.2%）、"阅读有助于认识周遭世界"（83.4%）、"阅读有助于包容开放"（82.2%）表示赞同。大多数人的阅读兴趣培养于 16 岁之前。关于阅读媒介，58% 的人认为将来纸质书和电子书将共存，36.2% 的人认为电子书将成为主要形式。

就不阅读人群而言，缺乏时间（49.8%）、缺乏兴趣（25.1%）、有其他娱乐活动（24.9%）是缺乏阅读量的三个主要原因。

2021 年图书馆访问的人群占比有所回升，达到 25.3%。但仍没有恢复到 2019 年疫情前的水平（32%）。西班牙图书馆的整体评分达到 8.2（满分 10 分）。受访者中，66.9% 人群访问图书馆是为了借阅图书，以及 25.4% 人群为了学习。

（二）西班牙疫情居家隔离期间图书与阅读的作用

2020 年 7 月，西班牙疫情居家隔离期间图书与阅读的作用报告由西班牙出版商协会联合会（FGEE）发布。该报告主要利用抽样电话访谈形式，于 2020 年 6 月期间对 1200 个样本进行调查。2020 年，面对新冠感染疫情，西班牙政府从 3 月 15 日起开始实施国家级的封锁措施，直至 6 月逐渐解封。调查显示，疫情隔离期间，西班牙人的阅读习惯有所改善，经常读书人群占比有所增加，达到 57%，疫情前为 52%。其中，女性和低于 35 岁的年轻人群占主要比例。纸质书（83%）相较于数字阅读（38%）仍然为主要形式。数字阅读中，阅读器使用频率大幅增加，电脑、手机的使用均有减少。在疫情隔离期间，人均阅读图书数量为 3.9 册，每 3 本书中有 1 本为电子书。

在隔离期间，7—13 岁人群阅读量减少，经常阅读人群占比由 86% 降到 77%；而 6 岁以下幼儿阅读量增加，由 84% 增加到 88%。

隔离期间，人们购买图书的渠道发生了明显的改变，70% 人群选择优先阅读家中现有的图书；在购买图书的人群中，72% 的人群通过互联网购买图书，这一比例较 2019 年经常通过互联网购买图书的人群的比例大幅增长，其中有 30% 的人表示在新常态下，通过互联网购书的频率将继续增加。

阅读在疫情期间对人们的精神滋养发挥了重要作用。有 82% 的人认为读书帮助自己更好地度过隔离期；同样在 14 岁以下儿童群体中有 72% 从中受益。深究其中，人们认为读书使人快乐，带来片刻宁静以及积极的情绪。74% 的人在疫情期间享受阅读，70% 的人借由阅读避免外界纷扰，其他作用还包括克服无聊情绪、形成良好阅读习惯、减轻压力等。

（三）青少年阅读调查情况

《2021 年西班牙国民阅读习惯与图书消费报告》数据显示，2021 年，幼儿阅读愈发普遍化。6 岁以下幼儿的家庭阅读占比达到 75.9%，每周阅读时间显著上升，达到 3 小时 23 分钟，而 6—9 岁儿童阅读时间为 3 小时 8 分钟。

在青少年中，经常阅读人群和年阅读图书数量随着年龄增长有所下降，10—14 岁中占比为 77.5%，平均阅读 12.6 册；而 15—18 岁则为 64.9%，平均阅读 12.5 册；而 18 岁以上，经常阅读人群占比为 52.4%，平均阅读 10.2 册。除了图书外，10—14 岁人群还阅读漫画（37.1%）、15—18 岁人群则大量浏览网络论坛（80.5%）。数字阅读在青少年中大量普及。在 15—18 岁人群中，有 91.8% 经常进行线上阅读，而大多数都在浏览网页和社交平台，只有 18.4% 阅读数字图书，相较之前有所下降。

（四）老年人阅读调查情况

根据 2021 年西班牙国民阅读习惯与图书消费报告，西班牙老年人（65 岁以上）阅读者占比达到 87%。其中主要阅读类型分别为报纸（65.3%）、图书（50.1%）、杂志（35.3%）、网络论坛（22.7%）、社交网络平台（20.2%）；

50.1% 的老年人利用闲暇时间进行阅读，女性占 50.6%，男性占 49.4%；42.6% 的老年人属于经常阅读人群。

2021 年，有 9.4% 的老年人进行了图书购买活动，其余阅读图书以已持有图书为主。老年人相较其他人群仍对数字阅读较为陌生。其中习惯通过数字阅读人群占比仅为 46.6%。此外，约有 2.7% 的老年人会收听有声书。

三、推动全民阅读工作的主要机构和政策环境

西班牙政府非常重视阅读推广活动，2007 年通过了《阅读、图书和图书馆法案》，对涉及促进阅读相关事项做出明确规定，建立了强有力的政策保证，同时以西班牙文化和体育部和教育部统领全国，各地区政府部门结合自身特点及资源协调配合，各类组织、基金会、高校、图书馆、文化服务机构协同参与，为西班牙的国民阅读促进和推广活动的丰富奠定了基础，形成了多种合作推广方式。

（一）政府部门

1. 西班牙文化和体育部（Ministerio de Cultura y Deporte）

西班牙文化和体育部主要负责提出和执行关于促进、保护和传播西班牙历史遗产、国家博物馆和艺术、书籍、阅读和文学创作、电影和音像制品等方面的政策。该部门起源于 20 世纪 70 年代民主过渡时期管理所有文化相关领域的文化福祉部（Ministerio de Cultura y Bienestar），90 年代末阿斯纳尔政府（Aznar）时期与教育部合并，改革为文化、体育和教育部（Ministerio de Educación, Cultura y Deporte）。2004 年萨帕特罗政府（Zapatero）上任后独立为单独的文化部（Ministerio de Cultura），到 2011 年拉霍伊政府（Rajoy）上任后再度与教育部合并。2018 年起，该部门分立为文化和体育部、教育和职业训练部（Ministerio de Educación y Formación Profesional）、科技创新和大学部（Ministerio de Ciencia, Innovación y Universidades）。

国家促进阅读奖（Premio Nacional al Fomento de la Lectura）由西班牙文

化和体育部主管，自 1994 年开始颁发，旨在奖励对于阅读促进方面有杰出贡献的自然人和法人等。评委会由包括西班牙文化和体育部、西班牙记者协会联合会（Federación de Asociaciones de Periodistas de España，FAPE）、西班牙广播电视协会联合会（Federación de Asociaciones de Radio y Televisión de España）、西班牙文化杂志出版商协会（Asociación de Editores de Revistas Culturales de España，ARCE）、西班牙出版商协会联合会（Federación de Gremios de Editores de España，FGEE）、西班牙图书委员会联合会（Confederación Española de Gremios y Asociaciones de Libreros，CEGAL）、西班牙作家协会（Asociación Colegial de Escritores de España，ACE）等各方进行提名组成。

2022 年的国家促进阅读奖获奖者为捕风者会（Windcatcher Association）和《西方》杂志（*Revista de Occidente*）。捕风者会是一个致力于阅读推广的组织，通过多方合作运营了多个鼓励青少年阅读写作的项目，同时促进农村地区的阅读普及；《西方》杂志历史悠久并繁荣发展至今，始终关注时代问题，杂志即将迎来其百年诞辰，预计将举办一次关于西班牙和伊比利亚美洲文化的盛大纪念活动（见表2）。

表2 2010—2022 年国家促进阅读奖获奖情况

年度	获奖者	
2022	捕风者会（La Asociación Atrapavientos）	《西方》杂志（*la Revista de Occidente*）
2021	给工厂的书计划（Los libros，a las fábricas）	《海岸》杂志（*la revista Litoral*）
2020	新闻阅读促进工坊项目（Talleres de fomento de la lectura de prensa en la escuela）	《鹿》杂志（*la revista El Ciervo*）
2019	书间协会（la Asociación Entrelibros）	西班牙国家广播电台（*Radio Nacional de España*）
2018	书之药房协会（la Botica del Libro）	《陀螺》杂志（*La revista Peonza*）
2017	文化教室项目（Aula de Cultura）	《大象巴巴》杂志（*La revista Babar*）

续表

年度	获奖者	
2016	安娜·塔拉巴纳博客 （El blog Ana Tarambana）	火药阴谋联盟 （La conspiración de la pólvora）
2015	阿隆索·吉哈诺基金会 （La Fundación Alonso Quijano）	《邮报》增刊《文化领域》 （EL suplemento Territorios de la Cultura del diario 'El Correo'）
2014	卡塔赫纳市 Mandarache 项目 （El 'Proyecto Mandarache' de la ciudad de Cartagena）	西班牙版《自由文字》杂志 （la edición española de la revista 'Letras Libres'）
2013	移动图书馆专业协会 （La Asociación de Profesionales de Bibliotecas Móviles）	《先锋报》增刊《文化》版 （Cultura/s', el suplemento cultural del diario 'La Vanguardia'）
2012	西班牙电视台 2 台 （Página 2, de TVE）	西班牙出版商协会联盟（la Federación de Gremios de Editores de España）
2011	蓝站项目（Programa La Estación Azul）	消除沟通障碍基金会 （la Fundación CNSE para la Supresión de las Barreras de Comunicación）
2010	书籍历史项目 （Programa "Historias de Papel"）	塞维利亚书展协会 （Asociación Feria del Libro de Sevilla）

资料来源：西班牙文化与体育部

2. 西班牙图书和阅读推广总局

西班牙图书和阅读推广总局（Dirección General del Libro y Fomento de la Lectura）及西班牙图书、阅读和文学推广总分局（La Subdirección General de Promoción del Libro, la Lectura y las Letras Españolas）作为西班牙文化和体育部分支机构，主要包括负责西班牙文学的国内和国际推广和传播；通过宣传活动促进阅读；通过帮助出版和参与国家和国际博览会和展览来推广图书；与出版业和整个图书业有关的研究和行动建议；促进文学创作和翻译的促进和资助等[1]。总局通过分局行使职能。西班牙全国阅读推广计划（El Plan de Fomento de Lectura）自 2001 年起，由该部门正式启动牵头实施。计划从认识了解西班牙阅读现状出发，关注并促进图书馆和学校等文化教育领域的阅读活动开展，进而以家庭为推进阅读的主要领域，并加强对图书相关行业的支持。目前，该计划已开展四期。

第一期阅读推广计划开展于 2001 年至 2004 年，口号为"阅读为你增益"（Leer te da más），旨在培养和提高全社会阅读习惯。计划包含文化和教育两个方面，围绕以下重点展开：阅读、图书馆及书店现状相关分析工具；教育机构中的阅读推广计划；加强公共图书馆建设的计划；狭义上的促进阅读的宣传活动。

第二期阅读推广发展计划于 2004 年至 2007 年开展，口号为"你阅读，大家都阅读"（Si tú lees, ell@s leen），旨在推动全民阅读，着重强调家庭在培养阅读习惯中的重要作用。包括以下主要纲领：加强教育机构中的阅读习惯培养；加强公共图书馆建设；图书馆捐赠计划；宣传活动与阅读促进活动；与其他机构的合作。

第三期阅读推广发展计划于 2017 年至 2020 年开展，口号为"阅读赋予生命更多意义"（Leer da vidas extra），旨在推动提升年轻人、阅读率较低的人群以及有阅读困难的人群的阅读需求。同时该阶段提出 6 点纲领：加强阅读习惯；在教育领域推广阅读；加强图书馆在阅读中的作用；加强图书业发展；强化对知识产权的尊重；改善现有分析工具。

最新的阅读推广发展计划于 2021 年至 2024 年开展，口号为"无限阅读"（Lectura infinita），旨在利用全新传媒手段以及社交网络等新型数字文化产业所带来的机遇，打破阅读上的结构性差异，使之成为真正的习惯。此外，还提出以西班牙 6 种官方语言[2]进行阅读推广。本计划提出了 12 个现有挑战

---

[1] https://www.culturaydeporte.gob.es/cultura/libro/informacion-general/gestion-en-el-ministerio.html.

[2] 西班牙六种官方语言指卡斯蒂利亚语、加泰罗尼亚语、瓦伦西亚语、加利西亚语、巴斯克语和阿兰语。

及相关应对策略，主要包含 10 个要点：阅读契约；阅读新理念；积极利用现有读者；阅读从创造开始；联合各领域组织和企业的力量；阅读无国界；阅读研究机构；致力创新；扩展阅读领域；可持续发展与阅读。

促进阅读与西语文学补贴金（Subvenciones para la promoción de la lecturay las letras españolas）由西班牙文化和体育部下属图书和阅读推广总局主管，依据 2010 年通过的 CUL/2912/2010 政令，每年一度对各个不属于公共部门的私人基金会、协会和非政府组织（非营利组织）、西班牙国内私企、地方政府开展促进阅读及西语文学活动提供补助。[①] 其宗旨为促进公众阅读，提高儿童及青少年的阅读质量，纪念重要的创作者，开展相关研讨会等以策划提升阅读质量，提高阅读机会平等程度等。2021 年，该计划向 88 个基金会、协会和非政府组织提供了总计 100 万欧元的补助金。2020 年，总计约 99 万欧元被发放至 101 个项目。

2022 年预计将提供 360 万欧元补贴，其中计划给予非营利机构的补贴金额最高可达 125.8 万欧元，给予私企 100 万欧元，给予地方政府 140 万欧元。相关的主要评估标准为：在各种公众领域有效地促进阅读和西班牙语文学传播（50 分）；预算合理，与项目紧密关联（10 分）；在传播范围、媒介方面有独创性（5 分）；促进儿童和青少年、特殊关怀群体（老年人、性别暴力受害女性、经济弱势群体、残疾人、移民等）的阅读活动，并在相关群体之间产生良好协同关系（20 分）；影响范围超过三个自治大区（15 分）。此外，促进国内各民族语言交流等条件也会被考虑在内。根据最终打分确定补贴金额，补贴金额最高不得超过项目总花费的 80%。

该补贴资金与全国阅读推广计划相辅相成，共同为阅读相关行业各方提供有利的援助体系，帮助其利用自身技能和资源为阅读促进作出贡献。

3. 阅读和图书观察站

阅读和图书观察站（El Observatorio de la Lectura y el Libro）为西班牙文化和体育部下属机构，由西班牙图书、阅读和文学推广总局管理。该机构的

---

① https://www.culturaydeporte.gob.es/actualidad/2022/06/ayudas-promocion-lectura.html

设立旨在通过对图书领域发展变化及阅读的影响进行持续监测，对图书馆系统提出分析和改进建议，从而发展西班牙图书行业、发掘西班牙语语言的丰富性和多样性以及提升其全球影响力。

该机构主要职能包括对图书、阅读和图书馆信息情况进行长期的搜集和分析；收集分析所有图书、阅读和图书馆相关公私各方采取的措施行动；制定阅读习惯、书籍和图书馆的相关改善建议；与其他欧洲国家和拉丁美洲国家同等组织展开合作；编写西班牙阅读、图书和图书馆领域的年度报告等。[1]

该机构主席由文化和体育部部长担任，副主席为图书馆联盟会（Consejo de Cooperacion Bibliotecaria）会长；机构成员由文化部、教育和职业训练部（Ministerio de Educación y Formación Profesional）、工业、旅游和贸易部（Ministerio de Industria, Turismo y Comercio）等政府部门及其下属机构，西班牙出版商联合会、西班牙书商协会、西班牙儿童图书组织等涉及出版商、书商、版权、杂志、图书馆等多领域的社会组织的专家组成，成员数量最多不超过28名。其运转通过一个全体会议、技术委员会和三个相关工作组完成。全会由所有成员参与，负责通过阅读促进相关框架内的年度计划；审阅批准内部运作规则；审阅批准年度报告；制定总决策，并批准技术委员会提出的研究、报告、行动方针和建议。技术委员会由图书推广总局的一名代表担任主席，其他成员为来自教育和职业培训部、工商旅游部、图书行业协会的代表和阅读、图书和图书馆相关领域的专家，主要向全会提出相关建议以供讨论，制定站内内部运作条例，并提交全体会议批准。三个工作小组涵盖阅读、电子书和图书业及书店三个方面。工作组的设立、组成和职能履行由全会根据技术委员会的建议决定。

（二）区域性政府部门

加泰罗尼亚文化促进与图书馆总局（Direcció General de Promoció Cultural

---

[1] https://www.culturaydeporte.gob.es/cultura/libro/observatorio-de-la-lectura-y-el-libro/funciones-composicion.html.

i Biblioteques），隶属于加泰罗尼亚议会文化部。其职能包括制定促进文化、与其他公共部门的合作等方面的政策，特别是与表演艺术、音乐、视觉艺术和书籍等领域。根据1994年3月18日关于加泰罗尼亚图书馆系统的第4/1993号法律规定，该机构可制定推动图书馆领域的公共政策以及开展阅读促进活动等。[1] 该机构目前已开展的阅读促进活动包括：图书馆中的加泰罗尼亚经典，至今已开展七年，旨在突出加泰罗尼亚语文学作品的价值，在公共图书馆开展相关阅读活动；图书馆欢迎计划，主要针对移民难民社区的社会融合项目，旨在提高公众对公共图书馆及其服务的认识，鼓励阅读习惯，增加学习兴趣，以及通过公共图书馆增加与当地社区的联系；圣乔治日活动，在每年圣乔治节，由图书馆为人们提供阅读文化活动。

巴斯克文化语言政策部（Departamento de Cultura y Política Lingüística）隶属于巴斯克地区议会，据其2019—2022年文化领域工作计划，其职能包含通过制定和执行促进阅读计划以传播巴斯克地区文化；继续完善巴斯克公共图书阅读网络和数字图书馆项目eLiburutegia，为其提供相关补贴[2]。

（三）相关行业协会

1. 西班牙出版商协会联合会（Federación de Gremios de Editores de España, FGEE）

西班牙出版商协会联合会成立于1978年，代表和捍卫西班牙出版业的普遍利益。主要目标包括推动西班牙出版商参与国际书展、促进西班牙语书籍在自由贸易区的推广等[3]。其职能和活动涵盖同西班牙图书行业对外贸易和宣传、维护作者和出版商的权益、促进阅读推广、研究和促进国内图书贸易发展、为国内出版商提供相关信息服务等。在文化和体育部支持下，西班牙出

---

[1] https://cultura.gencat.cat/ca/departament/estructura_i_adreces/organismes/dgpcc/direccio_general/dades_generals_de_la_direccio_general/.

[2] https://www.euskadi.eus/contenidos/plan_departamental/50_plandep_xileg/es_def/plan%20de%20cultura%202019-2022.pdf.

[3] https://www.federacioneditores.org/quienes-somos.php.

版商协会每年发布《阅读习惯及图书消费晴雨表》（*Barómetro de Lectura y Compra de Libros en España*），通过抽样收集各类数据，统计在过去一年西班牙读者的阅读习惯、图书消费状况等，为阅读推广计划的实行提供现实基础。在支持阅读方面，联合会与文化和体育部等公共和私人机构和团体长期合作，实施阅读促进计划。多年来，西班牙出版商协会联合会会颁发各种奖项，以表彰和鼓励新闻界人士在促进西班牙阅读方面所做的工作。

每年，西班牙出版商协会联合会举办 LIBER 书展。该书展为西班牙举办的国际性书展，在巴塞罗那和马德里之间交替举办，每年在书展上会对促进阅读和出版业的人士等颁发奖项，代表了相关行业认可。2022 年 LIBER 书展荣誉邀请国为哥伦比亚。

2. 西班牙图书委员会联合会

西班牙图书委员会联合会（Confederación Española de Gremios y Asociaciones de Libreros）成立于 1978 年民主过渡时期，主要代表书商利益，维护图书贸易秩序，为中小书商提供行业支持，维护和促进文化多样性[①]。每年举办全国书商大会，促进行业交流。在阅读推广方面，西班牙图书委员会联合会通过书籍咨询平台项目"你的书库"（Todostuslibros）、推荐平台"书店推荐"（Las librerías recomiendan）、儿童及青少年阅读促进项目"基里科组"（Grupo Kirico）等平台开展相关活动。

"你的书库"项目主要提供书目咨询、公众互动、文化传播和图书行业贸易方面的服务，基于联合会成员书店和各个分销商提供的信息，每日或实时更新各个书店书目的集中信息、对比书目信息、销售数据等，方便读者查询相关购买信息。

"书店推荐"项目为文学推荐平台，由各个独立书商选择书籍并撰写文学评论进行推荐。旨在加强独立书商专业化、提升知名度、传播文化、提供独立文化内容等。该平台可以与"你的书库"平台交互使用。

"基里科组"项目为儿童与青少年书籍相关项目，由近百家西班牙独立

---

① https://www.cegal.es/quienes-somos/

书店参与，通过选择优秀书目为青少年儿童读者提供阅读建议并开展相关活动，且协助家庭图书馆的建立。该项目隶属于"书店推荐"，曾获得2008年国家促进阅读奖。每年会颁发基里科奖，授予促进儿童发现阅读乐趣、同时结合了卓越的叙事、视觉和编辑技巧的图书。

3. 西班牙儿童图书组织（Organización Española para el Libro Infantil y Juvenil, OEPLI）

西班牙儿童和青少年图书组织是国际青少年图书委员会（International Board on Books for young people）的西班牙分部，创建于1982年，承接了原来的国家儿童读物协会（la Comisión de Literatura Infantil del INLE）的职能[1]。该组织为非营利机构，负责开展和协调与儿童图书、儿童阅读相关的各类活动。起初活动范围仅限于马德里和加泰罗尼亚地区，后逐渐拓宽至全国各地。如今该组织由四个部分组成：儿童和青少年图书总理事会、加泰罗尼亚儿童和青少年图书委员会、加利西亚儿童和青少年图书委员会和巴斯克儿童和青少年图书委员会。

该组织主要职能包含：捍卫、促进和协调内部成员利益；收集、推广、规划和执行与推动传播西班牙青少年儿童书籍及促进青少年儿童阅读相关的项目、倡议和活动；向对此感兴趣或符合目标的实体或个人、行政机构和专业部门提供顾问建议和展开全面合作；代表国际青少年图书委员会在西班牙履行职能；与公共或私人机构签订合作协议等。

小癞子奖（Premio Lazarrillo），于1958年创办，自1986年由西班牙儿童和青少年图书组织主管并负责评审，旨在促进儿童和青少年书籍创作，包含插画和文学两部分，每个奖项金额为6000欧元。2021年小癞子奖文学奖有113件作品入围，最终文学奖授予莱迪希亚·科斯塔斯的《机械兔》，该作品细腻地处理了青少年性别和赌博问题，具有较强的时代反思性；插画奖授予维克托·西梅诺·贝尔蒙的《而你，看到的它是什么颜色？》（见表3）。

---

[1] https://www.oepli.org/Dia-Internacional-Libro-Infantil.

表3 2010—2021年获奖情况

年度	文学奖 作者	文学奖 作品	插画奖 作者	插画奖 作品
2021	莱迪希亚·科斯塔斯（Ledicia Costas）	机械兔（*A lebre mecánica*）	维克托·西梅诺·贝尔蒙（Víctor Jimeno Bellmont）	而你，看到的它是什么颜色？（*Y tú, de qué color lo ves?*）
2020	大卫埃尔南德斯塞维利亚诺（David Hernández Sevillano）	词语盒（*Cajapalabra*）	费德里科·德里卡多（Federico Delicado）	根茎（*Rizoma*）
2019	乔迪·塞拉·伊·法布拉（Jordi Sierra i Fabra）	就像雨中的眼泪（*Como lágrimas en la lluvia*）	卡门·洛佩斯（Carmen López）	幽灵女孩（*Una niña fantasma*）
2018	安德里亚·马赛拉斯（Andrea Maceiras）	俄罗斯（*Rusgalia*）	维哥尼亚·奥罗和帕洛玛科拉尔（Begoña Oro y Paloma Corral）	红色火焰（*Un fuego rojo*）
2017	（并列）莱迪希亚·科斯塔斯（Ledicia Costas）拉法埃禾·萨尔梅隆（Rafael Salmerón）	两个独角兽之歌（*A balada dos unicornios*）；不要动，蜘蛛（*No te muevas, Musaraña*）	爱娃·帕洛玛（Eva Palomar）	欢迎，卢佩（*Bienvenida, Lupe*）
2016	卡列斯·卡诺（Carles Cano）	阿尔维的秘密（*El secret de l'avi*）	吉克·伊巴涅斯和安娜·刚萨雷斯（Kike Ibáñez y Ana González）	色彩街（*Barrios de colores*）

续表

年度	文学奖 作者	文学奖 作品	插画奖 作者	插画奖 作品
2015	莱迪希亚·科斯塔斯（Ledicia Costas）	朱尔斯·凡尔纳进入磨机厂房的秘密生活（*Jules Verne e a vida secreta das mulleres planta*）	马伊特·古路哈加和爱兰·阿希莱（Maite Gurrutxaga y Alaine Agirre）	马丁（*Martín*）
2014	玛利亚·索拉尔（María Solar）	我最喜欢的噩梦（*O meu pesadelo favorito*）	玛尔塔·努涅斯·普尔托和马伊特·穆图贝利亚·拉蜡约斯（Marta Nuñez Puerto y Maite Mutuberria Larrayoz）	鹳之国（*El país donde habitan las cigüeñas*）
2013	马内尔·巴拉特·皮克（Manel Ballart Piqué）	月光下的你（*Te llenaran de lunas*）	巴布洛·阿尔伯和伊拉特·洛佩斯德·穆南（Pablo Albo e Iratxe López de Munáin）	世界上最高的女人（*La mujer más alta del mundo*）
2012	迭戈·埃尔伯莱达（Diego Arboleda）	禁止阅读刘易斯·卡罗尔（*Prohibido leer a Lewis Carroll*）	拉蒙·特里格（Ramón Trigo）	利维坦（*Leviatán*）
2011	何塞·安东尼奥·拉美雷斯·罗萨诺（José Antonio Ramírez Lozano）	猫之语（*Lengua de gato*）	安赫拉·卡布雷拉和玛格丽塔·德·玛索（Ángela Cabrera y Margarita del Mazo）	哈梅林的吹笛者（*El flautista de Hamelín*）

续表

年度	文学奖		插画奖	
	作者	作品	作者	作品
2010	皮拉尔·罗萨诺·卡尔巴约和亚历山德罗·罗德里格斯普纳尔（Pilar Lozano Carbayo y Alejandro Rodríguez Puñal）	马可·波罗从不孤独（*Marco Polo no fue solo*）	（并列）恩里克·弗洛雷斯（Enrique Flores）；祝索特（Lluïstot）	斑点（Parchís）；老水手的梦想（*El sueño del viejo marinero*）

资料来源：https://www.oepli.org/Premio-Lazarillo

（四）其他机构

安纳斯塔西奥·德·格拉西亚基金会，2021年国家促进阅读奖获得者。自2014年开始策划组织项目"给工厂的书"（"Los libros, a las fábricas"），为从汽车、建筑、钢铁各个行业的工人组织读书会、购买书籍、邀请作家开展讲座等，自2014年以来，共有来自58家工厂的5800名工人从该计划中受益。

马德里新闻协会（Asociación de la Prensa de Madrid）和凯克萨基金会（Fundación la Caixa），2020年国家促进阅读奖获得者。在多个学校发起学校新闻工作坊，十多年来影响了近20000名马德里学生，帮助其养成了阅读和阅读的习惯和创新批判精神。

西班牙国家广播电台（Radio Nacional de España），2019年国家促进阅读奖获得者，西班牙的国家公共服务广播电台，创建于1937年，在全国具有重大文化影响力，多年来在多档节目中传达了激励青少年儿童阅读的信息。

书间协会（Asociación Entrelibros），2019年国家促进阅读奖获得者，在医院、监狱、流浪者收容所等多个地方开展志愿工作，组织阅读活动。

(五)阅读推广政策环境

西班牙政府高度重视阅读习惯养成和阅读活动推广,尤其是图书对阅读活动的重要作用,于 2007 年 6 月 22 日首次颁布《阅读、图书和图书馆法》(*Ley de la lectura, del libro y de las bibliotecas*)。该法律于 2014 年对第四节第八条第二款进行第一次修订,明确西班牙的 ISBN 体系由西班牙 ISBN 协会管理。自 2010 年起,ISBN 协会从由文化部下属改为由西班牙出版商协会管理;2015 年,西班牙出版商协会与国际 ISBN 协会签订协议,自此 ISBN 所有权和管理权都归属于西班牙出版商协会。

2021 年 10 月,该法案再次进行修改,对其立法宗旨及适用范围进行补充,明确规定"图书与文化是基本产品和基本必需品",提出需要长期组织并开展阅读促进活动以及推动公共图书馆体系建设等内容。

该法案分别对促进阅读活动,促进作者与图书产业发展,图书产业相关法律制度,图书馆发展等与阅读活动相关的多个环节进行了明确规定。同时对西班牙青少年以及特殊人群的阅读活动也提供了重要保障。法案在第二章对阅读推广进行了详述,条款明确:阅读是社会生活的基本工具;明确由西班牙文化和体育部周期性制定和更新阅读推广计划,经政府批准并给予适当预算拨款,同时确保阅读推广的连续性,从而不断提升西班牙民众的阅读习惯;政府将推动各部门,特别是文化和教育部门间的合作,开展阅读推广活动,政府阅读推广计划确立总目标,各自治区协同一致,同时推动地方实体、其他公有或私有机构和实体的合作;政府支持图书馆,特别是公共图书馆、学校图书馆和大学图书馆向所在地区民众开放;阅读推广计划需考虑各类人群,特别是青少年和残障人士等特殊人群的阅读促进;同时明确对阅读推广计划和阅读活动的监督和评估。

四、西班牙阅读活动开展情况

西班牙的阅读推广活动从国家、各区域、不同人群等多个维度和角度持续开展,以全国阅读推广计划为纲领,围绕阶段性主题持续性开展,同时参与主体丰富，涵盖政府部门、各类协会、图书馆、高校、基金会等。

（一）全国性阅读推广活动

1. 马德里书展（Feria del Libro de Madrid）

马德里书展是西班牙重要的全国性文化活动，也是重要的国际书展，每年在五六月交替之时举行，至今已近80年，书展活动由起初局限于马德里举办活动，逐渐发展成为全国性活动，书展期间全国自治区和主要城市均同期举办各种活动。第一届马德里书展作为塞万提斯周活动的一部分于1933年4月23日在雷科莱托斯大道（Paseo de Recoletos）举办，内战时期一度停止；直至1944年重新恢复，并更名为国家书展（Feria Nacional del Libro）；自1976年以来至今，书展一直在马德里丽池公园举行；1982年，正式更名为马德里书展。因马德里书展期间举办的各种阅读推广和促进活动，如促进家庭广泛参与阅读、推动各阶段人群积极参与阅读活动、促进图书购买等，对西班牙全民阅读作出了积极贡献，2003年，马德里书展获得了由西班牙文化和体育部颁发的国家促进阅读奖。

2022年马德里书展由马德里书商协会（Asociación de Librerías de Madrid）、马德里出版协会（Asociación de Editores de Madrid）、国家出版商分销商协会（Federación de Asociaciones Nacionales de Distribuidores de Ediciones）、西班牙出版商协会合作举办。主宾国为哥伦比亚。共有378个展位，423家参展商，其中马德里出版社有167家，其他省出版社有109家，分销商有14家，官方机构23家，综合书店47家，专门书店50家。分设文化活动展厅（Pabellón CaixaBank de Actividades Culturales）、欧洲展厅（Pabellón Europa）、马德里展厅（Pabellón de la Comunidad de Madrid）、少儿展厅（Pabellón Infantil）、出版家周刊展厅（Pabellón PW）。同时广泛运用数字化技术，并与普拉多博物馆、索菲雅王后艺术博物馆和提森 - 博内米萨博物馆展开宣传合作。

2022年马德里书展期间举办了丰富多样的各种阅读推广和促进活动，如家庭书展（Feria en familia）为书展期间在少儿展厅举办了34项面向教育界的活动及54项面向家庭亲子阅读和儿童阅读的活动。孩子们可以接触到斯蒂文森、儒勒·凡尔纳、乔纳森·斯威夫特、安东尼·圣－埃修博里等作家的经典作品。西班牙盲人协会（Organización Nacional de Ciegos Españoles）也同时参与其中，围绕盲人儿童阅读开展一系列活动。"读懂拉丁美洲"倡议活动（Leer Iberoamérica Lee）作为国际书展的一部分已开展数年，2019年启动以来汇集了来自西班牙和拉丁美洲各个国家的作家、出版商、书商、记者、出版顾问、文化策展人和促进阅读项目的代表等围绕当年阅读相关主题进行探讨交流。2022年的读懂拉丁美洲的活动在线上进行，邀请来自各国的总计33位专家探讨阅读社会的实现过程中所面临的挑战。"地铁，马德里最大的阅览室"（Metro，la mayor sala de lectura de Madrid）暨"街头书籍"（Libros a la calle）25周年活动，2022年马德里书展期间，人们可以在附近的地铁站通过扫描二维码阅读十本畅销书。西班牙盲人协会（Organización Nacional de Ciegos Españoles）展台参展，通过向人们展示从19世纪到现在的盲文、音频、书籍、各种书写材料和特殊的声音播放器等文物，以及眼下儿童盲文教学材料、三维印刷品、浮雕画作、无障碍地球仪等新兴技术应用产品，帮助人们了解盲人阅读，并帮助更多盲人进行阅读活动。

2. 玛利亚·莫琳娜阅读促进运动（Campaña de animación a la lectura María Moliner）

玛利亚·莫琳娜阅读促进运动于1998年正式启动，由西班牙文化和体育部与各地方政府合作实施，主要针对人口少于五万且书籍普及程度较低的小城市，开展促进全社会群体，特别是儿童和青少年阅读的项目。[①] 该运动通过竞赛形式评选出阅读促进最佳项目，并对项目实施主体予以资金奖励，用于购买图书馆的图书、期刊及相关设备等。该运动启动以来，共有2670家市政图书馆的14127个项目参与竞赛评选，6980个项目获得奖励，支出奖励资金1200万欧元。（见表4、表5）

---

① https://www.culturaydeporte.gob.es/cultura/libro/maria-moliner/presentacion.html

表4 1998—2021年提交项目及获奖项目数量排名前十的省份

序号	省份	获奖项目数量	提交项目数量
1	马德里	491	861
2	瓦伦西亚	414	899
3	塞维利亚	306	692
4	萨拉戈萨	302	556
5	巴达霍斯	295	628
6	托雷多	262	545
7	阿斯图里亚斯	250	510
8	阿利坎特	249	441
9	雷阿尔城省	246	486
10	格拉纳达	236	487

资料来源：西班牙文化和体育部

表5 1998—2021年各自治区提交项目及获奖项目情况

序号	自治区	获奖项目数量	占总获奖数量比	提交项目数量
1	安达鲁西亚	1226	0.44	2808
2	卡斯蒂利亚-拉曼恰	979	0.51	1902
3	瓦伦西亚	756	0.49	1540
4	埃斯特雷马杜拉	466	0.41	1138
5	卡斯蒂利亚-莱昂	512	0.46	1120
6	阿拉贡	540	0.53	1018
7	马德里	491	0.57	861
8	加利西亚	421	0.51	826
9	加泰罗尼亚	276	0.50	548
10	加纳利群岛	209	0.45	466

资料来源：西班牙文化和体育部

2021年促进活动共有537个市议会提交项目538项，其中涉及5000人以下城市269项、5001—20000人城市198项、20001—50000人城市77项，最终共有370个项目获奖，其中特别奖10项，涉及总预算82.5万欧元（见表6）。

表6　2021年各省提交及获奖项目情况

序号	省份	获奖项目数量	占总获奖数量比	提交项目数量
1	瓦伦西亚	23	0.58	40
2	萨拉戈萨	23	0.68	34
3	塞维利亚	22	0.61	36
4	马德里	19	0.73	26
5	穆尔西亚	18	0.72	25
6	雷阿尔城	17	0.68	25
7	格拉纳达	14	0.70	20
8	阿尔巴塞特	14	0.78	18
9	阿斯图里亚斯	13	0.93	14
10	昆卡	12	0.63	19

资料来源：西班牙文化和体育部

2021年该奖项同时评选出10个特别奖项[①]：维拉努阿市公共图书馆坐落于比利牛斯山脉下的小村庄，在文化项目"维拉努阿，阅读之镇"（Villanúa, la @villalectora）之下开展了多项促进阅读的活动，组织了多项线上阅读讲座活动、学生参观、儿童书目推荐、展览、二手书市场等，同时与周边公共和私人机构、协会、学校、志愿者协会等等展开广泛合作。查平内利亚市图书馆将图书馆作为交流和聚会的场所，社区邻里、各组织协会和机构都可以以

---

① https://www.culturaydeporte.gob.es/cultura/libro/maria-moliner/premiados.html.

平等合作的方式参与到活动规划中。组织了包括有声书电台（Biblioradio）、性别平等广播（#Audiocuentos No-Sexistas o contando en igualdad）、性别议题和女权读书写作俱乐部（Club de Lectura y escritura intergeneracional y feminista）、儿童电影工坊（Taller de teatro infantil）等等一系列活动。考德特市图书馆与当地学校、协会等组织一系列活动，包括文学讲座、诗朗诵会、残疾人简易阅读俱乐部、阿尔兹海默症人图书角、女性读书会、青年人读书俱乐部等，使本市常去图书馆人员占到本市一半人口，并且参与到伊拉斯谟计划中。托雷佩罗吉尔市公共图书馆创办的"街头书籍"（Libros a la calle）项目，提供给所有市民平等的无限制的接触书籍的机会。其中包括包容图书馆（Biblioiteca inclusiva）、图书馆送到家（Biblioteca a domicilio）、广场故事会（Ciclo de cuentacuentos "Cuentos en la plaza"）、图书日庆祝等活动。圣克鲁斯德贝萨纳市立图书馆聚焦于诗歌研究和生态环保，与当地其他组织进行合作，面向儿童、年轻人、老年人、社会弱势群体等举办一系列活动，包括盲人阅读（Cita a ciegas con la lectura）、诗歌日（Día de la Poesía）、环境保护日（El Día Mundial del Medio Ambiente y de los Océanos）等。皮尔内尔公共图书馆面对本市人口老龄化、存在文化赤字等问题，开展面向从儿童到老年人的各项教育、文化和休闲活动促使人们培养阅读兴趣、养成良好阅读习惯。奥格鲁夫市公共图书馆面对疫情影响，精心策划了有趣和完善的活动，为人们提供情感、精神、文化方面的支持，同时和当地各个协会等展开合作，面向老年人和贫困家庭开展分发书籍、电话阅读活动，同时为儿童提供在线阅读资源，极力实现平等多样性。塔博纳斯市图书馆基于"互相帮助，互相学习"的理念，倡导居民关注个人健康以及地球生态问题；针对移民、残疾人、老年人、学习障碍人士、弱势群体开展一系列帮助和陪伴活动；促进阿尔梅里亚和安达鲁西亚文化的传播。托尔托萨公共图书馆与周边地区的公共、社会和文化实体合作，扩大其整合和文化功能。面对疫情冲击，利用流媒体进行线上虚拟服务，与线下相结合，为居民提供文化资源；为新居民和移民人口提供语言和文化浸入和社会融合活动；呼吁人们关注各项社会议题包括平等主义、LGBT 群体[①]、女权主义等。瓦尔德乌市公共图书馆与当地居民展开积极对话，针对各类群体各异的特点，为儿童、年轻人、老年人等提供丰富多样的文化内容和服务，通过平等和跨文化的交流现社会包容，同时积极吸取公民提出的意见，补充完善各项活动项目发展。

（二）区域性推广活动

1. 圣乔治节（dia de Sant Jordi）

在加泰罗尼亚传说中，很久以前在塔拉戈那的小镇，每天会抽取一人献祭给蹂躏当地居民的恶龙。有一天，公主不幸被选中成为祭品。一位穿戴闪亮盔甲身骑骏马的骑士——圣乔治听闻后决定前往解救公主，英勇地杀死了巨龙，把村民们从巨龙的魔爪下解救了出来。巨龙流出的血液汇成了一朵鲜红的玫瑰。圣乔治于 4 月 23 日去世，加泰罗尼亚对他的崇拜和信仰在中世纪逐渐扩展开来。自 1456 年以来，圣乔治一直是加泰罗尼亚地区的守护神，并在欧洲其他地区也有广泛影响。

每逢 4 月 23 日的圣乔治节，男方会为心爱的人献上玫瑰，女方则要回赠一本图书。送玫瑰起源于 15 世纪时开始组织的玫瑰花鉴赏会，而与书相关的传统则可以追溯到 20 世纪 20 年代，阿方索十三世颁布法令确认 10 月 7 日为西班牙图书节。1929 年在巴塞罗那国际博览会期间，书商们联合起来组织促进阅读的各项活动，并取得了巨大成功，以至于图书节被更改为 4 月 23 日。此后便形成了传统加入到历年的文化活动议程中。1995 年，在西班牙政府的提议下，联合国教科文组织将每年 4 月 23 日定为世界读书日，而这一天恰为塞万提斯、莎士比亚和加西拉索·德拉维加的逝世之日。

如今，每年圣乔治节来临之际，兰布拉大道便会被售卖鲜花和图书的摊位填满，其中会有许多专门宣传和出售加泰罗尼亚语书籍的书摊。当地人们也会手舞足蹈地跳起传统的社交舞（Sardanes），表演叠人塔（Castells），同

---

① LGBT 群体是指女同性恋者（Lesbians）、男同性恋者（Gays）、双性恋者（Bisexuals）与跨性别者（Transgender）组成的群体。

时举办各类展览、音乐会、文学研讨会等活动。

2. 加泰罗尼亚地区

加泰罗尼亚图书周（La Setmana del Llibre en Català）自 1983 年开始每年 9 月在巴塞罗那举办，如今，从规模、业务量、参加人数和影响力各角度看，已成为西班牙全国最重要的文化盛会之一。图书周旨在促进加泰罗尼亚语书籍阅读和扩大加泰罗尼亚语的影响力，由加泰罗尼亚出版商协会（el Gremi d'Editors de Catalunya）、加泰罗尼亚书商协会（el Gremi de Distribuïdors de Publicacions de Catalunya）、巴塞罗那图书馆（Biblioteques de Barcelona）等机构联合组织。2021 年的图书周访客量达到五万，有 227 家参展商，达成交易额达到 54 万欧元。

3. 马德里大区"街头书籍"活动（Libros a la Calle）

"街头书籍"活动为马德里出版商协会（Asociación de Editores de Madrid）自 1997 年开始举办的文化活动，旨在促进马德里大区的公众阅读。活动期间，相关图书的文本片段和插画被投放在马德里各地的街边墙上、地铁车厢里、公交车上等各类公众场合，同时附加上二维码帮助公众阅读，以此纪念文学界的重要人物和近年来的文学奖得主，同时将小众作者和文学流派介绍给读者。2021 年的"街头书籍"推出马德里文学地铁活动（Plano Literario de Metro de Madrid），将马德里各个地铁公交车站站名临时变更为推荐图书的名字，例如将美洲大道（Avenida de América）变为白鲸记，卡斯蒂利亚广场（Plaza de Castilla）变为变形记。此外，为纪念本尼托·佩雷斯·加尔多斯（Benito Pérez Galdós），活动期间里奥斯罗萨斯地铁站（Ríos Rosas）被装修成《福尔图娜塔与哈辛塔》相关主题的样子从而吸引民众对图书的兴趣。

4. "图书之夜"活动

"图书之夜"是马德里自 2005 年以来每年 4 月 23 日世界图书日来临之际开展的一项文化活动。2022 年的"图书之夜"主要将在马德里太阳门社区（la Comunidad de Madrid Puerta del Sol）、蓬特霍斯广场（Plaza de Pontejos）、孔德巴拉哈斯广场（Plaza Conde de Barajas）等地举行，包含读书会、音乐会、辩论、戏剧、研讨会、访谈等一系列活动。整个马德里地区的书店、图书馆、博物馆等文化机构都会参与其中。

（三）针对青少年的阅读推广活动

1. 马德里青少年儿童图书沙龙

马德里青少年儿童图书沙龙（Salón del Libro Infantil y Juvenil de Madrid）自1977年开始举办，由儿童和青少年图书总理事会（Consejo General de Libro Infantil y Juvenil）负责，是西班牙最重要的专注于儿童和青少年书籍推广的活动，期间包含多场工坊、故事会、文艺演出、音乐会、会议、图书展览等活动。

2. 早期阅读启蒙活动

国际儿童图书日（Día internacional del libro infantil）1967年4月2日，恰逢丹麦作家安徒生诞辰之日，国际儿童图书组织（Organización Internacional para el Libro Juvenil）为了宣传儿童和青少年文学而设立国际儿童图书日。每年该组织在各国的一个分部会邀请该国一位重要作家为全世界儿童们写信，并邀请著名插画家设计活动海报，在图书馆、学校、书店等地举行庆祝活动。西班牙儿童和青少年图书组织（OEPLI）则在全国范围内组织并开展相关活动。

3. 促进教育领域阅读活动

青少年儿童文学教师培训课程（Curso "Aproximación a la Literatura Infantil y Juvenil una propuesta para la formación del profesorado）由西班牙儿童和青少年图书之友协会（Amigos del Libro infantile y juvenil）主办，主要向教师提供有关儿童和青少年文学教学方面的培训建议。

4. 家庭阅读活动

"阅读给你生命"（Leertedavida）是由卡斯蒂利亚-拉曼恰大学的促进阅读和儿童文学研究中心（Centro de Estudios de Promoción de la Lectura y Literatura Infantil）主办的项目，在其官网上提供各年龄段读物选择指南、阅读顺序指南、图画小说阅读指南、综合阅读指南等各方面资料，此外还提供一系列免费的有声读物、数字图书馆等数字资源。

"生而阅读"（Nascuts per llegir）加泰罗尼亚开展的针对0—3岁儿童阅

读的计划，由儿科医学界和儿童文学界的专家联合研究并制定相关计划，为各家庭提供儿童阅读的专业指南并组织相关活动，旨在通过图书建立成人和儿童之间的情感纽带。自2011年后逐渐由加泰罗尼亚地区各地当局自主实施。

（四）针对特殊人群的阅读推广活动

1. 便捷阅读项目（Lectura fácil）

该项目旨在为方便有阅读理解困难的人群进行阅读活动而提供的文本编辑、设计和布局等方面的指南和建议[1]。项目通过使用短句、避免否定句、避免过多使用数字、避免复杂比喻和类比、一个句子对应一条信息、包含插图等多种方式为有阅读理解困难或障碍的认识提供方便，从而提升这类人群的阅读兴趣和习惯养成，许多私人和公共组织参与其中。

2. 便捷图书馆项目（Tu Biblio+Fácil）

由西班牙唐氏综合征患者协会（DOWN ESPAÑA）和西班牙文化和体育部于2017年合作开展的、面向唐氏综合征患者的促进阅读项目[2]，旨在将公共图书馆转化为更加具有包容性的空间，项目派出协调员为图书馆工作人员提供与唐氏综合症患者的沟通、鼓励阅读和便捷阅读相关的培训和建议，并出版相关指南，还为唐氏综合症患者组织研讨会协助其阅读实践。

3. "我们可以谈谈吗？"项目（Hablamos）

西班牙唐氏综合征患者协会和普利欧基金会（Fundación Pelayo）于2022年合作开发的为改善唐氏综合征儿童患者和其他智力障碍儿童的阅读质量而设计的应用程序，通过利用全局阅读法，主要进行视觉记忆方面而非抽象概念的阅读辅助。

---

[1] https://www.discapnet.es/vida-independiente/accesibilidad-de-comunicacion/lectura-facil.

[2] https://www.sindromedown.net/noticia/tu-bibliofacil-un-proyecto-para-transformar-las-bibliotecas-en-espacios-inclusivos/.

五、主要阅读环境建设情况

阅读是全民参与的公共活动，图书馆、书店以及各类文化空间作为为西班牙民众提供公共服务的主体，在阅读促进和推广方面作出了积极贡献。西班牙的国家图书馆以及各自治区图书馆拥有较高的图书馆藏量以及活跃的用户访问基础；各类实体书店和文化空间也在其所在地区和针对不同人群分别开展了丰富的阅读活动。

（一）图书馆建设情况

西班牙图书馆系统分为两级：其一，文化部、国家图书馆和其他国有图书馆；其二，各大区图书馆。国家图书馆和各大区图书馆通过联合开展活动以及分别开展针对不同群体和不同地区特点的活动，共同推动提升图书馆在阅读推广方面的公共服务能力。

1. 国家图书馆

西班牙国家图书馆（Biblioteca Nacional de España）是西班牙国家级公共图书馆，负责收藏西班牙图书文献等。截至目前已收藏了自18世纪初以来近3000万份出版物，反映了西班牙文学创作、思想、艺术、音乐和科学的演变历程。国家图书馆具有悠久历史并历经变革搬迁，起源于18世纪菲利普五世在位期间建立的皇家图书馆（Biblioteca Real），1836年所有权归为政府并更名为国家图书馆。1892年搬至现址雷科莱托斯大道（Paseo de Recoletos），1993年落成如今的国家图书馆大楼。2007年起，数字图书馆开始投入使用。

国家图书馆积极参与到阅读促进计划中，组织开展相关展览和活动。图书馆日（el Día de las Bibliotecas）：图书馆日为每年10月24日，为纪念1992年遭到破坏的萨拉热窝图书馆。2020年图书馆日口号为"图书馆，永远在你身边"，重点介绍了农村地区和医院或监狱等特殊环境中图书馆的工作，以及图书馆扩展计划。国家图书馆则重点开展了数字服务。

线上阅读俱乐部：国家图书馆于2022年发起的活动，意在利用假期鼓励阅读。每个月，国家图书馆推荐两部ePub格式作品供阅读，并在最后几天推出一些问题供读者回答，邀请其参与社交网络上的互动，以及让读者们提出希望添加到数字馆藏中的图书。

2. 地区图书馆

从 2016 年至 2020 年期间，西班牙新建图书馆 42 个，关闭 82 个。据 2020 年数据统计，西班牙公共图书馆有 4582 家，分布在 5065 个城市。图书馆数量最多的自治区是：安达卢西亚（772 个）、卡斯蒂利亚拉曼查（479 个）、加泰罗尼亚（428 个）。其服务主要依赖于地方行政部门，各自治区公共图书馆平均收藏近 20000 册文献；其中 3955 家拥有公共互联网接入服务，占图书馆总数的 86.32%，3319 家图书馆（72.44%）拥有联机公共查询目录网络服务（On-line Public Access Catalogue）。受疫情影响，2020 年公共图书馆共接待近 4245 万次访问，与 2019 年相比减少了 50% 以上。2020 年，西班牙公共图书馆总支出为 5.03 亿欧元，比上年增长 0.6%，其中书目采购支出为 3612 万欧元，仅增长了 3% 左右。

此外，根据数据统计，西班牙共有 53 家州级公立图书馆（Bibliotecas Públicas del Estado），位于各个省会城市（巴塞罗那、毕尔巴鄂、潘普洛纳和圣塞巴斯蒂安除外）和西班牙其他重要城市（希洪、马洪、梅里达、奥里韦拉和圣地亚哥德孔波斯特拉），起源可追溯至 19 世纪上半叶。2020 年统计总藏书达到 13332893 册，访客量达到 500 万，活跃读者数达到 30 万，借阅量达到 341 万册，组织文化活动近 8300 场，参加人数达到 27 万。

2022 年世界读书日（Día del Libro）活动中，马德里大区各个图书馆积极参与到市议会举办的一系列文化活动中，举办了阅读研讨会、竞赛、故事会、作家见面会、图书推介以及与促进享受阅读有关的各种活动。例如圣费尔明图书馆组织了举办了哈利波特研讨会；巴勃罗·聂鲁达图书馆举办"阅读摄影"比赛；加西亚·马尔克斯图书馆举办"什么书适合你？"活动等。

而在巴塞罗那，有关圣乔治节的庆祝活动从 4 月到 5 月一直进行，如：儿童阅读活动"自由之夜"（Món Llibre）——由巴塞罗那当代文化中心（CCCB），诺·巴里斯图书馆（la biblioteca de Nou Barris）和波布雷诺（la biblioteca del Poblenou）图书馆举行。以及由巴塞罗那图书馆参与举办的何塞·萨拉马戈（Jose Saramago）诞辰一百周年纪念活动。

"伊比利亚美洲遗产数字图书馆"（La Biblioteca Digital del Patrimonio Iberoamericano）：2021年，西班牙国家图书馆馆长安娜·桑托斯（Ana Santos）、恩里克·巴尔加斯·弗洛雷斯（Enrique Vargas Flores）参与主持了"伊比利亚美洲遗产数字图书馆"会议。伊比利亚美洲遗产数字图书馆是由伊比利亚美洲国家图书馆协会（Asociación de Bibliotecas Nacionales de Iberoamérica）推动的项目，旨在用网站方式使大众可以接触到参与该项目的每个图书馆的书籍文化遗产。

（二）书　店

根据西班牙图书委员会联合会（Confederación Española de Gremios y Asociaciones de Libreros）于2021年的数据调查，西班牙共有3208家书画店，其中书店数量最多的大区为马德里（441）、加泰罗尼亚（438）、安达卢西亚（403）和瓦伦西亚（320）。平均每十万人拥有6.8家书店。其中47.1%已经经营了4年以上，它们大多位于人口超过10万的城市。就性质而言，各类书店并存：邻里书店（30.9%）、专业书店（27.9%）、通用书店（26.4%）和具有一定专门性的书店（14.9%）。平均而言，图书销售额占书店总营业额的74.7%；与2019年的73.7%相比，这一比例有所增加。其余收入来自文具（16.7%）、杂志（2.5%）、商品销售（0.8%）和其他产品的销售收入。疫情使得书店线上销售额有所增长。目前38.9%的书店使用线上渠道，相比2019年的数据（25.8%）有显著增长。目前，网络销售平均占书店营业额的11.9%。

书店日（Dia de las librerías）：自2011年由西班牙图书委员会联合会发起，在11月11日，各个书店在举行一系列具有文化意义的活动同时，将对所有购书单进行10%的折扣。

书店山洞阅读俱乐部（LA CUEVA DE LOS LIBREROS）：由多个书店一起发起的针对儿童阅读的线上虚拟阅读俱乐部。

（三）其他阅读空间

除在图书馆和书店外，巴士、文化空间等也为西班牙民众的阅读活动提供了更多选择。

图书馆巴士（bibliobús）：将公共汽车作为图书馆，为那些缺乏图书馆服务的地区提供一个可以在城镇和村庄之间流动的移动阅读中心。在20世纪30年代兴起，目前，在11个自治大区共有85辆图书馆巴士服务，主要集中在马德里、加泰罗尼亚、卡斯蒂利亚-莱昂、卡斯蒂利亚-拉曼恰，至今这85辆巴士已经为超过1000万人提供了公共图书馆的服务。

白鹿读书俱乐部（El Club del Libro Ciervo Blanco）：位于马德里的读书俱乐部。它举办西班牙文学沙龙、英语书籍讨论、法语文学沙龙、创意写作研讨会和其他文学活动，所有活动全部免费。

自由飞翔的书（Libro vuela libre）：位于瓦伦西亚的文化空间，定期举办包括面对面和在线写作工坊、研讨会、文学咖啡等各种创意文化活动。

参考文献

1. 西班牙文化和体育部网站：https://www.culturaydeporte.gob.es.

2. 西班牙出版商协会联合会网站：https://www.federacioneditores.org.

3. 西班牙图书委员会联合会网站：https://www.cegal.es.

4. 西班牙儿童和青少年图书组织网站 https://www.oepli.org.

5.2021年至2024年西班牙全国阅读推广计划（Plan de Fomento de la Lectura 2021—2024）.

6. 马德里书展网站：https://www.ferialibromadrid.com.

7. 西班牙国家图书馆网站：https://www.bne.es.

（作者：中国新闻出版研究院、北京外国语大学）

英国全民阅读工作开展情况

甄云霞[1] 薄晓晨[2] 朱 敏[2]

一、绪 论

1970年，联合国教科文组织（UNESCO）在第16届大会上决定把1972年定为"国际图书年"（International Book Year），强调阅读的重要性并呼吁全民阅读，倡导人们将阅读融入生活，朝着阅读社会的方向迈进。随后，世界各国纷纷响应，将教育改革的重心放在推广阅读风气、提升国民阅读能力上。①

英国是公认的出版大国，也是阅读大国，向来重视阅读教育，其阅读推广活动兴起于20世纪80年代末期，发展于90年代，2000年后逐渐走向成熟和兴盛。②

（一）早期阶段

区域层面的阅读推广活动始于20世纪80年代末期，主要围绕图书馆展开。1983年英国东北地区图书馆当局创办了北部儿童图书节（Northern Children's Book Festival），自1984年起每年举行一次。80年代末，一些图书馆获得了公共图书馆发展激励计划（Public Libraries Development Incentive Scheme）的

---

① https://baike.baidu.com/item/%E5%9B%BD%E9%99%85%E5%9B%BE%E4%B9%A6%E5%B9%B4/8619312.

② 李世娟. 国外图书馆阅读推广[M]. 北京：朝华出版社，2020.

资助，开始与图书行业合作举办一些推广活动，例如赫里福郡和伍斯特市图书馆（Hereford and Worcester Libraries）与诗歌学会（Poetry Society）合作推广现代诗歌。①

1992 年，英国艺术委员会（Arts Council of Great Britain）召开了主题为"阅读未来：公共图书馆中的文学场所"（Reading the Future: A Place for Literature in Public Libraries）的重要会议，汇集了来自图书行业的出版商、书商、图书馆员、作家、图书馆协会成员等，会议聚焦于三个主题：图书馆的作用、阅读推广与未来合作。会议上，艺术委员会代表启动了第一个艺术委员会图书馆基金（Arts Council Library Fund），提供 10 万英镑的基金以支持图书馆启动新的文学推广活动。②

同年，英国图书信托基金会（Book Trust）联合伯明翰图书馆（Birmingham Public Library）、南伯明翰卫生局（South Birmingham Health Authority）和伯明翰大学教育学院（The School of Education at Birmingham University）发起了一项专门面向学龄前儿童的早期阅读计划，即后来发展为全国性阅读指导计划的"阅读起跑线"（Bookstart）。

（二）繁荣发展阶段

1997 年，英国政府制定了国家读写能力提升战略（National Literacy Strategy），致力于在 5 到 10 年内提高英国小学的读写标准，将其作为整个教育服务的核心事项。此后，英国政府更加重视阅读的作用，开展了许多国家层面的全民阅读推广活动。

1998 年，时任英国首相托尼·布莱尔（Tony Blair）发起设立了英国第一

---

① Thebridge, S. and Train, B. (2002). "Promoting reading through partnerships: a ten-year literature overview". New Library World, Vol. 103 No. 4/5, pp. 131-140. https://doi.org/10.1108/03074800210428542.

② Thebridge, S. and Train, B. (2002). "Promoting reading through partnerships: a ten-year literature overview". New Library World, Vol. 103 No. 4/5, pp. 131-140. https://doi.org/10.1108/03074800210428542.

个世界读书日（World Book Day）。读书日当天，接受全日制教育的孩子都会获赠一张价值 1 英镑的图书代金券，凭券可在书店购买自己喜欢的书。

同年，英国首次提出了全国阅读年（The National Year of Reading）的概念，它是由政府主导的规模空前的阅读推广活动，旨在将英国打造成全民阅读的国家，分别于 1998 年和 2008 年各举办了一次。在活动实施中，政府动员学校、家庭、图书馆，并与企业、媒体、民间组织结成伙伴关系，各种阅读推动力量相互呼应，使得阅读风气得以全面推广。

此外，民间众多阅读机构与组织不断涌现，积极参与阅读推广活动，进行阅读情况调查，如英国阅读社（The Reading Agency）、英国图书信托基金会（BookTrust）、国家读写能力信托基金会（National Literacy Trust）等。

英国阅读社与地方政府合作，通过图书馆、出版社、学校、监狱等机构推广阅读，发起的全国性项目有：鼓励青少年暑期阅读的夏季阅读挑战（Summer Reading Challenge）、面向成年人的 6 本书挑战计划（Six Book Challenge）和快速阅读项目（Quick Reads）等。

英国图书信托基金会主要面向不同的年龄群体推广不同的阅读活动，旨在培养各年龄段公众的阅读兴趣，如针对 0—3 岁儿童的阅读起跑线、睡前阅读（Bedtime Reading），面向 4—10 岁群体的图书时间（Time to Read）、信箱俱乐部（Letterbox Club），以及针对中学生的学校图书馆阅读包（School Library Pack）等。

英国国家读写能力信托基金会则从 2005 年开始调查统计英国儿童与青少年的阅读习惯，从 2010 年起，开始发布年度读写能力调查报告（Annual Literacy Survey）。

（三）成熟与兴盛阶段

21 世纪后，英国的阅读推广服务体系更加有序完善。政府通过健全的法律法规体系、政策规划以及充足的资金支持保障英国图书馆、阅读机构和社会组织等团体开展阅读推广活动，促进阅读推广事业蓬勃发展。

图书馆在阅读推广中的重要地位由一系列法律法规确立。1850 年的《公共图书馆法》(*The Public Libraries Act*)、1964 年的《公共图书馆和博物馆法案》(*Public Libraries and Museums Act*)，以及 2001 年首次颁布的《公共图书馆服务标准》(*The Public Library Standards*)，为公共图书馆阅读推广服务在英国的全面开展奠定了坚实的法律基础。英国数字化、文化、媒体和体育部（Department for Digital, Culture, Media and Sport，简称 DCMS）于 2003 年颁布的《未来的框架：下一世纪的图书馆、学习与资讯》(*Framework for the Future: Libraries, Learning, and Information in the Next Decade*)[1] 规划描绘了英国公共图书馆未来发展的十年蓝图，明确指出公共图书馆是发展阅读和学习、提供数字化技能和服务的主体。

英国教育部（Department for Education）发布了许多与阅读相关的教育计划，旨在确保所有孩子在学校掌握良好的读写能力并培养孩子对阅读的热爱。2015 年发布的《阅读下一步计划：提高学校的读写能力标准》(*Reading: the next steps—Supporting higher standards in schools*)[2] 行动计划为多所小学提供资金以建立读书俱乐部和推广图书馆，帮助小学生养成定期阅读的习惯。2021 年发布的《阅读框架：读写能力基础教学》(*The reading framework: Teaching the foundations of literacy*)[3] 文件，为小学进行早期阅读教学提供了支持和指导，除了系统的语音教学，还要求教师关注讲故事和阅读故事，培养孩子对阅读的热爱。

英格兰艺术委员会（Arts Council England）2020 年发布的十年发展战略规划——《携手共创：2020—2030 年的战略》(*Let's Create: Strategy 2020-2030*)[4]，提出要把大部分精力和资助投入到儿童与青少年发展上，通过与教

---

[1] https://dera.ioe.ac.uk/4709/21/Framework_for_the_Future1_Redacted.pdf.

[2] https://assets.publishing.service.gov.uk/government/uploads/system/uploads/attachment_data/file/409409/Reading_the_next_steps.pdf.

[3] https://assets.publishing.service.gov.uk/government/uploads/system/uploads/attachment_data/file/1102800/Reading_framework_teaching_the_foundations_of_literacy_-_Sept_22.pdf.

[4] https://www.artscouncil.org.uk/our-strategy-2020-2030.

育部合作，为儿童与青少年在学校、图书馆以及社区等其他公共文化场所中提供高质量的阅读和文化体验。

此外，英国政府也出台一系列政策鼓励阅读。从 2020 年 12 月 1 日起，英国政府取消对电子书、数字报纸和数字杂志征收 20% 的增值税。这意味着电子书、数字报纸、数字杂志和数字学术期刊等，将和印刷实体物一样，享受零增值税待遇。但是上述免税的范围不包含有声书，且随着有声书的蓬勃发展，在阅读中所占的比例越来越高，出版机构开始呼吁政府出台政策，取消有声书增值税。

英国出版业则与国家读写能力信托基金会、图书信托基金会等组织建立伙伴关系，与企业、体育俱乐部和媒体等合作，通过提供免费图书、图书交换和竞赛来鼓励阅读，创建学校图书馆基金，投资当地项目，从而支持阅读活动，帮助人们提高阅读水平。各出版商每年都会在世界读书日与作家、插画家、书商和图书馆员齐聚一堂，共同举办全国规模最大的阅读庆祝活动。[①]

为顺应时代发展和读者需要，英国的阅读推广活动也与时俱进、有的放矢。在网络环境发展的背景下，英国国家图书馆（British Library）推行数字化阅读服务，将经典阅读与 iPad 程序应用相结合，使读者能够通过新型阅读媒介享受经典作品。英国图书馆协会（Library Association）、全国阅读运动组织和电子游戏公司合作，根据流行的游戏主题推出各种有趣活动，以吸引更多儿童与青少年到图书馆阅读。[②] 此外，许多阅读机构开始关注特殊群体，专门面向特殊需求人群推广阅读服务。例如，针对老年群体的"阅读之友"（Reading Friends）项目，面向监狱和少管所服刑的人提供的"图书解锁"（Books Unlocked）活动，为阅读障碍人群提供可触摸图书和有声读物等。除了在英国境内展开阅读推广活动，国际图书援助（Book Aid International）也将目光投向世界各地的欠发达国家和地区，发起了一系列阅读推广活动。

在疫情期间，尽管书店关闭，图书发行中断，文学节、读书俱乐部、

---

① https://www.publishers.org.uk/about-publishing/reading-for-pleasure/.
② 李世娟. 国外图书馆阅读推广 [M]. 北京：朝华出版社，2020.

现场讲座等一系列阅读活动无法举办，但据尼尔森图书调查（Nielson Book Survey）显示，疫情期间，41%的英国成年人阅读量增加，阅读时间比疫情前增加了几乎一倍，从每周大约3.5个小时增加到平均6个小时。国家读写能力信托基金会的研究显示，超过三分之一的8—18岁儿童与青少年的阅读量比疫情前更多。图书销售额也实现了增长，尤其是电子书和有声读物的销量有了相当大的增长，深受读者欢迎。[1] 图书馆、出版商、书店等阅读推广主体也纷纷对阅读项目做出相应调整和创新，以提供更好的服务支持人们在疫情期间的阅读。在如今"后疫情时代"，阅读在消除压力与恐惧、减轻社交孤独、加强人与人之间的联系方面的力量比以往任何时候都要强大。

二、英国阅读情况调查

英国全国范围内的阅读调查主要有两个，且均为针对儿童与青少年的调查。一是国家读写能力信托基金会的年度读写能力调查报告，该基金会从2005年开始统计英国儿童与青少年的阅读习惯、阅读水平、阅读时间等，从2010年起开始发布年度报告；二是睿乐生教育集团（Renaissance）一年一度的《青少年阅读情况调查报告》（*What and How Kids Are Reading*，简称WKAR），列出了各年级阅读的小说、电子书阅读排行榜、最受欢迎的图书和作者等，详尽地分析了各年级孩子的阅读习惯，并对全球学生的阅读习惯提供科学化的洞察。此外，由上述年度报告衍生出一系列专项阅读调查分析，如有声书阅读调查、针对女孩的阅读调查等。

（一）年度读写能力调查报告

自2010年起，国家读写能力信托基金会每年对全英4万多名8—18岁的儿童与青少年开展年度读写能力调查并发布报告。报告通过分析儿童与青少年读写行为、阅读态度和享受水平的基本数据，总结年度态势并提供一个全

---

[1] https://www.thebookseller.com/comment/lockdown-reading-lowdown-1250190.

国统一的儿童与青少年读写能力衡量标准。最新一次调查开展于2022年1月至4月，共有70403名5—18岁的儿童与青少年参与调查，人数为历年之最，目前报告尚未发表。

2021年度读写能力调查开展于2021年1月至3月中旬，正值英国第三次全境封锁，共有来自117所学校的42502名8—18岁儿童与青少年参与了此次调查。主要数据如下：

1. 阅读享受度情况

51.5%的儿童与青少年认为自己享受阅读。这一数据略低于2020年春季的第一次全境封锁（55.9%），但仍高于2020年初的水平。2020年初仅有47.8%的儿童与青少年享受阅读，创下了自2005年提出该问题后的最低纪录（见图1）。

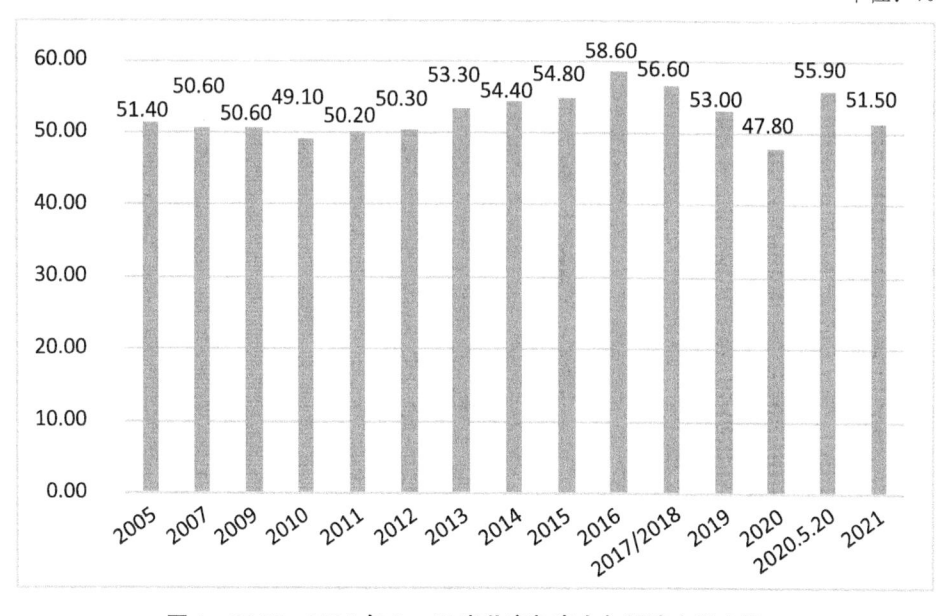

单位：%

年份	比例
2005	51.40
2007	50.60
2009	50.60
2010	49.10
2011	50.20
2012	50.30
2013	53.30
2014	54.40
2015	54.80
2016	58.60
2017/2018	56.60
2019	53.00
2020	47.80
2020.5.20	55.90
2021	51.50

图1 2005—2021年8—18岁儿童与青少年阅读享受度情况

资料来源：英国国家读写能力信托基金会2021年度读写能力调查报告

从人口细分来看，享受阅读的女孩比男孩更多，而 2020 年的春季封锁进一步扩大了男孩和女孩之间的阅读享受度差距，从 2020 年初的 2.3% 上升到春季封锁期间的 11.5%。到 2021 年初差距虽有所缩小，但仍有 10.3%。与领取免费校餐（FSMs）的学生相比，未领取免费校餐的学生中有更多人享受阅读。2020 年初领取免费校餐的学生与未领取的学生阅读享受度相差 2.1%，2020 年春季封锁期间差距上升到 2.5%，到 2021 年这一数据增长了一倍，相差 4.6%。与 2020 年春季封锁时相比，2021 年初各年龄段的儿童与青少年阅读享受度均有所下降，喜欢阅读的儿童与青少年越来越少的原因之一是学生重返校园，学业压力增加，阅读时间减少。（见表 1）

表 1　2020 年初至 2021 年初儿童与青少年阅读享受度（基于人口统计细分）

人口细分类型	性别 男	性别 女	年龄段 8—11	年龄段 11—14	年龄段 14—16	年龄段 16—18	是否领取免费校餐 是	是否领取免费校餐 否	上学情况 居家	上学情况 返校
2020 年初	46.6%	48.9%	58.5%	45.3%	42.3%	56.0%	45.9%	48.0%		
2020 年春季封锁	48.7%	60.2%	69.4%	54.4%	54.5%	62.6%	54.3%	56.8%	56.3%	54.9%
2021 年初	45.6%	55.9%	62.4%	50.7%	48.1%	58.9%	47.5%	52.1%	51.6%	47.4%

资料来源：英国国家读写能力信托基金会 2021 年度读写能力调查报告

2. 阅读理由情况

在 2020 年春季封锁期间，有 59.3% 的儿童和年轻人通过阅读来维持心理健康，因为阅读让他们感觉良好。2021 年初，这一数据略有下降，44.6% 的儿童与青少年认为阅读让他们的生活更加美好。

52.7% 的儿童与青少年表示放松是阅读的主要原因，了解新鲜事物（51.4%）和学习新词（49.8%）分别位列第二、第三。（见图 2）

单位：%

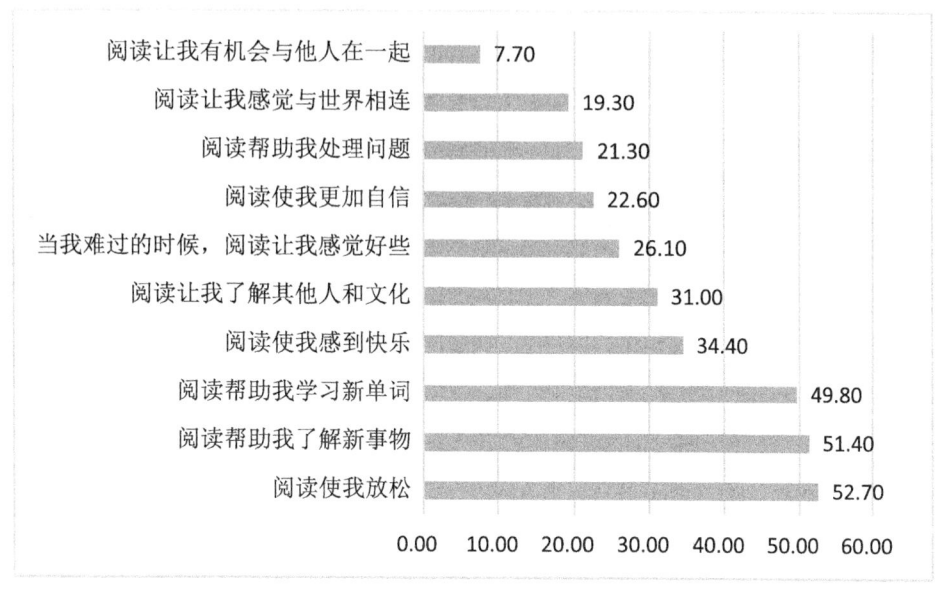

阅读理由	百分比
阅读让我有机会与他人在一起	7.70
阅读让我感觉与世界相连	19.30
阅读帮助我处理问题	21.30
阅读使我更加自信	22.60
当我难过的时候，阅读让我感觉好些	26.10
阅读让我了解其他人和文化	31.00
阅读使我感到快乐	34.40
阅读帮助我学习新单词	49.80
阅读帮助我了解新事物	51.40
阅读使我放松	52.70

图 2 2021 年儿童与青少年阅读理由

资料来源：英国国家读写能力信托基金会 2021 年度读写能力调查报告

3. 阅读频率情况

在 2019 年创下自 2005 年以来的最低日阅读率（25.8%）后，2019—2020 年期间每天在课外阅读的儿童与青少年的百分比有所回升。2020 年春季封锁期间，每日阅读率进一步提高，37.7% 的儿童与青少年表示每天在空闲时间阅读。2021 年初的日阅读率（30.1%）低于春季封锁期间，但与 2020 年初的水平相当。（见图 3）

国外全民阅读活动现状与经验研究

单位：%

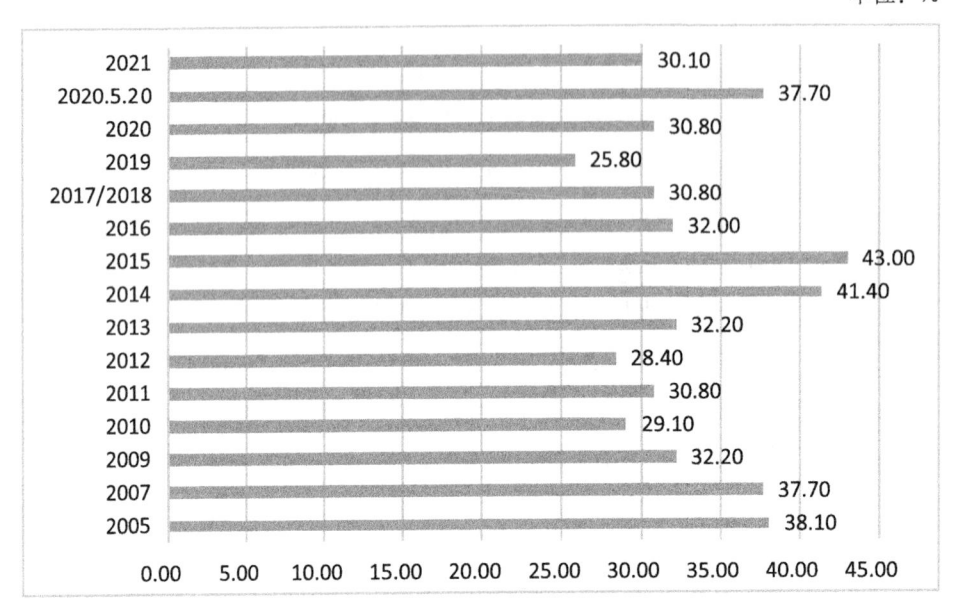

年份	比率
2021	30.10
2020.5.20	37.70
2020	30.80
2019	25.80
2017/2018	30.80
2016	32.00
2015	43.00
2014	41.40
2013	32.20
2012	28.40
2011	30.80
2010	29.10
2009	32.20
2007	37.70
2005	38.10

图 3　2005 年至 2021 年儿童与青少年每日课外阅读率

资料来源：英国国家读写能力信托基金会 2021 年度读写能力调查报告

从人口细分来看，每天在空闲时间阅读的女孩比男孩更多，2020 年初男女每日阅读率相差 4.3%，这一数据在春季封锁期间上升到 7.4%，并且差距一直持续到 2021 年初的 7.5%。各年龄段在每日阅读率方面的差距在 2020 年春季封锁期间略有缩小，但在 2021 年初再次扩大，这主要是因为 8—11 岁儿童与青少年每日阅读率基本保持不变，而其他年龄段的儿童与青少年每日阅读率均有所下降。2020 年初领取免费校餐的学生与未领取的学生每日阅读率相差 3.4%，春季封锁期间差距上升到 8.2%，2021 年初这一数据缩小到 5.7%，但仍高于 2020 年初的水平。2020 年春季封锁期间居家学习的儿童与青少年每日阅读率高于返校上学的儿童与青少年，相差 7.3%，而到 2021 年初，差距缩小到 1.8%，但仍是居家学习的儿童与青少年每日阅读率更高。（见表 2）

表2 2020年初至2021年初儿童与青少年每日课外阅读率
（基于人口统计细分）

人口细分类型	性别 男	性别 女	年龄段 8—11	年龄段 11—14	年龄段 14—16	年龄段 16—18	是否领取免费校餐 是	是否领取免费校餐 否	上学情况 居家	上学情况 返校
2020年初	28.6%	32.9%	39.8%	29.0%	26.6%	34.3%	27.9%	31.3%		
2020年春季封锁	32.1%	39.5%	42.3%	34.6%	36.1%	35.6%	30.1%	38.3%	37.0%	29.7%
2021年初	25.9%	33.4%	42.9%	29.5%	26.5%	31.5%	25.4%	31.1%	31.0%	29.2%

资料来源：英国国家读写能力信托基金会2021年度读写能力调查报告

4. 阅读介质和渠道情况

2021年初，纸质版阅读材料仍然是大多数儿童与青少年的阅读选择，更多的儿童与青少年表示习惯阅读纸质版的小说、非小说、漫画、杂志和诗歌，而更倾向于在电子设备上阅读新闻、歌词等内容。（见表3）

表3 2021年初英国儿童与青少年各介质图书阅读情况

介质\类型	小说	非小说	诗歌	杂志	漫画/图画小说	新闻	歌词
纸质版	51.0%	42.5%	14.7%	25.2%	24.6%	13.8%	7.9%
数字版	28.0%	18.2%	11.7%	9.3%	17.1%	37.0%	61.7%

资料来源：英国国家读写能力信托基金会2021年度读写能力调查报告

对于六种只能通过数字格式阅读的内容，绝大多数儿童与青少年表示，他们在空闲时间阅读短信或即时信息（92.4%），其次为游戏内信息（87.5%）。阅读网站（82.9%）、社交媒体（80.7%）和电子邮件（75.8%）的儿童与青少年也占很大比重，阅读博客、论坛的则较少，仅占27.8%。

表4　2021年初英国儿童与青少年的数字阅读情况

内容类型	所占比重
短信/即时信息	92.4%
游戏内信息	87.5%
网站	82.9%
社交媒体帖子	80.7%
电子邮件	75.8%
博客/论坛	27.8%

资料来源：英国国家读写能力信托基金会2021年度读写能力调查报告

（二）青少年阅读情况调查报告

青少年阅读情况调查报告英国版由英国邓迪大学（University of Dundee）教育与社会研究教授基思·托平（Keith Topping）联合国家读写能力信托基金会，利用世界主流英文阅读分级体系平台"加速阅读"（Accelerated Reader，简称AR）共同发布。该体系的开发者是睿乐生教育集团，美国超过三分之一的学校，英国约一半的学校，全球一千多万学生，都在使用其英语分级阅读、测评、阅读练习教学软件等产品和方案。

睿乐生一年一度的青少年阅读情况调查报告是全球最大的K-12阅读报告，始于2009年，详尽地分析K-12学生的阅读习惯、电子书阅读排行榜、各年级阅读的小说、非小说类阅读习惯和跨文化阅读的发展现状等，并对全球K-12学生的阅读习惯提供科学化的洞察。2022年最新版报告的数据来源于睿乐生旗下的"加速阅读"系统以及myON在线图书馆的2020—2021学年学生阅读数据，共回收星空阅读测试报告（Star Reading，睿乐生研发的一款测试学生阅读水平的考试系统）41500份。报告内含如何阅读（*How Kids Are Reading*）、阅读什么（*What Kids Are Reading*）两大部分。

报告在第一部分作了大量数据分析。2022年英国和爱尔兰共有来自6049所学校（同比增加8%）的1088136名学生（同比减少5%）使用"加速阅读"

系统，共阅读图书21903349册（同比增加11%），总阅读字数（Total Words Read）为225816077445个，平均文字难度等级（ATOS）为3.6（表示三年级第六个月英文阅读同等水平），测试平均正确率（Average Percent Correct）为75%。

使用"加速阅读"系统的小学数量显著提升，占比62%，中学则有所下降，占比38%。学校及图书数量的增长反映出后疫情时代英国青少年阅读情况正在逐渐恢复正常。从学生构成上看，49%为女生，51%为男生，与上一年持平。3年级和4年级的学生参与测试的人数最多，分别为4646422、4573603名学生，同比分别增长28%、29%。同样地，3年级学生阅读的图书数量最多，平均为34.8册。从地域上看，北爱尔兰使用"加速阅读"系统的学生比例最高，为20%，这意味着超过20%的学生使用"加速阅读"系统；其次为英格兰，为12%。

从星空阅读测试报告上看，"加速阅读"系统使用者的阅读水平在开始阶段高于平均线，随后下降至略低于平均水平（49%），在小幅回升至平均线后，将于中学阶段迎来正式增长，最终于8年级达到峰值（55%）。报告显示，在各年级阶段，星空阅读测试分数都与阅读理解分数（APC）和专注阅读时间（ERT）呈正相关，即对阅读内容理解得越到位，在校阅读时间越长，其得分越高，阅读能力越强。

与没有使用"加速阅读"系统的同龄人（51.8%）相比，使用该系统的儿童与青少年中享受阅读的人更多（55.3%）。数据表明，该系统可能在提升男孩的阅读享受度方面更有效，使用该系统的男孩中有51.7%表示自己喜欢阅读，而未使用该系统的男孩仅有45.8%喜欢阅读，两者相差5.9%，而该系统对女孩阅读享受度的影响要小得多（相差1.5%）。使用该系统对儿童与青少年阅读享受度的影响却并没有转化为更高的阅读频率，33.9%的用户每天阅读，而不使用该系统的同龄人中每天阅读的也达31.4%，差距极小。

报告在第二部分总结了不同年级、性别的学生最常阅读的图书。（见表5）

1、2、3年级主要以《咕噜牛》最受欢迎，4、5年级主要以罗尔德·达尔的作品和《小屁孩日记》系列为主导，并且热度一直持续到8年级。6年级起《哈利·波特》开始风靡，直到9—11年级都非常受欢迎。随着年龄的增长，学生的阅读范围开始扩大，阅读的图书也呈现多元化。

表5 不同年级、性别的学生最常阅读的图书情况

年级	总 书名/作者	男孩 书名/作者	女孩 书名/作者
1	《咕噜牛》（The Gruffalo）朱莉娅·唐纳森（Julia Donaldson）	《咕噜牛》朱莉娅·唐纳森	《咕噜牛》朱莉娅·唐纳森
2	《咕噜牛》朱莉娅·唐纳森	《咕噜牛》朱莉娅·唐纳森	《咕噜牛》朱莉娅·唐纳森
3	《咕噜牛》朱莉娅·唐纳森	《咕噜牛》朱莉娅·唐纳森	《魔法手指》（The Magic Finger）罗尔德·达尔（Roald Dahl）
4	《蠢特夫妇》（The Twits）罗尔德·达尔	《狐狸爸爸万岁》（Fantastic Mr Fox）罗尔德·达尔	《蠢特夫妇》罗尔德·达尔
5	《小屁孩日记》（Diary of a Wimpy Kid）杰夫·金尼（Jeff Kinney）	《小屁孩日记》杰夫·金尼	《蠢特夫妇》罗尔德·达尔
6	《小屁孩日记》杰夫·金尼	《小屁孩日记》杰夫·金尼	《哈利·波特与魔法石》（Harry Potter and the Philosopher's Stone）J.K.罗琳（J.K. Rowling）

续表

年级	总 书名/作者	男孩 书名/作者	女孩 书名/作者
7	《了不起的大盗奶奶》（Gangsta Granny）大卫·威廉姆斯（David Williams）	《小屁孩日记》杰夫·金尼	《了不起的大盗奶奶》大卫·威廉姆斯
8	《哈利·波特与魔法石》J.K. 罗琳	《小屁孩日记》杰夫·金尼	《哈利·波特与魔法石》J.K. 罗琳
9-11	《人鼠之间》（Of Mice and Men）约翰·斯坦贝克（John Steinbeck）	《人鼠之间》约翰·斯坦贝克	《人鼠之间》约翰·斯坦贝克

资料来源：2022 年青少年阅读情况调查报告英国版

与上一年相同，杰夫·金尼（Jeff Kinney）、大卫·威廉姆斯（David Walliams）依次位列最受欢迎作家排行榜的第一、第二名，上一年排行第五的罗尔德·达尔（Roald Dahl）升至第三名。J.K. 罗琳（J. K. Rowling）从第九名稳步升至第四名。（见表 6）

表 6　2022 年最受欢迎青少年作家情况

排名	作家	图书被阅读次数
1	杰夫·金尼	307200
2	大卫·威廉姆斯	140891
3	罗尔德·达尔	116531
4	J.K. 罗琳	83522
5	朱莉娅·唐纳森	65557
6	罗德里克·亨特（Roderick Hunt）	21604

续表

排名	作家	图书被阅读次数
7	R.J. 帕拉西奥（R. J. Palacio）	19843
8	法兰西斯卡·赛门（Francesca Simon）	12223
9	约翰·斯坦贝克	11986
10	路易斯·萨查尔（Louis Sachar）	8210

资料来源：2022 年青少年阅读情况调查报告英国版

近年来，纪实文学类图书正以儿童友好的多样化形式呈现，如图画书等，主题涵盖全球变暖、动物世界、性别认同、心理健康等，覆盖面越来越广泛。以男孩为受众的足球主题依然很受欢迎。在纪实文学阅读方面，3 年级和 4 年级的学生有一些进步的迹象，阅读难度从与实际年龄持平提高到比实际年龄多一岁。然而，5 年级和 6 年级学生的阅读难度已经比实际年龄低了六个月到一年，图书难度水平显著下降，而阅读理解分数基本保持不变。

报告还对英国阅读习惯的地区差异作了分析：首先，在所有地区，学生升入中学后的阅读难度显著下降。其次，北爱尔兰和爱尔兰共和国在小学阅读教学方面存在显著差异。在共和国，小学低年级非常重视阅读需要较高理解能力的高难度图书。在北爱尔兰，难度则要低得多。然而，到中学教育时，难度逐渐趋同。第三，与其他四个地区相比，威尔士的学生阅读情况最糟糕，尤其是小学生，今年表现出进一步下降的趋势，原因之一可能是经常阅读可读性低的图画书。

（三）其他专项阅读调查

1. 有声书调查分析

受英国出版商协会委托，国家读写能力信托基金会聚焦 2020 年度有声书调查分析，旨在挖掘出有声书和儿童读写参与度情况的关系。

调查结果主要有如下几个方面：居家期间有更多孩子开始使用有声书，这一比例从2020年初的16.3%上升到居家期间的23.4%，其原因多种多样，包括更多可供支配的时间、电子书相较纸质书更易获得的特性等；使用有声书极大改善孩子们的读写参与度，让他们享受其中，52.9%的儿童表示有声书激发了阅读兴趣，42.6%认为增长了写作热情，听有声书的人有更频繁的阅读频率和固定的阅读习惯，而且大部分孩子认为有声书比看视频更能激发自己的想象力；在维持心理健康方面有声书的功劳也不可小觑，31.8%的孩子认为有声书在居家期间改善了自己的心情，有助于缓解焦虑，适当转移注意力；就性别而言，男生女生对有声书的偏好在居家前后发生了转变，2020年1月，女生比男生更爱听有声书，居家期间，男生的比例上涨到25.0%，而女生只有22.4%；在年龄段上，随着年龄增长孩子们对有声书的兴趣有所下降，但所有年龄段的孩子中均有24%左右的人表示居家期间更倾向于使用有声书进行阅读。

调查显示有声书在青少年和儿童群体中得到更多的青睐：以年龄分类，年龄稍大的儿童和青少年群体兴趣增加；以性别分类，男生的兴趣有所增加——这一变化十分积极，因为男生一贯在读写方面参与度较低，这说明居家并没有打击孩子们读书和学习的意愿；学生是否在提供免费膳食的学校上课的影响关联度并不高，可见经济劣势并没有对阅读造成想象中的阻碍。

报告阐明了因居家导致有声书使用率上升的可能原因。一方面，除了更多的自由时间、电子书更易获得的特性，电子书提供的陪伴和安慰同样十分显著。听有声故事可以让一家人享受其乐融融的氛围，也可以弥补父母没有时间为孩子们读故事的缺憾。为了享受而阅读带来的好处不只阅读成就感，听故事也为孩子们提供积累词汇的渠道，打开了解不同的观点、视角和经历的文化之窗。另一方面，智能手机，特别是在疫情导致难以借阅实体书的背景下，对于有声故事的发展起到极大的促进作用。调查表明有声书作为大众媒介，花销较低，不受阅读门槛限制，市场需求强劲，是纸质书的强力替代，发展前景巨大。

2. 被遗忘的女孩：不享受阅读的女孩读者

鼓励男孩阅读一直是研究、实践与政策的重点，不享受阅读或从不在空闲时间阅读的女孩却鲜少为人关注。基于此，国家读写能力信托基金会于2021年12月发布了《被遗忘的女孩：不享受阅读的女孩读者》（*Forgotten Girls: The reluctant girl readers*），旨在分析女孩不享受阅读的原因的多样性与复杂性，为未来实践提供指导。

基于参与2021年度读写调查的21696名8—18岁女孩数据，报告总结了如下发现：

（1）不享受阅读的女孩情况

2021年初，有44.1%的女孩表示自己不享受阅读，其中年龄较大的女孩（11—16岁）占比较高，8—11岁不享受阅读的女孩占比最小。领取免费校餐（FSMs）的女孩比未领取的女孩不享受阅读的人数更多，占比达48.3%。（见表7）领取免费校餐与享受阅读二者之间的关系在年龄较小的女孩身上体现得更为明显。表8显示，在8—11岁年龄组中，领取免费校餐的女孩中不享受阅读的占42.2%，未领取的女孩中不享受阅读的则占31.9%。这一差距在16—18岁年龄组中可基本忽略不计（35.8% VS. 34.7%）。从出身上看，白人家庭有近一半（47.2%）的女孩不享受阅读，而亚裔家庭仅有36.8%的女孩不享受阅读。

表7 不享受阅读的女孩比重（基于人口细分统计）

人口细分	年龄段				是否领取免费校餐		出身				
	8—11	11—14	14—16	16—18	是	否	白人	混血	亚裔	黑人	中东
比重	34.6%	45.5%	45.6%	35.1%	48.3%	43.3%	47.2%	41.7%	36.8%	39.9%	43.6%

资料来源：英国国家读写能力信托基金会"被遗忘的女孩"调查报告

表 8 不享受阅读的女孩比重（基于是否领取免费校餐与年龄段关系细分）

是否领取免费校餐 \ 年龄段	8—11	11—14	14—16	16—18
是	42.2%	50.2%	47.5%	35.8%
否	31.9%	44.5%	45.1%	34.7%

资料来源：英国国家读写能力信托基金会"被遗忘的女孩"调查报告

不享受阅读的女孩人数也因地理区域而异。不喜欢阅读的女孩人数比重最高的是约克郡和亨伯郡（51.0%）及东南部地区（48.3%），不享受阅读的女孩人数比例最低的则是西米德兰兹郡（42.2%）和伦敦（38.5%）。（见图4）

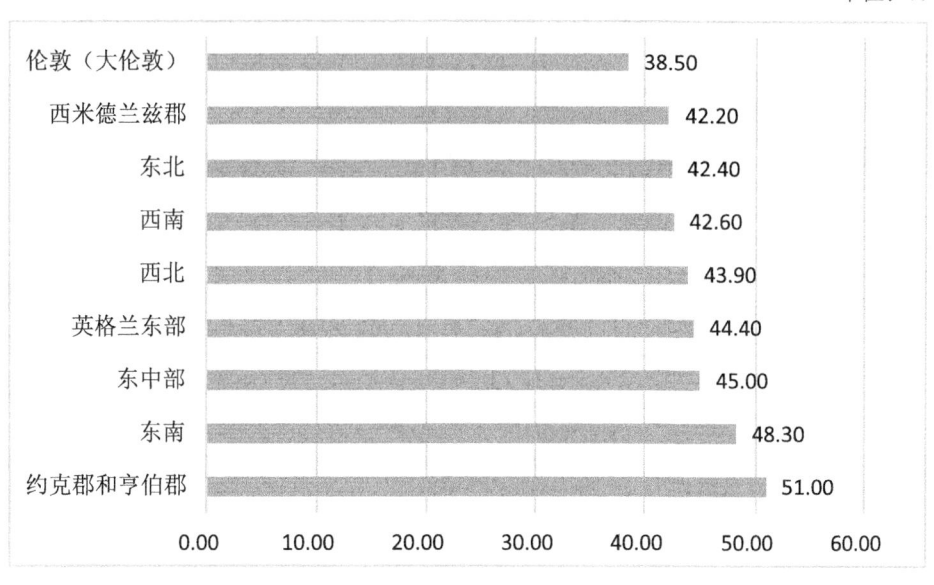

单位：%

地区	比重
伦敦（大伦敦）	38.50
西米德兰兹郡	42.20
东北	42.40
西南	42.60
西北	43.90
英格兰东部	44.40
东中部	45.00
东南	48.30
约克郡和亨伯郡	51.00

图 4 按地区细分的不享受阅读的女孩比重

资料来源：英国国家读写能力信托基金会"被遗忘的女孩"调查报告

报告指出，部分不享受阅读的女孩仍坚持阅读，半数（49.5%）不享受阅读的女孩表示自己至少一周阅读一次。然而，21.4%不享受阅读的女孩很少或从不阅读。38% 不享受阅读的女孩表示学习是其阅读的主要目的，79.4% 享受阅读的女孩则表示休闲是其主要目的。

不喜欢阅读的女孩比喜欢阅读的女孩更少对阅读持积极态度，只有 17.3% 不喜欢阅读的女孩认为阅读很酷，而 60.9% 喜欢阅读的女孩持相同观点。然而，女孩不喜欢阅读并不意味着她们没有看到阅读可能带来的好处，34.7% 的女孩认为如果她们是一个好的读者，就会得到一份更好的工作。

选择和兴趣是阅读的重要因素，然而 44.1% 不喜欢阅读的女孩找不到自己感兴趣的东西阅读，这几乎是喜欢阅读的女孩（11.8%）的四倍。（见图5）

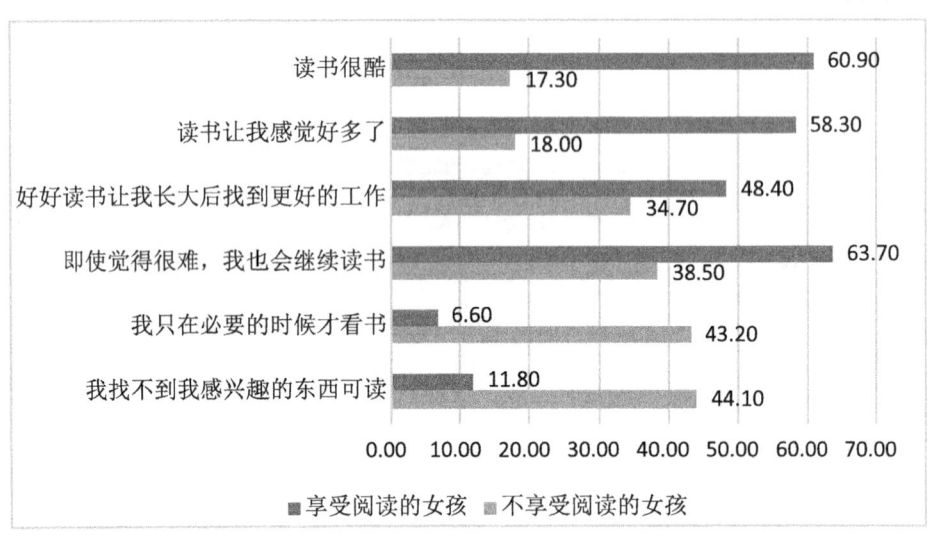

单位：%

项目	享受阅读的女孩	不享受阅读的女孩
读书很酷	60.90	17.30
读书让我感觉好多了	58.30	18.00
好好读书让我长大后找到更好的工作	48.40	34.70
即使觉得很难，我也会继续读书	63.70	38.50
我只在必要的时候才看书	6.60	43.20
我找不到我感兴趣的东西可读	11.80	44.10

图5 不享受阅读和享受阅读的女孩的阅读态度

资料来源：英国国家读写能力信托基金会"被遗忘的女孩"调查报告

因此，对于不喜欢阅读但试图参与阅读的女孩来说，寻找感兴趣的图书可能是一个障碍。阅读材料缺乏多样性是阻碍女生阅读的障碍之一，39.1% 不享受阅读的女孩称其很难在书中找到与她们相似的角色或人物，31% 享受阅读的女孩有相同感受。图书缺乏代表性，女孩读者就无法将自身与角色联系起来，因此图书的多样性和代表性可能是吸引女孩读者的重要因素，建议推出关于女性榜样和不同主题的文本。

（2）不阅读的女孩情况

超过 10.2% 的女孩表示自己在空闲时间从不阅读。与不享受阅读的女孩相似，年龄较大（14—16 岁）、领取免费校餐、白人和黑人家庭的女孩空闲时间从不阅读的人数更多。（见表 9）

表 9 不阅读的女孩比重（基于人口细分统计）

人口细分	年龄段				是否领取免费校餐		出身				
	8—11	11—14	14—16	16—18	是	否	白人	混血	亚裔	黑人	中东
比重	4.7%	9.4%	13.8%	8.4%	11.6%	9.8%	10.9%	9.0%	6.5%	10.7%	6.4%

资料来源：英国国家读写能力信托基金会"被遗忘的女孩"调查报告

阅读享受度也是影响女孩是否选择在空闲时间阅读的重要因素，例如，在空闲时间不阅读的女孩中，只有 5.3% 的女孩喜欢阅读，而每天阅读的女孩中喜欢阅读的占 87.0%。

3. 阅读困难的女孩情况

基于 286240 名参与 2018/2019 睿乐生星空阅读测试和"加速阅读"系统平台的女孩数据，报告总结了如下发现：

约 19% 的 8—14 岁女孩是"阅读困难生"，其星空阅读测试分数排名处于后 25%。6—7 岁阅读困难的女孩人数大约是 10 岁及以上的两倍（40.0% vs. 18.3%）。

阅读困难的女孩平均阅读时间少于同龄女孩，其阅读过的图书数量则与同龄女孩基本持平。然而，与同龄人相比，阅读困难的女孩阅读的图书难度通常较低，阅读单词量也较低。

总的来说，这份报告表明有许多复杂因素影响着女孩阅读与否或享受阅读与否，因此一个解决方案并不适用于所有女孩读者。未来的举措应考虑到这一问题的复杂性，通过多样化的方式促进阅读，如推出关于来自各种背景的女性积极榜样的阅读材料，寻求增加女孩每天阅读时间的方法等，不同的方式将对不同的女孩起作用。

三、推动全民阅读工作的主要机构

在英国，不仅政府重视阅读推广，将教育重心放在儿童读写能力提升上，英国公共图书馆、阅读机构、出版商、书店、文化公益机构等团体的参与也对英国阅读推广体系的构建和完善起到不可或缺的作用。从推广主体来看，阅读推广不仅有单一主体推广模式，更普遍的是政府、图书馆、学校、出版商、阅读社组织与文化公益机构等多主体合作推广模式。

（一）政府部门

1. 数字化、文化、媒体和体育部

英国现有23个内阁部门，其中数字化、文化、媒体和体育部下设45个专门机构，与文化、阅读相关的专门性机构有英格兰艺术委员会、英国国家图书馆等。

英格兰艺术委员会成立于1994年，是服务于国家创意和文化发展的机构。2020年初，英格兰艺术委员会发布全新的长期战略计划《携手共创：2020—2030年的战略》，致力于到2030年将英国打造成为充分重视并繁荣发展个体创造力，保证每个公民都能获得一系列高质量文化体验的国家。英格兰艺术委员会计划于2023—2026年通过国家彩票基金项目（National Lottery Project Grants）为个人从业者、艺术组织、图书馆和博物馆提供开放式资助计划，来支持文化产业的发展。该机构下设专门负责图书馆、文学、青少年事务等的相关部门，通过管理国家彩票基金、文化复苏基金等，向图书馆、文学阅读、青少年阅读活动等定向发放资助。在文学方面，英格兰艺术委员会支持诗歌、小说、生活写作、口语、儿童写作、文学翻译和其他形式的创造性写作，其资助的范围涵盖印刷出版、网络、现场表演和广播等一系列媒体。

数字化、文化、媒体和体育部图书馆团队的职责包括支持国务卿履行监管职责，代表图书馆支持中央政府的决策，处理图书馆章程和数据，以及为正在发生重大变化的服务提供建议。该团队的职责由英格兰艺术委员会于2015年成立的图书馆专责小组（Libraries Taskforce）来代行，具体工作包括：向地方和国家政府说明对公共图书馆提供资金支持的理由，并向潜在的资助者做宣传；分享公共图书馆对社会、地方社区以及政府决策的贡献；通过英国国家图书馆的商业和版权中心（BIPC）和生动知识网络（Living Knowledge Network）等项目支持公共图书馆的发展；以提供图书馆服务、加强图书馆部门的职能为愿景，确保获取足够的资源，促成合作伙伴关系和技能发展；探索公共图书馆部门新的治理和交付模式的潜力，以确保公共图书馆为所有人提供优质服务；与图书馆部门分享良好做法、案例研究和其他信息。该图书馆专责小组已于2020年3月停止代行职责。疫情暴发后，改由数字化、文化、媒体和体育部专门成立的文化复苏专责小组（Cultural Recovery Taskforce）下设的图书馆服务工作组（Library Services Working）履行职责。[1]

2. 教育部

英国教育部为英国内阁部门之一，与17个公共机构和非内阁部门合作，负责英国的儿童服务和教育，包括早教、学校、高等教育和继续教育政策、学徒制和技能培训，旨在确保人人机会平等，无论其背景、家庭环境或需求如何。教育部致力于释放每个人的潜力，通过保护弱势群体并提供高标准的教育、培训和护理，让儿童和学习者茁壮成长，最终推动经济和社会发展，促进社会公平。

教育部负责的主要工作如下：儿童早期和小学教学；中学教学；学徒制、就业培训和继续教育的教学和培训；高等教育教学；支持与儿童、青少年和成人学生合作的专业人士；帮助弱势儿童与青少年取得更多成就；确保当地服务机构保护和支持儿童。在英国全民阅读工作方面，教育部主要承担了社会研究、政策制定与颁布的工作。

---

[1] https://dcmslibraries.blog.gov.uk/2020/03/13/introducing-the-dcms-libraries-team/.

自2010年起，教育部开始重点关注提高全民阅读能力，缩小障碍学生与其同龄人在阅读素养上的差距。2014年提出的新版国家课程标准强调语音知识的教学，鼓励快乐阅读。同时，政府面向即将升入中学，阅读水平却未达到4级或以上的学生发放每人500英镑的补习费。然而，仍有许多学生的阅读能力在小学毕业时未能达到相应标准。

2015年3月，英国教育部颁布了《阅读下一步计划：提高学校的读写能力标准》。该文件内含三部分内容：阅读素养的重要性、近年来全民阅读取得的成就，以及下一阶段计划。数据表明，阅读素养高的学生更有可能在学校取得好成绩，获得良好的学历，最终度过充实且有意义的职业生涯。英国的全民读写能力仍落后于世界多数国家，基于此，政府采取了一系列措施增强人们对阅读重要性的认识，提高学校的读写能力标准。

下一阶段计划主要针对两方面内容：自然拼读法的教学、培养成熟的阅读者。首先，教育部计划于2015年9月拨款发起语音教学合作计划，各学校将分为12—15组，在优秀学校的分别带领下，提高其自然拼读法的教学能力。在具备基本的识字能力后，学生应着重提高其读写的速度与流畅度，从而成为更加自信、成熟的读者。为达成以上目的，教育部计划于2015年3月5日发起读书俱乐部计划，资助各小学第二阶段（5—11岁）的学生建立读书俱乐部。学生可在读书俱乐部讨论读过的书，在分享作家与故事的过程中培养自己对文学的兴趣。此外，该计划还要求所有学校为第三学年的学生申请图书馆会员，与当地图书馆合作，组织班级参观等活动。最后，教育部将继续支持全国诗歌朗诵比赛，从小培养学生对诗歌的热爱，并资助学校帮助学生阅读、学习诗歌。

2021年7月10日，英国教育部为敦促学校实现早期阅读教学的现有目标，发布了《阅读框架：读写能力基础教学》，该指导性文件于2022年1月27日再次修订。该文件以教师、阅读语言专家、教育机构、英语中心委员会成员及34所英语中心学校（English Hubs，教育部选出的34所优秀小学，为周边学校早期语言、语音和阅读教学提供支持）的宝贵经验和知识为基础，由读写领域的专家及各学校领导共同撰写，包含6部分内容：阅读的重要性和概念模型、语言理解、单词的阅读和拼写、有阅读障碍风险的儿童、领导与管理、基于高年级学生的总结。文件适用于英国的小学、初级教师培训以及其他专业培训机构,侧重于阅读教学的早期阶段,阐述对话、故事和自然拼读学习法在阅读教学中的重要性;为高质量教学提供实际支持,包括评估和项目持续性测试等;鼓励小学在入学和第一学年开展评估,在发现教学短板后作出改进;说明 SSP 教学对尚未掌握阅读基础的高年级学生的重要性;鼓励家校合作,帮助孩子学习阅读;最终帮助学校实现《国家课程学习计划》(National curriculum programmes of study)、《早期教育阶段法定框架》(Statutory framework for the early years foundation stage)和《教育审查框架》(Education inspection framework)所列的早期阅读教学目标。

文件指出,各小学应确保全体学生在六年级毕业前掌握流利的阅读和写作能力,为中学阶段的学习生活奠定坚实基础。研究显示,阅读能力由语言理解和单词阅读两部分构成,文件重点阐释了语音拼读在单词阅读和拼写方面的关键作用,并由此引出了自然拼读教学方法。该教学法通过教授形素—音素的对应关系(GPC),帮助孩子将单个音素融合为一个单词并能够正确发音,或将单词分割为音素。同时,该教学法将不符合自然拼读规则的单词(common exception words)和高频词汇(high frequency words)作出区分,帮助孩子阅读和拼写不符合自然拼读规则的单词、认识大小写字母、阅读超出目前理解范畴的图书和文章(如高等物理等)。自然拼读教学法对年轻、有阅读障碍风险的读者成效显著,一线教师应首先提高自己的语音拼读能力,从第一学年起开始应用该教学法;学校领导则应敦促该教学法落地,打造一支专业化的师资队伍。英国教育标准局(Office for Standards in Education, Children's Services and Skills)将通过旁听课程、考量学校阅读教学的相关政策、语音筛查等一系列措施对语音教学成果进行检查和评估。

3. 教育标准局

英国教育标准局是英国国家教育、儿童服务和技能培训机构的官方监管机构,旨在通过提高教育和儿童社会护理的标准来改善生活,不隶属于任何学校或教育机构,独立而公正,直接向议会报告。该局直接领导 2000 名督学,对学校、继续教育和技能培训机构进行检查。

教育标准局主要职能如下：检查公立学校和学院、部分私立学校、大学、提供学徒制的公司、监狱教育以及其他高等教育以外的教育机构和项目；监管幼托、地方当局、收养和寄养机构、教师职前教育和教师发展；规范一系列婴幼儿和儿童社会护理服务，确保其适合儿童与潜在弱势青少年；发布官方报告以提升教育和培训整体质量；让政策制定者了解这些服务的有效性。作为国家预防机制（National Preventive Mechanism）的成员，教育标准局还负责监督和报告羁押场所。该局的检查工作在英国全民阅读工作方面起着不可或缺的作用，如教育部颁布《阅读框架：读写能力基础教学》后，教育标准局通过旁听课程、考量学校阅读教学的相关政策、语音筛查等一系列措施对语音教学成果进行检查和评估。

根据其发布的 2022—2027 年战略，该局未来工作重点如下：提高检查标准，帮助恢复和改善教育和社会护理；监管触及权利，提高儿童关怀、教育和保护质量；充分利用官方报告，通过研究和分析，为从业者、政策制定者和决策者提供信息，从而促进整个系统的改进；开发有关早期教育的资源库，包括课程和教学法，并采取行动；将促进儿童的安全和福祉放在一切工作的首位；与行业发展同频共振，与教育和社会护理行业的发展保持同步，不断自审方式方法，并在需要时主张增加权利；维持可访问、可参与状态，对不同的受众开放，了解他们的需求；培训一支精英员工队伍，确保员工拥有所需的工具、知识和专业技能。

（二）阅读推广组织机构

1. 英国阅读社

英国阅读社是 2002 年成立于英格兰的独立公益机构，以帮助人们用阅读的力量应对人生重大挑战为使命，以创造一个人人阅读的美好世界为愿景，是英国阅读发展的引领者，由英格兰艺术委员会提供资金支持。

其全英阅读项目覆盖范围非常广泛，从 4 岁的儿童到成人，每年有 170 万人参加该机构组织的活动。该机构根据研究结果、形成性评估，以及不同受益人的具体需求，为不同人群量身定做不同的阅读项目。其组织和参与的主要阅读活动包括阅读点亮人生（Reading Sparks）、阅读挑战（Reading Challenge）、读书分享会（Chatterbooks）、幸福阅读（Reading Well）、提前阅读（Reading Ahead）、世界图书之夜（World Book Night）、阅读之友、快速阅读等。

英国阅读社采用共同创造模式，与参与者和合作伙伴一起制定和实施项目计划。该机构高度重视现有合作伙伴，汇集了来自公共、私人和志愿部门的众多伙伴，包括公共图书馆、学校、监狱、高等院校、工作单位、社区中心、卫生工作者以及拥有共同价值观与目标的其他组织和公益机构。得益于此，英国阅读社每年在全英国能够影响190万人。此外，阅读社还聘请明星担任形象大使，进一步扩大其影响力。大使出席阅读社举办的各类阅读活动，并通过媒体和新闻采访进行宣传推广，让更多人爱上阅读。

英国阅读社自成立以来，硕果颇丰。2021年，阅读社在全英成立了5839个阅读小组，成员突破4.2万人；发放图书逾18万册、阅读资料和近10万个活动包裹。阅读社相信阅读的力量，认为阅读在提升自信、提高心理健康水平、加强人与人之间的联系方面始终发挥着显著作用。

2. 图书信托基金会

图书信托基金会成立于1921年，前身是全英图书委员会（National Book Council），二战末期改名为全英图书联盟（National Book League），直至20世纪80年代中期才更名为图书信托基金会。基金会由英格兰艺术委员会及其他合作伙伴和捐赠者资助，是英国最大的儿童阅读公益机构。

基金会致力于鼓励儿童阅读，认为早期阅读和家庭参与是培养孩子阅读习惯的最佳方式。每年，基金会向全英数百万儿童提供图书、资源和支持，培养他们对阅读的热爱。基金会重点关注低龄儿童，通过发起一系列阅读推广活动，包括阅读起跑线、信箱俱乐部、图书时间、学校图书馆阅读包、图书成热点（Bookbuzz）、图书信托代表（BookTrust Represents）、睡衣梦（Pyjamarama）、关爱包（Care Packages）等，培养儿童对图书、儿歌和故事的兴趣。基金会强调儿童早期阅读和家庭参与，鼓励父母和护理人员尽早带着宝宝一起阅读。此外，基金会与学校开展合作，支持教师和学校图书管理员的工作，培养儿童与青少年的阅读兴趣。基金会致力于开展多元、包容、平等的活动，制定更有针对性的计划，帮助所有面临经济困难的家庭以及有额外需求的儿童。

图书信托基金会自成立以来，影响广泛，效果显著。每年，基金会向全英家庭发放 330 万册图书，涵盖 35 种不同语言。2021 年，基金会面向受疫情影响家庭开设的网站家庭时间（HomeTime），浏览量超百万人次。旗下活动覆盖 95% 以上地方当局的低龄弱势儿童，致力于激发儿童对阅读的兴趣，为家长提供陪伴孩子的新方式。

3. 国家读写能力信托基金会

国家读写能力信托基金会是一家独立的公益团体，1993 年成立于英国伦敦，以提高全英读写水平为宗旨，致力于提高弱势儿童的读写能力，助力其成功人生。基金会的主要工作包括以下几个方面：成立全国读写能力信托中心（National Literacy Trust Hubs），在最贫穷的社区开展扫盲项目，汇集当地企业、卫生、教育和文化组织等合作伙伴，帮助提高当地的识字水平；分享数据分析成果，推广最佳实践，并为学校和早期教育机构提供课程和资源；增强政府和家长对读写能力的重视程度，为家长提供建议、儿童读写能力发展里程碑和免费活动，家长可在生命之言（Words for Life）网站上查找相关资料；对国民读写能力进行调查、研究和分析。基金会发起成立并参与一系列的阅读推广组织和活动，如继续读、读起来（Read On. Get On.，致力于提高英国阅读水平的公益机构和教育机构的联盟）、扫盲商业承诺愿景（Vision for Literacy Business Pledge，呼吁英国企业加入全国扫盲运动，帮助缩小国家的识字差距，促进社会流动）、家庭学习环境（The Home Learning Environment，与教育部合作开展的一项多方面的倡议，支持家长为 0—5 岁的儿童提供语言丰富的家庭学习环境）、教育公平联盟（Fair Education Alliance）、社区和地方（Communities and Local Areas，基于不同地区提供提高读写能力的解决方案）、父母与家庭（Parents and Families，面向家庭提供培养儿童读写能力的建议和资源）等。

国家读写能力信托基金会自成立以来，一直是英国读写能力的领导机构。2021年，基金会共计为70万失学或无法接触数字化学习的儿童提供帮助；在疫情隔离期间，发放近60万份图书、杂志和文字资料；同6492所学校开展合作，支持其帮助学生复学、激励学生的工作。

4. 国际图书援助

国际图书援助成立于1954年，坐落于伦敦南部，以建设一个人人有书读的世界为愿景，致力于通过创造阅读机会促进发展中国家人民快乐阅读、终身学习，从而改善、丰富其人生。

作为面向发展中国家图书供应和图书馆支持方面的英国领先机构，国际图书援助倡导全民读书，向世界各地成千上万的图书馆、学校、高校、医院、监狱和难民营提供精挑细选的崭新图书；关注儿童阅读，通过儿童乐园（Children's Corners）和探索宝盒（Discovery Book Boxes）项目向儿童发放多种多样的图书，包括绘本、小说、语音读物、分级读物、纪实文学和面向非英语母语儿童的图书，每年向儿童发放的图书占当年发放图书的三分之二；支持素质教育，通过读者激励（Inspiring Readers）和图书馆探索（Explorer Library）计划向世界各地的学校、高校发放图书，并对教师开展培训，帮助学生充分发挥其潜力；通过图书改善人体健康和医疗保障，向世界各地特别是偏远乡村地区的高校、医院和医疗中心提供最新的医疗资讯及图书；与世界各地的非政府组织合作，向冲突地区的失学儿童、流离失所的难民和正在重建家园的人民发放图书。该机构一切资金、图书均来自个人、企业和信托机构的捐助，不接受任何政府资助。因此，该机构每年都会对外公布上一年度图书捐赠的详细报告，包括捐赠图书的品种和数量、重点援助机构以及项目、捐赠产生的效果，以及具体的收入来源表和支出统计表。

国际图书援助侧重于撒哈拉以南非洲地区，与遍及东非、东北非、西非、南非、中东和欧洲的国家紧密合作。据统计，自成立以来，国际图书援助每年向全世界26个国家提供约100万册图书，约有1950万来自各行各业、不同年龄段的人因此受益。

（三）出版机构

许多大众类出版商与公益机构或非营利组织合作，以确保需要帮助的人能够获得图书和学习资源。其合作伙伴包括英国阅读社、图书信托基金会、国家读写能力信托基金会等机构。尤其是疫情期间，这种合作更加密切。

1. 企鹅兰登书屋

企鹅兰登书屋（Penguin Random House）旗下的海雀出版社（Puffin）与英国国家读写能力信托基金会合作开展"海雀故事世界"（Puffin World of Stories）项目，向50所小学赠送25000本图书，并提供书签、海报等资源。该项目倡导快乐阅读，旨在重振学校图书馆，激发学生阅读乐趣[1]。

企鹅兰登书屋与公益机构为学校发声（Speakers for Schools）开展合作，邀请旗下知名签约作者进行演讲，为英国各地11—18岁学生提供每日线上讲座活动。该项目是企鹅兰登书屋在2018年推出的"企鹅讲座"（Penguin Talks）系列的延续，这些讲座将通过网络直播的方式进入学校甚至家中[2]。

企鹅兰登书屋与种族平等智库兰尼米德信托基金会（The Runnymede Trust）联手发起"多彩文学"（Lit in Colour）项目，旨在通过在教室教授英语文学，探索如何增加学生对有色人种作家和少数民族背景作家图书的接触，激发孩子想象力[3]。

2022年是"海雀故事世界"项目的第三年，在疫情期间，该活动也做了相应的调整和创新，以确保学生在学校关闭的情况下仍能继续阅读故事。国家读写能力信托基金会推出了"家庭区"，与海雀学校和海雀故事世界网站相连接，引导家长访问品牌资源，以支持孩子在家阅读。同时，海雀出版社

---

[1] https://www.thebookseller.com/news/puffin-give-25000-books-schools-through-nlt-partnership-869571.

[2] https://www.thebookseller.com/news/prh-launches-virtual-penguin-talks-series-speakers-schools-1200931.

[3] https://www.thebookseller.com/news/newsprh-launches-inclusive-english-lit-campaign-1222693.

还推出了海雀故事会、每日阅读和抽奖活动，来确保快乐阅读能一直进行。①

企鹅兰登书屋与歌手多莉·帕顿（Dolly Parton）基于"想象图书馆"（Imagination Library）的全球赠书计划，合作开展新试点项目，每月向居住在伦敦的 200 名难民儿童赠送一本书，直到他们年满 5 岁。该项目旨在帮助家庭十分困难的儿童，让他们有获得图书的平等权利。②

2. 哈珀·柯林斯出版集团

哈珀·柯林斯（HarperCollins）与谈话电台（talkRADIO）开展合作，在广播"故事时间"（The Story Hour）播放儿童有声读物，该活动有助于父母和孩子在听故事的过程中享受家庭亲情和阅读乐趣。③

哈珀·柯林斯的"柯林斯大猫"（Collins Big Cat）阅读项目与《苏格兰太阳报》（The Scottish Sun）合作，向苏格兰的小学提供价值超过 100 万英镑的免费图书。哈珀·柯林斯也在苏格兰格拉斯哥（Glasgow）启动了"识字项目"（The Literacy Project），与年轻家庭开展"早期语言项目"（Early Words Together），强调识字的重要性，让苏格兰所有小学生都有机会读到好书。④

哈珀·柯林斯与《太阳报》合作开展图书助学活动，向英格兰、威尔士和北爱尔兰的学童发放 200 万本免费图书，这些图书包来自柯林斯大猫阅读系列。该活动旨在推动全国各地的阅读参与和提高小学生识字能力。⑤

哈珀·柯林斯与英国阅读社合作开展暑期阅读挑战活动，并捐赠 26 万册图书。暑期阅读挑战赛与公共图书馆合作在全国范围内举办，为了支持图书

---

① https://www.thebookseller.com/news/news85-new-schools-benefit-puffin-world-stories-1222177.

② https://www.thebookseller.com/news/prh-and-partons-imagination-library-to-donate-books-to-refugee-children-every-month.

③ https://www.thebookseller.com/news/walliams-launches-audio-scheme-harpercollins-569726.

④ https://www.thebookseller.com/news/harpercollins-give-scottish-schools-over-1m-worth-free-books-855516.

⑤ https://www.thebookseller.com/news/sun-harpercollins-hand-out-two-million-books-schools-1109226.

馆的数字服务，哈珀·柯林斯还通过电子书借阅计划免费借出 50 多种儿童图书。①

哈珀·柯林斯与非营利性废物回收项目（Wastebuster）合作开展"为阅读而回收"（recycle to read）活动，在英国各地的学校组织玩具和产品回收活动，哈珀·柯林斯会为参与的学校提供精心挑选的图书奖励。该活动旨在利用娱乐的力量促进社会变革，增强儿童对环境的关爱。②

3. 阿歇特图书出版集团英国公司

阿歇特英国公司（Hachette UK）与平台友好社区（Neighbourly）合作，向疫情封锁期间最有需要的公益机构和社区团体捐赠了 12000 本书，旨在通过图书维持医护人员和病人的心理健康，缓解隔离老人孤独感，并帮助缺少教育资源的家庭。③

阿歇特英国公司与零售商乐购（Tesco）合作推出健康公益图书俱乐部（Health Charity Book Club）。该俱乐部通过售卖一系列来自阿歇特出版社的畅销小说作品来为乐购的公益合作伙伴筹集资金，旨在激励读者过上更健康的生活。④

阿歇特与无国界医生组织进行合作，共同组织了一些帮助贫困社区的儿童、年轻人和成年人提高识字能力的项目，使他们能够通过识字改变生活。⑤

4. 布鲁姆斯伯里出版社

布鲁姆斯伯里出版社（Bloomsbury Publishing PLC）与"多彩文学"合作，

---

① https://www.thebookseller.com/news/newsharpercollins-supports-reading-agency-summer-reading-challenge-1209307.

② https://www.thebookseller.com/news/harpercollins-partners-wastebuster-recycle-read-campaign-1273877.

③ https://www.thebookseller.com/news/hachette-uk-donates-12000-books-support-communities-during-pandemic-1206139.

④ https://www.thebookseller.com/news/hachette-launches-health-charity-book-club-tesco-1272033.

⑤ https://www.thebookseller.com/news/hodder-launches-virtual-festival-reading-nlt-1281473.

专注于与学校合作引进新的戏剧，并提供一系列关于选定剧本的教育资源，在英语课堂上创造更具代表性和包容性的戏剧体验。①

5. 剑桥大学出版社

剑桥大学出版社（Cambridge University Press）与在线数字图书馆佩勒格（Perlego）合作，为学生提供电子教科书。该活动为受疫情影响的教师、学生和研究人员提供了一系列图书以及研究和学习材料。剑桥大学出版社推出高等教育网站，使各机构和所有学生能够随时在线访问其出版的高等教育教科书，为学生提供更好的阅读和学习体验。②

6. 麦克米伦出版社

麦克米伦童书出版社与开放大学（Open University）合作推出"图书聊天会·与你的孩子一起阅读"（Book Chat：Reading with your Child）活动。图书聊天会是一种轻松的互动模式，旨在让儿童进行高质量阅读，发展儿童的语言和理解力，培养儿童对阅读的热爱。③

麦克米伦童书出版社与英格兰国际足球运动员和儿童贫困运动者马库斯·拉什福德（Marcus Rashford）进行合作，推出马库斯·拉什福德图书俱乐部。该俱乐部是一个读者推荐计划，主推麦克米伦童书出版社书单中的新书，旨在为儿童提供成功生活所需的所有资源，并与公益合作伙伴一起将图书送到弱势和贫困的儿童手中。④

---

① https://www.thebookseller.com/news/bloomsbury-joins-lit-in-colour-to-help-diversify-play-texts-in-schools.
② https://www.thebookseller.com/news/cambridge-university-press-offer-textbooks-online-1200947.
③ https://www.fenews.co.uk/skills/the-open-university-partners-with-macmillan-children-s-books-to-extend-its-reading-for-pleasure-work-to-families/.
④ https://www.thebookseller.com/rights/marcus-rashford-launches-book-club-macmillan-children-s-every-child-1226010.

四、英国阅读活动开展情况

英国开展的阅读推广活动数量多、种类全，基本都有明确的对象群体。开展主体涵盖政府、阅读组织、图书馆、学校与书店等，十分多样。

（一）全民性阅读推广活动

1. 提前阅读

研究表明，鼓励人们快乐阅读能够帮助他们在日常生活、教育和就业中获得更多的机会。与之相对的是，英国六分之一的成年人阅读困难。基于此，英国阅读社于2008年发起了提前阅读，旨在帮助人们提高阅读技能，改变对阅读的看法，开拓机会，建立信心。

该活动在公共图书馆、成人教育机构、大学、公司、监狱等场所展开，活动对象覆盖青少年和成年人。参与者需挑选6本读物阅读，在其纸质或电子版个人阅读日志上记录、评分，并撰写读后感。完成个人阅读日志后，参与者可获得一张证书或电子徽章。该活动鼓励参与者阅读6本以上读物，并设计了相应的激励方式：阅读6本读物的参与者可获得一枚铜牌徽章，阅读12本读物的参与者可获得一枚银牌徽章，阅读18本读物的参与者可获得一枚金牌徽章，以此类推。正在服刑的参与者可在完成挑战后获得一本由公益机构"送你一本书"（Give A Book）赞助的免费词典。读物体裁不限，图书、报纸、杂志、诗歌，甚至网页也都算作其中。该活动鼓励参与者挑战自我，尝试新鲜事物，并在此过程中逐渐发现阅读的乐趣。

参与者可以从英国阅读社商店（The Reading Agency Shop）订购纸质或电子版阅读材料。打印包包含：A4折叠阅读日志；A5邀请传单，介绍提前阅读活动及其参与方式，可以在教室、监所或牢房发放宣传，也可以夹在从图书馆借出的书中或直接置于前台展示；A3海报；书签；由英国阅读社作家大使签署的A4证书。除上述印刷材料外，活动协调人员还可以访问提前阅读官网，使用Find A Read数据库查找阅读材料，在提前阅读资源数据库中心下载学习资源、社交媒体和宣传资料、作者信息、书单和工具包。数字包包含：

活动协调人员和参与者均可访问的 readingahead.org.uk 数字平台；Find A Read 数据库；资源数据库；电子版阅读日志，参与者可以在其中记录阅读内容并查看进度；通过在 Find A Read 上匿名分享评分和评论成为提前阅读社区的一员，帮助其他参与者选择阅读内容；活动协调人员可以在上面记录参与者的进度，并阅读他们的评论。

提前阅读自发起以来，在提高人们的阅读信心与乐趣，增加阅读量与图书馆的使用次数方面效果显著。根据最新报告，2019—2020 期间，至少有 18710 名参与者参与到该活动当中，其中有 8458 人完成了 6 本读物的挑战。受疫情影响，部分场所关停，信息采集受阻，因此上述数据小于真实情况。超过 38 个组织支持 50 名或以上参与者完成了挑战，这在疫情期间是十分难能可贵的。80% 的参与者表示提前阅读提高了其阅读兴趣，帮助自己与他人建立了更密切的联系。77% 的参与者认为参与提前阅读后，他们在尝试新事物（找一份新工作或参加一个新课程）的时候更加有信心了。74% 的参与者表示提前阅读增加了其阅读乐趣与信心。

2. 世界读书夜

快乐阅读是一个全球公认的重要指标，事关贫困、心理健康等一系列社会重大问题。与之相对的是，2015 年 DCMS 数据显示，仅英格兰地区就有 36% 的人口不能坚持阅读。基于此，英国和爱尔兰于 2011 年 3 月 5 日举办了第一届世界读书夜。

自 2012 年起，活动日期变更为 4 月 23 日。这一天是联合国教科文组织规定的世界读书日，也是威廉·莎士比亚的诞辰与忌日。该活动最初由英国爱丁堡卡侬盖特（Canongate）出版社创办人杰米·拜恩（Jamie Byng）在 2010 年 5 月图书行业会议的圆桌讨论中提出，旨在鼓励更多人阅读。圆桌讨论的主席茱莉亚·金斯福德（Julia Kingsford）后来担任了两年的世界读书夜首席执行官，参与者之一利特尔 & 布朗出版社 CEO 厄休拉·麦肯齐（Ursula Mackenzie）成为受托人。2012 年和 2013 年，世界读书夜在美国、英国和爱尔兰举行，近 5 万人在 3 个不同的国家赠送了 100 万本书。2013 年末，世界读书夜活动成为英国阅读社的一部分，并持续至今，旨在激励人们分享阅读并庆祝对生活的改变。

世界读书夜将拥有不同背景的人们聚集在一起，目的只有一个——激励人们阅读更多图书。活动当天英国阅读社面向全英 16 岁以上青少年和成年人发放图书，并通过监狱、图书馆、高校、医院、护理中心和流浪汉收容所等组织向文化水平较低的成年人、孤独脆弱的老年人、在英国服刑的人、父母和孕妇、有心理问题的人、无法做到快乐阅读的年轻人等不同群体赠送图书。同时，该活动在全国各地举办数百项活动，如在家中开展的图书主题派对、办公室的图书交换、图书馆的作家分享会、小型社区聚会等，庆祝阅读对人们生活的有利影响。赠送的图书是通过与出版商的仔细讨论来选择的，以确保它们适合每一位读者。挑选的图书体裁不限，包括小说、纪实文学，以及面向青年人的读物，图书质量上乘、可读性强，且描写栩栩如生。分发图书的费用由各出版社承担，个人也可在活动当天捐赠图书，这些图书可以是全新的，也可以是二手的，可以是自行购买的，也可以是免费获得的。

世界读书夜活动影响广泛，效果显著。根据最新报告，2021 年世界读书夜的主题为"让你微笑的图书（Books to Make You Smile）"，共发放图书 101120 册，其中有 23 本书（共 49120 册）由 12 家出版商赠出；共发放特别出版的短篇小说集《让你微笑的故事》（*Stories to Make You Smile*）5.2 万册，电子版和有声书下载次数达 2 万次；共有 1126 人收到了出版商捐赠的有声书下载代码；社交媒体上"世界读书夜"和"阅读时间"话题阅读量超 1500 万次；近 5000 人收看了英国国家图书馆的直播采访。调查显示，98% 的受众认可世界读书夜举办的一系列线上活动，100% 表示自己下一次仍会参加类似活动。35% 的受众发现了重读图书的乐趣，54% 在过去一年中至少重读了一本书，其中 18—24 岁的年轻人更享受重新阅读的快乐。97% 的受众表示世界读书夜帮助他们提高了阅读的兴趣，92% 在与其他人交谈时涉及了更多读书和阅读的话题，88% 购买了更多图书，65% 从图书馆借了更多的图书。

（二）儿童与青少年阅读推广活动

1. 阅读挑战

阅读挑战（Reading Challenge）是一项由英国阅读社于 1999 年发起的阅读推广活动，时间为每年 6—8 月。最初为鼓励 4—11 岁的儿童在漫长的暑假期间去图书馆阅读，享受阅读所带来的乐趣，阅读社发起夏季阅读挑战。在此基础上，2020 年与开放大学合作发起面向学校和图书馆工作人员的教师阅读挑战（Teachers' Reading Challenge）。

1999 年，由英格兰艺术委员会资助，英国阅读社联合公共图书馆及学校面向全英适龄儿童举办了首届夏季阅读挑战，此后每年暑假期间定期举办一次不同主题的阅读挑战。暑假期间，孩子们可前去附近图书馆报到，或登录官网线上参与，免费借阅 6 本及以上推荐图书。图书馆还会设计许多活动为阅读挑战造势，安排相应的人员定期对儿童的阅读情况进行调查，并以此设置、颁发奖项。针对特殊少儿群体（包括盲人或弱视儿童，以及无法阅读标准印刷品的读写障碍儿童），英国皇家盲人协会（Royal National Institute of the Blind）特别准备无障碍文本，确保所有儿童都能参与活动。同时，阅读社在寒假期间开展冬季迷你挑战（Winter Mini Challenge）作为配套延伸活动。教师阅读挑战以夏季阅读挑战为榜样，邀请参与者共同阅读，讨论和分享有关快乐阅读教学的想法。

英国阅读社每年都会对该年度的阅读推广效果进行总结，并将相关数据报告发布在官网上。2021 年数据显示，共有 233075 名儿童完成了挑战，其中 55% 为女孩，44% 为男孩。作为英国最大的儿童阅读推广活动之一，夏季阅读挑战自开展以来，每年激发超过 70 万名儿童坚持阅读，防止他们在漫长假期丧失阅读兴趣，提高其阅读能力与信心。

表 10　阅读挑战历届主题情况

年份	主题	详情
1999	Reading Safari 阅读之旅	—

续表

年份	主题	详情
2000	Reading Relay 阅读转播	—
2001	Reading Carnival 阅读狂欢	—
2002	Reading Planet 阅读星球	—
2003	Reading Maze 阅读迷宫	—
2004	Reading Rollercoaster 阅读过山车	—
2005	Reading Voyage 阅读航行	—
2006	Reading Mission 阅读任务	—
2007	The Big Wild Read 阅读大自然	BBC 英国自然写真
2008	Team Read 一起阅读	庆祝 2008 年北京奥运会
2009	Quest Seekers 找寻探索者	探险小说系列
2010	Space Hop 空间跳跃	太空题材的推荐图书和游戏
2011	Circus Stars 杂戏明星	孩子们在 5 个表演杂技的卡通形象中选择喜欢的在网站上注册
2012	Story Lab 故事实验室	儿童作家先创作简单的故事开头，剩下部分由孩子们自主完成
2013	Creepy House 怪异的房子	属于勇敢孩子们的鬼屋冒险之旅
2014	Mythical Maze 神话迷宫	与英国著名儿童插画家萨拉·麦金太尔合作
2015	Record Breakers 破纪录者	与"吉尼斯世界纪录"合作
2016	The Big Friendly READ 友好读物	纪念著名儿童文学作家罗尔德·达尔诞辰 100 周年
2017	Animal Agents 动物代理人	帮助动物代理人破案
2018	Mischief Makers 恶作剧制造者	纪念英国漫画杂志 *BEANO* 创刊 80 周年
2019	Space Chase 太空追逐	庆祝阿姆斯特朗登月 50 周年
2020	Silly Squad 冒险小队	和动物朋友们在书中冒险

续表

年份	主题	详情
2021	Wild World Heroes 野生世界里的英雄	人与自然和谐相处
2022	Gadgeteers 小机械师	科学与创新

2. 英国全国图书赠送计划

作为世界上第一个全国性的图书捐赠计划，英国全国图书赠送计划（National Book-Gifting Programme），又称阅读起跑线，旨在鼓励儿童从小就热爱图书、故事和儿歌。该计划成立于 1992 年，由图书信托基金会发起，由英格兰艺术委员会、威尔士政府以及图书信托基金会的合作伙伴和捐赠者资助。

该计划免费向英格兰和威尔士的 0—5 岁儿童提供图书和亲子互动阅读的提示、指导等相关资料，这些资料分装在不同款式的帆布包里，根据儿童成长的实际需要，分年龄段以不同的方式分发，包括新生儿包（Newborn Pack）、婴儿包（Bookstart Baby Bag）、百宝箱（Bookstart Treasure Pack），以及面向听障、视障、精细动作障碍儿童的发光包（Bookshine Pack）、触摸包（Booktouch Pack）、星星包（Bookstart Star Pack）和面向英语非母语儿童的双语图书（Dual-language books）。阅读包由卫健、图书馆和早教工作者亲自向家庭发放，确保每一位学前儿童都能收到。同时，该计划还开展各种亲子互动的阅读活动，如儿歌时间（Rhymetimes）、儿歌挑战（Rhyme Challenge）、国家阅读起跑线周（National Bookstart Week）等，帮助家长掌握培养孩子养成良好阅读习惯的方法和技巧，鼓励家长与孩子一起分享图书、故事和儿歌，到附近的图书馆借阅图书，利用其他图书馆资源。

自 2000 年起，图书信托基金会发起了国家阅读起跑线周。每年基金会都会择定一个主题及一本书，由英格兰、威尔士和北爱尔兰各地的图书馆、儿童中心及其他场所举办家庭活动并赠出。2019 年，该活动为睡衣梦所取代。活动当天，全国各地的孩子穿上自己最喜爱的睡衣度过一天，并捐出 1 英镑，帮助每一位儿童感受睡前故事的魅力与慰藉。

该计划的影响不止于英国。目前，该计划已辐射亚洲、欧洲、美洲和大洋洲的 28 个国家和地区。其中，我国大陆地区仅有苏州图书馆发起的悦读宝贝计划。

3. 世界读书日

英国的世界读书日开始于 1997 年，由时任英国首相托尼·布莱尔发起设立，旨在鼓励年轻人发现阅读的乐趣。与联合国教科文组织规定的 4 月 23 日不同，英国的世界读书日每年日期不固定，一般设定在 3 月 5 日左右，2023 年的读书日将定在 3 月 2 日。每年，国家读写能力信托基金会、基础教育读写能力促进中心（Centre for Literacy in Primary Education）和开放大学共同开发一系列活动。

其中，世界读书日代金券（World Book Day Book Token）为每年读书日的固定项目，活动通常持续一个月左右，2022 年活动时间为 2 月 17 日至 3 月 27 日。活动期间，全国购书代币券公司（National Book Tokens）及其他出版商、书商通过各地的幼儿园和学校向儿童和年轻人发放超过 1500 万 1 英镑（爱尔兰地区为 1.5 欧元）的代金券，基本等同于每一位 18 岁以下的儿童或年轻人皆可获得一张代金券；部分代金券也会通过儿童杂志或麦当劳的开心乐园餐发放。儿童和年轻人可持代金券免费换取一本在列图书，或在购买任意一本价格不低于 2.99 英镑（爱尔兰地区为 3.99 欧元）的图书或有声读物时，凭此代金券获得 1 英镑（爱尔兰地区为 1.5 欧元）折扣。面向视障和听障人群，英国皇家盲人协会特别准备了盲文和有声读物，英国导盲犬协会（Guide Dogs）提供了大字本。

英国世界读书日以帮助更多不同背景的儿童养成终身阅读的习惯为愿景，致力于让每一位儿童和年轻人拥有一本自己的书。数据显示，五分之一参与免费校餐计划的儿童都是使用代金券购买了人生第一本书。英国世界读书日参与人数众多，影响深远，有效营造了快乐阅读的文化氛围。

4. 年轻读者计划

1996 年，英国引进美国阅读是基础（Reading Is Fundamental）运动，后

更名为年轻读者计划（Young Readers Programme），在国家读写能力信托基金会支持下，通过在学校、图书馆、家庭、校外俱乐部等不同地方举办活动，培养孩子快乐阅读、终身阅读的习惯。

据统计，在英国有25%的小学毕业生（40%来自弱势家庭的小学毕业生）无法正确阅读。年轻读者计划通过一系列趣味活动，为儿童特别是弱势儿童发放崭新的图书，这通常是他们拥有的第一本书。为鼓励儿童阅读，该计划面向5—13岁儿童与青少年定制了不同体裁（包括纪实文学、杂志和漫画书）、不同主题（包括心理健康、环境、太空、科学、技术、工程、数学、难民和移民故事及性少数群体）的书单，并通过趣味动画视频向适龄儿童讲解如何挑选自己喜爱的图书。面向对阅读没有兴趣的儿童，该计划特别开辟了年轻读者故事会（Young Readers Story Club）版块，内含一系列由知名诗人、作家、插画师等录制的视频，介绍或推荐优秀获奖作品，每段视频都以一个趣味挑战作尾，以此来激励儿童参与活动。参与计划的学校和其他合作组织将获得国家读写能力信托基金会的会员，接受相关培训及持续支持。参与计划的学校、老师和儿童无需支付任何费用（包括差旅费）。目前英国所有学校和儿童中心都参与了该项目，学校图书馆和公共图书馆通过提供丰富馆藏、免费资料下载、读者研究等服务在项目中发挥着举足轻重的作用。

年轻读者计划自发起以来，已向41.1万名儿童发放了120万册图书，显著提高了参与儿童的阅读信心、积极性和兴趣，曾荣获2017年度企业组织铜奖（Corporate Engagement Bronze Award 2017）等奖项。

（三）针对特殊群体的阅读推广活动

1. 阅读之友

阅读之友是一项由英国阅读社于2017年6月在全英发起的阅读推广活动，由国家彩票社区基金（The National Lottery Community Fund）和数字化、文化、媒体和体育部资助，旨在通过阅读的力量应对孤独、社交孤立等人生重大挑战。

调查研究显示，孤独和社交孤立是事关老年人健康与幸福的一个重要问题。8%—10%的65岁及以上老年人经常或总是感到孤独，12%的人认为自已处于社交孤立状态。共同阅读可以帮助老年人建立社交网络并与他人联系；阅读有助于提高人们的移情能力、认知功能和幸福指数，并能降低痴呆的风险。与周围世界保持有意义的互动是幸福的关键，然而，对于孤独、处于社交孤立状态或健康状况不佳的人来说，参加相关活动是极为困难的。研究表明，参与创造性的文化活动是提高老年人幸福指数最有效的方法。截至2020年5月，41%的英国成年人表示隔离政策实施以来，自己感到更加孤独，三分之一的人表示自己在近一周内未曾与他人进行深度对话。截至2020年11月，39%的英国成年人表示自己在两周内未曾与他人进行深度对话，三分之一的人担心万一自己出了什么意外，没有人会发现他们，五分之二的人表示孤独对他们的心理健康有负面影响。

基于此，阅读之友为人们提供了结识他人、分享故事、结交新朋友和享受乐趣的机会，尤其是那些易受伤害、正在或将要处于孤独状态的人。在老年人群体及当地项目伙伴的共建之下，阅读之友以小组或一对一的方式定期在监狱、图书馆和护理之家等地点举办聊天活动或故事分享会。该活动特别侧重于痴呆症患者及其护理人员，通过提供一系列的共享阅读模式，使不同群体之间产生紧密的联系，包括图书馆、养老院以及庇护所等，并积极与英国各高校和学院合作，探讨接触不同类型社区的方式方法，尽可能地帮助更多痴呆症患者。

阅读之友并非是一个常规的阅读或文学社团，它以图书和阅读破冰，重点却不是二者，而是沟通与交流。该活动选取各式各样的阅读材料，包括图书、报纸、期刊或杂志、诗歌、引文、摘录、漫画、短篇小说、图画书，或电子书、有声书等其他形式，并评估各种材料在活动中的使用效果。该活动的阅读是"即时"的，参与者无需在课前阅读，这有利于时间有限、患有痴呆症或其他疾病的人及其护理人员参与活动。阅读之友是由参与者主导的，参与者可以基于兴趣或爱好选择活动会议的运行方式以及相关活动，包括烹饪、园艺或旅行等。这一模式有助于在活动初期对参与者进行适当引导，在参与者通过介绍、分享当地历史或古董收藏等方式彼此了解后，通过持续反馈及时调整内容，鼓励参与者发挥主观能动性。

最新报告显示，2021年1—5月期间，共有69485名参与者加入了阅读之友，其中49%的参与者表示自2020年3月以来，他们经常或总是感到孤独；76%的参与者认为较疫情前相比，他们的孤独感增加了；26%的参与者表示他们在疫情期间没有能够通话或正常社交的朋友；45%目前处于独居状态，59%患有残疾或有其他障碍。该活动虽仍在发展阶段，但已取得较为明显的效果。96%认为该活动体验"良好"或"优秀"。83%的参与者强烈认同或认同自己与他人建立了联系，在活动伊始，这一数据仅为67%。76%的参与者表示该活动使其生活变得更有意义。78%强烈认同或认同他们在学习新事物时更有信心，在活动伊始，这一数据仅为63%。该活动不仅为参与者提供了结交新朋友、与不同年龄段的人相处的机会，还拓宽了参与者看待事物的视野。

新冠感染疫情期间，DCMS拨款资助全英100多个图书馆机构开展全程阅读服务，在人们无法线下见面的情况下，通过电话和虚拟方式参与活动。目前，部分在医院和监狱进行的阅读之友活动已暂时中止。

2. 图书解锁

图书解锁计划是由国家读写能力信托基金会和布克奖基金会（Booker Prize Foundation）于2012年共同发起的一项阅读推广活动，旨在支持正在监狱和少管所服刑的人享受阅读，频繁阅读，热爱文学。该计划的主要活动内容如下：向监狱阅读团体、在押人员和社区学校和图书馆等捐赠布克奖初选和入围作品；图书解锁计划在国家监狱广播电台（National Prison Radio）的广播节目每天播放有声图书；安排励志作家到访监狱阅读小组和学校。其中，与国家监狱广播电台的合作为该计划的关键部分。国家监狱广播电台是一项免费广播服务，直接向英格兰和威尔士的监狱和少年犯管教所的近8万个牢房广播。该计划与国家监狱广播电台合作，连载布克奖初选和入围作品的有声读物，并播放作者访谈。

该计划在增加自信、改善心理健康状态、鼓励广泛阅读、培养耐心与同情心、给予参与者属于自己的图书等方面效果显著。根据最新报告，2019—2020年活动期间，该计划共向91个单位（76所监狱，9个少年犯管教所、培训中心或儿童之家，3个社区机构，3所学校）发放了2339本图书，比去年增加了20%，创下了历史新高；自2012年以来，该计划向监狱、少年犯管教所，以及参与计划的学校、图书馆等捐出了超1万册图书；图书解锁计划在国家监狱广播电台的节目收录了5个全新书目。参与者调查结果显示，35%的参与者认为该计划提高了其阅读能力；62%的参与者表示他们谈论阅读的次数增加了，他们甚至会在读完一本书后将其推荐给其他狱友或监管人员；44%认为活动后他们的阅读信心增加了；47%表示他们写作的次数也增加了；57%认为该计划提高了其幸福指数；44%表示活动后他们前往图书馆的次数增加了。图书管理员调查结果显示，100%的图书管理员认为该计划"优秀"或"很好"；85%表示该计划改善了图书馆服务；80%认为该计划有效增加了图书馆的文学氛围，帮助工作人员快乐工作；45%强烈同意或同意该计划有助于其在监狱运行阅读团体。

（四）面向海外的阅读推广活动

除上述在英国境内展开的阅读推广活动之外，国际图书援助专注欠发达国家和地区，发起了一系列阅读推广活动。

全民阅读（Reading for All）计划旨在帮助缺乏教育资源的难民营建设学校图书馆，培训教师，帮助儿童茁壮成长。2022年，全世界被迫流离失所的人数超过8200万，其中有3650万人年龄在18岁以下。难民营中的学校往往非常拥挤，通常一名教师只有几本破旧的教科书，却需要为100多名儿童授课。流离失所的人们可能需要等待数年甚至数代人才能返回家园或在其他地方重新定居，因此，儿童和年轻人有阅读和学习机会是至关重要的。基于此，国际图书援助发起了全民阅读计划，为难民学校（从学前一直到中学）建设图书馆，为小学生提供图画书和拼音书，为中学生提供复习指南和启发性的纪实文学。同时，该计划还包括资助学校在当地购买图书，以及培训教师。当地的许多教师是难民志愿者，因此没有或很少接受过如何丰富课程，帮助学生成功的培训。通过上述工作，全民阅读让成千上万的难民有能力改善他们的生活。

图书馆探索计划通过在闲置的教室里建设充满活力的图书馆，激励儿童探索世界，开创更加美好的未来。目前，在国际图书援助展开工作的地方，鲜有正规图书馆的存在，教师和学生通常仅有几本破旧过时的书，甚至根本没有书，造成儿童成为自信读者、取得学业成功的机会骤减，影响他们的一生。因此，图书馆探索计划帮助小学建设图书馆，帮助学生在原本闲置的教室自由发挥想象力，迸发蓬勃求知欲。该计划给每一个图书馆准备了至少2500本各种主题的书，并提供一笔赠款购买全新的桌椅和书架，翻修教室。该计划还开展了深入培训，帮助教师管理图书馆，并利用图书激发年轻人的思想，同时提供赠款，让合作伙伴可以购买当地出版的图书。自2018年以来，该计划共建设了35座学校图书馆，帮助了27267名学生，培训了199名教师。从加纳到桑给巴尔，图书馆探索计划仍在鼓励儿童树立远大理想，创造一个更加平等的未来。

集装箱图书馆（Community Container Libraries）计划将废弃的集装箱转换为社区图书馆。全世界有数百万人生活在距离图书馆很远的地方，他们从未到访过任何一个图书馆。然而，图书对整个社区的发展至关重要。没有图书，教育亦会随之没落，儿童和成年人会错失充分发挥其潜力的良机。因此，集装箱图书馆计划致力于将更多的图书带给全世界各地。该计划的工作内容如下：首先，在当地合作伙伴的配合下，选择一个集装箱；然后，配备包括书架、窗户在内图书馆所需的全部硬件，同时准备5000多本崭新的图书；同时，提供资金在当地购买图书，并培训工作人员和志愿者，鼓励人们阅读，传播图书的力量；最后，当一切准备就绪，资助当地合作伙伴举办在社区举办一场启动活动，激发无限可能。自2015年以来，该计划共开设2个图书馆，帮助儿童找到属于自己的人生之书，帮助学生准备考试，帮助成年人开启事业，成千上万的人可以开始创造一个更有希望的未来。

儿童乐园（Children's Corners）通过在图书馆开辟美丽、明亮的儿童区域帮助年轻读者发现图书的力量。在世界各地的许多社区，公共图书馆是儿童读书的唯一场所。学校通常只有几本教科书供学生共享，而图书是许多家庭无法获得的奢侈品。但是，许多图书馆未设置专门的儿童区域，或者只有一些过时的青少年读物；图书管理员没有信心帮助孩子或推荐具有启发性的图书。若儿童阅读的机会从一开始就受到限制，那么许多人终其一生都不能发现阅读的乐趣和力量。因此，儿童乐园计划为儿童与青少年在图书馆创建了专门区域，至少准备 2500 本全新的儿童图书，同时提供赠款，帮助合作伙伴翻新图书馆空间，每个社区都可以开辟独具特色、多姿多彩的儿童乐园。同上述计划一样，该计划资助合作伙伴在当地购买图书；举办深度培训课程，帮助图书管理员和志愿者提高技能，培养儿童对阅读的终身热爱。自 2010 年以来，该计划共开辟了 150 个儿童乐园，培训了 543 名图书管理员，吸引了约 361 万名儿童前往儿童乐园。

读者激励计划为非洲的学校捐赠图书，帮助数十万儿童学业进步，培养其阅读的信心，释放其全部潜能。在撒哈拉以南非洲，许多小学生只能通过分享几本破旧过时的教科书来学习。这使得教孩子阅读更加困难，也意味着很多儿童小学毕业时仍未能掌握基本的读写能力。因此，他们今后将成为不了一名自信的读者，也几乎不可能打破贫穷的循环，抓住未来的每一次机会。基于此，读者激励计划为加入该计划的每一所学校都提供一个装有 1250 本新书的橱柜图书馆，以及一笔赠款，用于购买当地出版的图书，并培训图书管理员如何使用这些图书来丰富课堂学习。该计划提供的图书种类繁多，包括为最年轻读者准备的小说、为高年级学生准备的教辅书、参考资料等，从而帮助他们学习并激发他们对阅读的热爱。此外，该计划还与学校附近的儿童乐园联动，这样学生可以在儿童乐园阅读更多的图书，感受当地图书管理员的热情与专业。该计划影响深远，教师获得了信心，儿童阅读更加频繁，随着活动的深入发展，家长会更加支持孩子阅读，他们自己也会增加阅读次数。自 2015 年以来，该计划共惠及 29.6 万名小学生，建设 307 个学校图书馆，培训了 911 名教师。

五、主要阅读环境的建设情况

英国通过打造多样的阅读空间来为读者提供高品质的文化体验，使阅读日益融入人们日常生活。在英国全民阅读实践中，图书馆、书店等阅读空间扮演着十分重要的角色,是全民阅读的重要倡导、组织和实施者,在阅读推广中具有不可替代的作用。

(一)图书馆

英国的公共图书馆体系建设非常发达,公共图书馆大多贴近社区,分布广泛,利用便利,且注重给儿童提供服务。英国是世界上较早提出公共图书馆应针对儿童提供服务思想的国家,公共图书馆无论规模大小,均设有专门的儿童阅览室。另外,公共图书馆日益注重为特殊人群提供服务,如阅读障碍的人群等。

英国公共图书馆立法历史悠久,体系完备。1850年,世界首部《公共图书馆法》在英国议会通过,在随后一百多年里经过多次修改,成为英国图书馆法律体系的核心引导者。1925年,苏格兰制定了《国家图书馆法》,进一步完善了英国图书馆法律体系。1964年,英国完成了《公共图书馆和博物馆法》的立法工作,为公共图书馆和博物馆两大公共文化服务系统的对接提供了法律保障。2003年,英国议会通过了图书馆《出版物缴存法》,明确规定了出版物呈缴制度,有效保护了图书版权。2008年,北爱尔兰也推出了《图书馆法》,成为英国图书馆法律体系的完美补充。除此之外,还诞生了诸多的相关法、法定条例、法律标准、国际条约等,对图书馆法律体系形成了完美补充。

2001年4月,英国数字化、文化、媒体和体育部颁布《公共图书馆服务标准》,明确指出图书馆机构的法定责任为提供"全面有效的服务",同时第一次为公共图书馆建立一个绩效监测框架。该标准分别于2004年、2006年和2008年进行了三次修订,2008年6月颁布最新修订版。该标准内含十大指标:固定图书馆一定距离范围内的家庭覆盖率,按伦敦市区、伦敦郊区、大都会区、自治区、郡治区依次递减,同时区域内人口稀少地区的覆盖率应为最高人口密度地区的10%;所有图书馆平均每千人累计固定开放时间为128小时;能够提供互联网信息资源的固定图书馆比例为100%;拥有互联网接口和提供联机书目查询服务的电子工作站(包括可供公众使用的固定图书馆、流动图书馆以及其他服务点)应达到每万人拥有6个及以上;自图书预约到通知借阅者图书已到的这段时间 50% 在 7 日内到，70% 在 15 日内到，85% 在 30 日内到；平均每千人到馆人次目标按伦敦郊区、伦敦市区、郡治区、自治区、大都会区依次递减，分别为 8600 人次、7650（或在现有人次上增加 6800）人次、6600 人次、6300 人次、6000 人次；16 岁及以上读者对图书馆服务的评价分为"非常好""好""尚可""差""非常差"。本标准建议应有 94% 以上的读者评价为"非常好"或"好"；16 岁以下读者对图书馆服务的评价分为"好""尚可""差"。本标准建议应有 87% 以上的读者评价为"好"；平均每千人每年新购馆藏为 216 种；流通馆藏替换年限为 6.7 年。自该标准颁布以来，图书馆开放时间明显增加，读者满意度和访问量也有所提高。

相关行业协会还会定期发布图书馆发展指导战略，如 2019 年 9 月 26 日，为应对公共图书馆领域日益增长的压力，英国图书馆链接基金会（Libraries Connected）联合图书馆与信息学会（CILIP）发布了一份，该框架简称《英国公共图书馆发展蓝图》（*Scoping study towards a blueprint for public library development and sustainability in England*，以下简称"《蓝图》"）。《蓝图》旨在促进公共图书馆支持领域长期、协调发展，建立一个资金稳健、动态有效的图书馆网络，内含 7 项关键工作：国家组织、资助的基础设施和创意计划；优质服务的国家标准和认证（目前由基金会负责）；国家协调监测和评估（目前由数字、文化、媒体和体育部负责）；国家数字公共图书馆服务（由大英图书馆牵头）；区域发展和支持计划（由基金会牵头）；国家协调的劳动力发展（由基金会和图书馆与信息学会牵头）；以及支持地方当局探索公共图书馆新的治理和交付模式。《蓝图》指出，部分图书馆如今面临严重的资金短缺问题，导致服务混乱缺乏统一调配、基础设施不健全、高技能劳动力下降，以及与领域内外合作能力的不足等问题；社会对图书馆及其益处的认知有误且较为落后，又加剧了该种挑战。因此，《蓝图》与图书馆专责小组（Library Taskforce）成员密切合作，致力于提供一个全国性、协调一致的图书馆支持计划。《蓝图》总结了 4 项已经展开的工作内容，并指出下一步行动方向：国家标准和认证可根据《1964 公共图书馆和博物馆法》制定，但需平衡国家干预与地方行政；大英图书馆现已启动单一数字呈现（Single Digital

Presence）平台，其他有关图书馆数字服务的地方行动计划均需遵循这一指导；区域发展和支持工作需确保地方高级官员认可图书馆支持工作的价值，引导过去未曾与国家图书馆机构合作或提供资金支持的领域参与进来；受英格兰艺术委员会委托，基金会和图书馆与信息学会实施公共图书馆技能战略，帮助提高图书馆从业人员的专业素养，打造符合21世纪公共服务标准、具备领导力与号召力的现代化图书馆。《蓝图》是一个面向2019—2022年的初步计划，需在实施过程中根据国家和地方层面的利益相关方、图书馆相关部门及用户的需求及反馈进行调整优化。

英国国家图书馆根据1972年颁布的《英国图书馆法》于1973年7月1日建立，是世界上最大的学术图书馆之一。它由前大英博物馆图书馆、国立中央图书馆、国立外借科技图书馆及英国全国书目出版社等单位所组成。现有馆藏超过1.7亿册/件，包括纸质和电子图书、手稿、专利、报纸、地图、视听资料、邮票等各类型文献，既有最近出版的，也有古老至公元前二千年的古籍手抄本，涵盖从考古学到生态学的所有学科。英国国家图书馆承担六大职责：监管、研究、商业、文化、学习、国际合作，即建立、管理和保存英国国家收藏（包含已出版、书面或数字内容）；支持和鼓励各种研究；帮助企业创新和发展；让每个人都拥有难忘的文化体验；激励所有年龄段的人学习；与世界各地的合作伙伴合作，促进知识传播和相互理解。通过完成上述工作，大英图书馆致力于推动知识遗产人人共享，用以研究、学习和享受。

英国国家图书馆作为英国的国家图书馆，可以访问世界上绝大多数的研究馆藏。英国国家图书馆参照《2018年公共部门机构（网站和移动应用程序）（第2号）无障碍法规》的可访问性规定，使其网站可访问，并为读者提供多样化、个性化的无障碍服务。英国国家图书馆网站的无障碍声明包含基本介绍、访问范围、访问合法性以及无法访问的解决办法。声明中明确表示浏览网页时可以更改对比度级别和字体，最多放大200%的同时保证文本不会溢出屏幕。读者使用键盘或使用语音识别软件，或使用屏幕阅读器即可浏览大部分网站或收听网站的大部分内容。此外，英国国家图书馆为聋哑、听力障碍的读者提供文本中继服务，图书馆的问讯处和咨询台都装有助听器。访客如果有提前联系工作人员，图书馆会视具体情况安排英式手语（BSL）口译员。

英国国家图书馆重视元数据的统一规划与发展，在 2015 年制定了未来三年的元数据策略——《释放价值：2015—2018 馆藏元数据战略》，内容包含英国国家图书馆元数据的战略目标和计划措施，主要涉及建立元数据的集中管理和支持，以指导具体的数字资源项目并开发新功能。通过强化内容管理、发展合作关系、深化馆藏利用，实现馆藏元数据价值的全民释放，实现多种标准元数据的兼容统一和分布式数据的集中管理。在 2018 年这一战略目标基本完成以后，英国国家图书馆又针对图书馆管理统一元数据的能力仍然受到传统基础设施和标准限制的状况，制定了《未来的基础：英国国家图书馆的馆藏元数据策略 2019—2023》，在其目标中指出，到 2023 年图书馆的元数据项目将统一在一个单一的、可持续的、基于标准的基础设施上，为访问、协作和开放提供改进的可能。新的元数据战略除了更加重视统一元数据基础结构、提高数据的发现性和应用性以外，同时提供高效和可持续的元数据的收集与管理。

随着时代的进步和技术的革新，作为主要阅读空间的图书馆也进行了一系列创新与发展，如推行智能图书馆、数字图书馆等。

莱斯特郡（Leicestershire County）在全郡 14 个图书馆推行智能图书馆计划。在智能图书馆模式下，工作人员不在现场帮助使用电脑，回答有关书籍和其他图书馆资源的询问，或提供一般信息。智能图书馆提供自助服务，这意味着图书馆会员可以在工作人员工作时间之外使用他们的借书证进入馆内。智能图书馆会员资格适用于 16 岁及以上的人。16 岁以下的年轻人如果有父母或 18 岁以上的监护人陪同，仍然可以在自助服务时间进入图书馆。在自助服务时间，智能图书馆的会员可以使用自助服务机借阅、归还和更新图书馆书籍，领取和借阅等待收藏的保留项目，使用公共电脑、复印、打印和访问无线网络，访问公共图书馆目录，在图书馆的开放空间免费举行团体会议，租用会议室（需要提前预约）。

英国的数字图书馆主要提供音频和电子书以及一系列在线资源。这些在线资源包括：

宗谱网（Ancestry）：英国最大的家庭历史网站。一些图书馆已设法安排图书馆会员通过一个特殊的链接免费在线访问，当会员登录他们的在线账户时就可以使用。

布鲁姆斯伯里数字资源（Bloomsbury Digital Resources）：可以免费提供人文和社会科学的学术内容给图书馆和教育界，截至2020年5月底。

大英图书馆（Britannica Library）：世界著名的大英图书馆是一个值得推荐的信息来源，有三个不同级别，分别是初级、学生和成人。它包含大量的图像和视频，以使主题变得生动。

全面的在线商业参考顾问（COBRA）：为参与建立、运行或管理一个商业企业的人提供实用信息的百科全书。

公民行动（Go Citizen）：为准备参加英国生活考试或英国公民资格考试的考生提供在线学习资源。

拿索斯音乐库（Naxos Music Library）：一个全面的古典音乐流媒体平台。

新闻库（Newsbank）：英国地方和区域报纸的报刊档案。

牛津在线参考书目数据库（Oxford Bibliographies）：独家、权威的研究指南，涵盖各种学科领域。这一尖端资源结合了注释书目和高级百科全书的特点，引导研究人员查阅各种学科的最佳可用学术成果。

牛津词典（Oxford Dictionaries）：免费的在线英语词典，用双语词典将英语翻译成西班牙语、法语、意大利语和德语。

牛津参考文献在线（Oxford Reference Online）：涵盖牛津大学出版社出版的各种字典和不同学科参考书，将这些全球最受信赖的参考资源整合在同一个数据库中。

牛津研究百科全书（Oxford Research Encyclopedias）：由知名学者撰写、同行评议和编辑的长篇概述文章。

新闻读物（PressReader）：在线订阅，提供即时在线访问来自不同国家的当今报纸和杂志的全彩、全页格式，涵盖超过60种语言。

泰晤士报数字档案（Times Digital Archives）：从1785年到1985年的《泰

晤士报》的完全可搜索的数据库。

理论考试专业版（Theory Test Pro）：练习驾驶理论考试，包括危险感知测试和公路法规。

通用技能（Universal Skills）：一项在线订阅服务，帮助用户学习基本的IT技能，通过通用工作匹配和通用信贷程序提供支持，并学习包括创建简历在内的工作技能。

世界图书在线（World Book Online）：在2020年5月31日前向公共图书馆提供免费访问。有16个不同的数据库和超过3500种不同的电子书，适合所有年龄段的人。

（二）书 店

英国一系列的连锁书店和独立书店，为阅读推广创造了独特的氛围和活动空间，在鼓励全民阅读中发挥着不可替代的作用。

英国最大的连锁书店水石书店（Waterstones），是由蒂姆·沃特斯通（Tim Waterstone）于1982年在伦敦创立的书店，目前已经在英国以及周边国家拥有超过250家分店。水石书店为全英国65个文学节提供图书销售服务，包括切尔滕纳姆文学节（Cheltenham Literature Festival）和巴斯儿童文学节（Bath Children's Literature Festival）等知名图书节，并在各分店和网络上对文学节进行广泛宣传，吸引更多的参与者，帮助成千上万的图书爱好者了解文学节，让他们现场感受文学的力量。[1]

以学术图书为主营的连锁书店布莱克威尔（Blackwell's）在其"五尺丛书"（Five Foot Shelf）系列中推出了70本图书，恢复了庆祝精选图书的传统。最初的五尺丛书由哈佛大学校长伊里鹗（Eliot）主编，收录了世界文学经典、重要演讲和历史文件。布莱克威尔书店向读者推荐这些既能引发思考，又能

---

[1] https://www.thebookseller.com/news/barnes-childrens-literature-festival-chooses-waterstones-indie-the-barnes-bookshop-1152886.

国别报告
英国全民阅读工作开展情况

带来欢乐的图书，帮助读者通过阅读重塑思想，改变生活。①

史密斯书店（WH Smith）在珀斯机场（Perth Airport）推出集旅行必需品销售、咖啡馆、酒吧和书店于一体的概念店，设计新颖，布局巧妙。除了广泛的图书，概念店产品还包括本地和国际杂志、旅行配件、食品和饮料等，致力于为乘客提供最佳的旅行阅读体验。②

独立书店B先生的快乐阅读王国（Mr B's Emporium of Reading Delights）与批发商贝特拉姆（Bertrams Books）开展合作，在格拉斯顿伯里音乐节（Glastonbury Musical Festival）期间推出一家快闪书店，提供音乐、旅行、可持续生活和时事等主题相关的图书，举办读书研讨会和作家快闪签名会活动，并推出庆祝音乐节的特别图书包。③

独立书店"书巢"（Book Hive）发起名为"关闭网页，打开书页"（Page Against the Machine）的每周"戒网阅读"（Detox Reading）活动，旨在鼓励更多人放下电子设备，重拾书本。同时，该书店与咖啡店开展合作，通过在咖啡包装上提供图书推荐来宣传和推广阅读。④

特色书店水上书屋（Word on the Water）是伦敦一艘图书驳船，船上每个角落和缝隙都堆满了一排排整齐的经典图书、当代小说和儿童读物。读者可以浏览船外陈列的图书，也可以进入船内坐在炉子边阅读图书。书屋会举办有关艺术、技术、女权主义和政治相关的讲座，音乐家和表演者还能充分利用船上设施发起开放麦、诗歌会等活动。⑤

英国还有很多连锁书店和独立书店，如福伊尔（Foyles）、斯坦福

---

① https://www.thebookseller.com/news/blackwells-revives-five-foot-bookshelf-curated-list-70-1258589.

② https://www.thebookseller.com/news/w-h-smith-launches-next-generation-bookshop-perth-airport-1007091.

③ https://www.thebookseller.com/news/mr-bs-bertrams-host-pop-bookshop-glastonbury-526351.

④ https://www.thebookseller.com/news/book-hive-launches-new-partnerships-655286.

⑤ https://www.kingscross.co.uk/word-on-the-water-bookshop.

（Stanford's）等，为读者开辟了各具特色的阅读空间。

（三）其他阅读空间

英国的阅读文化无处不在，人们日常生活中诸如咖啡馆、酒吧、餐厅、酒店等休闲娱乐场所与书籍的结合也提供了别具特色的阅读空间。

塞利德广场酒店（The Ceilidh Place）将一系列书籍展示在光滑的黑色书架上，中间穿插着艺术品。酒店的每个房间都有一台收音机和小型藏书，没有电视，目的是鼓励嗜书者进一步阅读。酒店客人还可以进入共享图书馆和舒适的阅读区。迷人的景色，舒适的椅子，柔和的灯光，以及容易获得的书籍，使这家酒店成为一个完美的阅读休闲场所。

伦敦 W 酒店（The W London Hotel）里的酒吧被称为图书馆不是没有道理的。从地板到天花板的白色小隔间里塞满了时尚的书籍（包括酒店自己的出版物《莱斯特广场的魅力》）和印着名人脸谱的盘子。这里既是一个阅读场所，也是一个认真观察人的好地方。

书香咖啡馆（Paper and Cup）是由一个东伦敦的慈善机构斯皮塔菲尔德地窖信托基金（Spitalfields Crypt Trust）创建的非营利性咖啡馆，帮助无家可归者、吸毒者和酗酒者改变他们的生活。该咖啡馆以令人难以置信的低廉价格出售二手小说、当地艺术家的作品、精美的蛋糕和大量的咖啡杯，提供"带着一本好书安顿下来"的舒适、温馨、慈善的完美环境。

福伊尔斯咖啡馆（Foyles café）配备了时尚的木制家具和吊灯，以略显昂贵的价格提供优质食品和咖啡。该咖啡馆有 20 多万册图书，可以在这阅读最新购买的文学作品，同时它也提供诱人的免费无线网络，可谓是一个舒适的阅读休闲场所。

英国南岸剧院（BFI Southbank）的贝努格餐厅（Benugo Bar & Kitchen）中，有一个看似是书柜的入口，实际上它通向一个藏有真正书籍的秘密画室。其中的阅读材料从莎士比亚到地理参考书（周围散落着许多地球仪），不一而足。

肉桂俱乐部（The Cinnamon Club）是一家现代印度餐厅，吸引着无数餐厅评论家和美食家。它曾经是威斯敏斯特图书馆，如今这里保留着书籍与阅读的余晖，以前的阅览室改造成了图书馆酒吧，墙壁上挂满了书籍和酒瓶，手推车上堆满了闪闪发光的水晶酒壶，使这里成为阅读或小酌的绝佳去处。

参考文献

1. 李世娟. 国外图书馆阅读推广 [M]. 北京：朝华出版社，2020.

2. 秦鸿. 英国的阅读推广活动考察 [J]. 图书与情报，2011（05）：46-50+55.

3. Arts Council England. (2020). Let's Create: Strategy 2020-2030. https://www.artscouncil.org.uk/our-strategy-2020-2030.

4. Department for Digital, Culture, Media and Sport. (2003). Framework for the Future: Libraries, Learning and Information in the Next Decade. https://dera.ioe.ac.uk/4709/21/Framework_for_the_Future1_Redacted.pdf.

5. Department for Education. (2015). Reading: the next steps. https://assets.publishing.service.gov.uk/government/uploads/system/uploads/attachment_data/file/409409/Reading_the_next_steps.pdf.

6. Department for Education. (2021). The reading framework: Teaching the foundations of literacy. https://assets.publishing.service.gov.uk/government/uploads/system/uploads/attachment_data/file/1102800/Reading_framework_teaching_the_foundations_of_literacy_-_Sept_22.pdf.

7. National Literacy Trust. (2021). Annual Literacy Survey. https://literacytrust.org.uk/research-services/research-reports/children-and-young-peoples-reading-engagement-in-2021/.

8. National Literacy Trust. (2021). Forgotten Girls: The reluctant girl readers. https://literacytrust.org.uk/research-services/research-reports/forgotten-girls-the-reluctant-girl-readers/.

9. Renaissance Learning. What Kids Are Reading: The Book-Reading Behaviours of PupilsBritish and Irish Schools 2022. London, UK: Author: Professor

Keith Topping, 2022.

10. Thebridge, S. and Train, B. (2002). "Promoting reading through partnerships: a ten - year literature overview". New Library World, Vol. 103 No. 4/5, pp. 131-140. https://doi.org/10.1108/03074800210428542.

11. 国际图书援助网站. https://bookaid.org/.

12. 年轻读者计划网站. https://literacytrust.org.uk/programmes/young-readers-programme.

13. 世界读书夜网站. https://worldbooknight.org/.

14. 世界读书日网站. https://www.worldbookday.com/.

15. 提前阅读网站. https://readingahead.org.uk/.

16. 图书馆链接基金会网站. https://www.librariesconnected.org.uk/.

17. 图书解锁网站. https://literacytrust.org.uk/programmes/books-unlocked/.

18. 夏季阅读挑战网站. https://summerreadingchallenge.org.uk/.

19. 英格兰艺术委员会网站. https://www.artscouncil.org.uk/.

20. 英国国家读写能力信托基金会网站. https://literacytrust.org.uk/.

21. 英国国家图书馆网站. https://www.bl.uk/.

22. 英国书商杂志网站. http://thebookseller.com/.

23. 英国图书信托基金会网站. https://www.booktrust.org.uk/.

24. 英国阅读社网站. https://readingagency.org.uk/.

25. 英国政府网站. https://www.gov.uk/.

26. 阅读起跑线网站. https://www.booktrust.org.uk/what-we-do/programmes-and-campaigns/bookstart/.

27. 阅读之友网站. https://readingfriends.org.uk/.

（作者单位：1. 中国新闻出版研究院，2. 北京外国语大学）

美国全民阅读工作开展情况

张 晴

一、绪 论

近年来，随着数字媒体这一"热媒介"迅速崛起，图书阅读这一传统的知识获取来源和日常消遣方式被碎片化资讯与短视频在某种程度上所取代。在此背景下，阅读推广活动的目的不仅是与其他媒介的对抗，而更是系统化阅读和经常性阅读、碎片化阅读和偶然性阅读的对抗。2020年，新冠感染疫情席卷全球，大多数国家都在年初与年末迎来两轮疫情高峰，各国民众也被迫居家封控。在长达数月的居家生活里，充足的阅读时间和安静的阅读环境为家庭阅读活动提供了绝佳条件。各国国民阅读情况也顺势迎来多年未见的乐观景象。

美国不仅出版市场体量稳居世界第一位，在阅读推广的研究与实践方面也一直走在国际前列。美国开展阅读推广的历史自1917年至今已百年有余，长期以来，美国阅读推广逐步形成以政府主导为关键、图书馆为阵地、儿童青少年为主要对象的多层次推广局面。"一书一城""每个儿童准备阅读计划"等活动内容丰富、范围广泛、影响深远，不仅在美国本土阅读推广方面产生卓越效果，也为其他国家阅读推广提供成功的借鉴案例。

二、美国全民阅读活动背景

作为一项更注重精神享受的娱乐活动，一个国家国民阅读受到经济因素、科技因素、社会因素等多方面的影响,例如国民教育水平、社会风气、互联网的普及、图书馆等公共设施的建设以及电子化潮流冲击等。这些因素对国民阅读的影响继而波及到整个出版行业。与此同时,相关的政策法律以及出版业行情变化也会影响到国民阅读。在经济、科技、社会等多重因素的影响下,一个国家的国民阅读量、国民阅读习惯以及阅读购买习惯都会有或多或少的变化。

(一)经济环境

2008年金融危机席卷全球,美国经济持续低迷,数百万人被迫失业、储蓄缩水、陷入贫困。自危机开始以来,失业率上升超5个百分点,股市、房地产出现暴跌,个人负债上升,这些冲击对美国家庭的影响十分巨大。经历金融危机和经济衰退的美国经济复苏过程非常缓慢,即便金融危机已过去十年,美国民众经济生活仍备受影响。

消费支出变化是衡量经济衰退对家庭消费水平影响的一种方式。近四分之三的人表示,经济形势下行导致家庭债务增加、收入下降、房屋价值下降、股价下跌等负面效果。为此,部分美国家庭不得不减少消费支出,而食品支出和娱乐活动支出是削减的主要部分。就图书消费而言,根据美国经济分析局发布的个人消费支出报告,2008年美国消费者在图书上消费支出达257.2亿美元,但从2008—2013年,美国消费者在图书上消费支出逐年下降。2013年休闲图书消费支出达到最低值,为180.9亿美元。2013年以后美国消费者休闲图书消费支出较稳定,处于180亿—200亿美元之间。2020年受新冠感染疫情影响,民众因封控政策被迫居家,图书消费支出随着阅读需求的增加也相应有所上涨。2020年,美国消费者图书消费支出为199.8亿美元,虽然这已是自2012年以来最高值,但是与2008年的257.2亿美元相比仍有很大差距。

除图书消费支出减少外,美国民众图书阅读时长也有所下滑。在经济衰退的大环境下,美国不少民众面临生存压力。失业率攀升、收入下降等,民众生活幸福指数随之下降、悲观情绪增加。人们不得不将更多的时间放在应对危机上，分配给娱乐活动的时间有所减少。

此外，受经济下行影响，美国两家最大联邦贷款机构宣布暂停联邦担保的学生贷款计划，这大大增加了来自中低收入家庭学生的求学压力。同时，经济衰退带来的资金问题还严重影响到美国高校基本运转。对高校予以支持的捐赠基金严重缩水，而学校的三分之一甚至二分之一以上的日常开支都依靠基金收入。除捐赠基金缩水，经济衰退更直接的影响是各州财政税收，虽然各州情况不同，但都不约而同调整预算计划，教育预算也不得不大幅度压缩。在经济危机中，中低收入家庭往往受创最为严重，这些家庭普遍受教育程度较低，社会资源较少，抵御风险能力也较低。为应对危机，中低收入家庭的大部分预算用于温饱，本就不充足的教育预算更是雪上加霜，直接影响弱势学生的早期阅读能力发展和学习成就。

（二）社会环境

社会经济地位（Socioeconomic Status）是指一个人在社会群体中所占据的位置，不仅包括收入，还包括教育程度、经济保障以及对社会地位和社会阶层的主观看法。越来越多的研究表明，社会经济地位会影响儿童早期阅读习惯继而影响学生今后的教育成就。来自较低社会经济地位家庭的孩子在识字能力、阅读能力和学习能力方面出现问题的可能性约是来自高社会经济地位家庭孩子的两倍。与此同时，根据人口统计数据，社会经济地位较低家庭的儿童上幼儿园接受学前教育的概率也较低，这对识字率差距的产生具有一定实质性的影响。

同时，儿童早期阅读能力与家庭文化环境、家庭拥有图书数量和父母参与度有密切关联。相关研究表明，社会经济地位越高的家庭拥有更多阅读资源，父母也有更多的文化基础和阅读经验。该类家庭也有更多的图书馆、博物馆实地访问的机会，这些资源都会以经验的形式促进孩子发展读写能力。然而，来自低社会经济地位家庭的儿童因为父母受教育程度低、在文化支出方面较少等原因接触上述阅读资源和拥有阅读经验的可能性就越小。

在接受学校正规教育开始之前，不同社会经济背景的儿童就存在读写能力差距。当儿童开始接受学校教育时，与社会经济地位相关的阅读差距已经凸显。

（三）数字技术环境

数字化浪潮给各国国民带来更多的娱乐选择，数字媒体、流媒体平台带给民众娱乐便利的同时，也挤占大量原本属于阅读的时间。数字技术革新的产物——电子书和有声书这两大新兴出版形式并未使民众阅读率减少，只是改变民众阅读方式。这也是美国国民阅读率相对稳定，但阅读时长近年来波动较大的重要原因。数字化是把双刃剑，数字技术的革新挤占民众阅读时间的同时又大力推动出版行业数字化进程：电子书、有声书数量不断增加、种类日益丰富，并且在服务方面提供给读者的阅读体验也在不断改善。数字技术发展物之一——阅读终端设备的出现以及智能移动通信设备的普及也为数字化阅读提供极大便捷性和即时性。随着科技的发展，纸质书、电子书和有声书从最开始的争夺市场的阶段进入互相补充的和谐状态。

2007年亚马逊电子阅读终端设备Kindle问世，开启了数字化阅读的新纪元。随后，苹果公司推出的"革命性"产品iPad又将数字化阅读推向一个新高潮。自此，数字化阅读如同坐上高速列车，其进程日新月异，美国民众的电子书阅读率也呈现一路走高态势。2011年开始，在数字革命背景下，一度小众的有声阅读逐渐流行，有声书成为出版行业新业态，其市场份额逐步增加、受众群体数量也不断攀升。美国以及欧洲部分国家逐步将有声书接触率计入国民人均年阅读量统计。2016年，有声书尤其是可下载有声书迎来爆炸式增长，基于不断爆发的需求，有声书产业进入成熟期。在此阶段，美国民众有声书接触率实现指数级增长。

通过近十年来美国国民各格式出版物阅读率的相关数据比对，美国国民阅读率并未出现大幅度起伏，但纸质书阅读率自2011年开始出现下滑，继而下滑趋势趋于平缓。与此形成对比，民众电子书和有声书的接触率节节攀升。

三、美国阅读相关调查情况

（一）图书馆情况

1. 图书馆数量

根据《美国图书馆指南》[①]的统计数据，2020年，美国本土除中小学图书馆外，共有25931家图书馆，其中，公共图书馆16905家、学术图书馆3496家、军队图书馆226家、政府图书馆804家以及专业图书馆4500家。2015—2020年，美国图书馆总数一直呈现逐年下降的趋势，但下降原因主要是学术图书馆和专业图书馆的下滑幅度较为明显，而公共图书馆数量整体还较为平稳。（见表1）

表1　2015—2020年美国图书馆数量情况

单位：家

类型	2015年	2016年	2017年	2018年	2019年	2020年
公共图书馆	16878	16874	16862	16857	16912	16905
学术图书馆	3635	3606	3577	3574	3575	3496
军队图书馆	242	237	228	227	227	226
政府图书馆	900	864	832	821	813	804
专业图书馆	5475	5145	4918	4693	4621	4500
合计	27130	26726	26417	26172	26148	25931

资料来源：《鲍克图书馆与图书业年鉴》（2016—2021版）

2. 图书馆使用情况

服务大众的定位和读者至上的服务理念使得图书馆在国民阅读推广中扮

---

① 《美国图书馆指南》（American Library Directory, ALD）由美国今日资讯公司出版，每年更新、发布北美地区图书馆数据，内容涵盖美国、加拿大图书馆的相关情况，是目前信息最完备、更新最及时的北美图书馆信息指南。

演十分重要的角色。尤其是公共图书馆，作为图书借阅服务的提供者以及各类活动的承办者为国民阅读推广作出卓越贡献。多年前，美国就以图书馆为阵地成立经典阅读俱乐部，同时以大学图书馆、公共图书馆为阵地构建经典文献阅览室作为阅读推广中心。据盖洛普（Gallup）的一项民意调查，去图书馆是"美国人迄今为止从事的最常见的文化活动"。2019年，美国成年人平均光顾图书馆10.5次，超过国民从事其他普通休闲活动的次数。2020年，受新冠感染疫情影响，封控期间图书馆考虑到工作人员和民众的个人安全陆续关闭，但是美国国公共图书馆在紧要关头仍在图书借阅、阅读分享、数字设备共享等方面扮演极为重要的角色。

一直以来，图书馆不仅是阅读推广、民众个人能力培养的重阵，也是民众开展各类活动的重要场所。然而，新冠感染疫情的突发，使得原本的室内聚集活动被迫停滞。2020年3月，出于对图书馆工作人员和民众的安全考虑，美国图书馆陆续向公众宣布关闭。疫情期间，图书馆在弥合数字鸿沟方面发挥了重要作用。随着民众从面对面的互动和学习转向虚拟化线上交流，许多边缘化社区家庭和低教育水平的民众都在获取信息方面遇到种种不便，也不具备使用互联网、规范使用视频会议软件和社交媒体等平台所需的数字技能。为此，虽然许多图书馆面对疫情不得不关闭场馆，但仍然开启无线网络以供周边无宽带家庭使用，并在多重紧急情况下突破重重困难继续维持社区服务正常运转。

美国图书馆协会（ALA）下属的公共图书馆协会（PLA）于2020年3月24日至4月1日进行了一项调查，以了解公共图书馆应对疫情的相关措施。99%的受访者表示图书馆虽已关闭，但其中大多数图书馆都推行在线续约政策，以扩大在线借阅服务、增加线上活动。许多图书馆分发了诸如免费手工制品和STEAM（科学、技术、工程、艺术和数学）等材料，支持用户远程学习，同时部分图书馆通过出借笔记本电脑和移动网络终端、将无线网络扩展到停车场等方式，提升图书馆公共服务使用便捷度。例如，缅因州比德福的麦克阿瑟公共图书馆提供线上故事会、朗读活动和烹饪演示活动；俄亥俄州马斯京根县图书馆将无线网络覆盖至停车场，大大方便周边居民的用网需求；新墨西哥州杰梅兹·普韦布洛社区图书馆停车场也同样接入无线网络，周边居民可以在停车场利用免费无线网络参加远程会议、远程学习、工作面试和远程医疗等线上活动。

学校图书馆在支撑教师和学生远程学习方面也起着十分重要的作用。在得克萨斯州，一家名为"Grab & Go"的图书馆为辖区家庭提供活动包，让他们可以在家中创作和学习；同样在得克萨斯州，由于学生的正常学习生活受到封锁令影响而中断，达拉斯富兰克林中学分发笔记本电脑以便学生参加远程学习；在夏威夷州，早在疫情使远程学习成为全国学生的默认学习方式之前，学校图书馆就一直开展线上教学并以此为日常教学活动的补充。卡美哈美哈学校（Kamehameha School）的图书馆员介绍道，学生们可以通过三种方式进行学习，分别是传统的课堂教学、远程学习以及两者融合的方式。疫情期间，学校图书馆汇集了许多创意活动，同时整理了大量重要资源，即使是远程学习，也能使学生和教师共同参与其中，拉近了学生和教师的距离。

据美国图书馆协会的一项调查结果显示，有一半以上学术图书馆的招聘计划、专业发展资金、图书馆藏预算和项目预算都被削减甚至取消。即便如此，不少学术图书馆仍竭尽全力用数字技术和在线资源内容满足教师、学生和家长的远程需求。除此之外，学术图书馆还在缓解学生学习压力和疏导居家期间郁闷情绪方面起着重要作用。例如，佛罗里达州立大学图书馆组织学生们参加在线逃生游戏、宾果游戏、学习如何扎染等线上活动。

3. 新冠感染疫情对图书馆的影响

2020年，全球突发新冠感染疫情除了对图书编辑、发行、销售等环节造成极大困扰之外，对图书借阅、阅读以及学习方式等方面也产生极大的负面影响。

2020年随着电子书的使用量猛增，用户的借阅习惯发生了重大转变。2020年，美国数字图书借阅量达到历史新高，102个公共图书馆均借出电子书超过100万册，其中29家图书馆为首次开放电子书借阅服务[1]。由于疫情

---

[1] 赛阅（OverDrive）作为向图书馆提供电子书、有声读物和流媒体视频的主要经销商，2020年向全球客户共借出超过2.89亿册电子书，较2019年增加40%。该公司将这一数据激增归因于新冠感染疫情，疫情期间无接触式电子书借阅是大众在安全的社交距离内获取阅读内容的最有效方式。

期间图书馆不对公众开放，许多图书馆加速推进发行数字图书馆卡的计划。例如，佛罗里达州萨拉索塔县（Sarasota）图书馆在关闭后的几周内，就迅速开发并推出电子借阅卡服务；2020年3月，洛杉矶县公共图书馆在86个分馆不对公众开放的情况下，提供了临时数字图书馆借阅卡，有效期为90天，持有电子卡的大众可以访问图书馆包括电子书、有声读物、电子期刊、电影、视频、在线家庭作业指导和在线课程在内的所有数字产品。

为确保疫情期间居民能够正常获取资源，各图书馆馆员们做出了许多努力。如加利福尼亚州海沃德公共图书简化图书馆卡在线注册程序，分发电子终端设备、移动网络设备等，以缩小因疫情加剧而产生的数字鸿沟。同时，该图书馆还争取资金加设流动汽车图书馆，以满足那些因不便外出而无法借阅图书居民的需求。

图书俱乐部转向虚拟形式成为疫情下新的阅读推广模式。云视频会议平台Zoom代替了人头攒动的线下活动现场，成为新的文学交流舞台。例如，加州圣玛丽亚公共图书馆，多年来每月都有举办面对面读书交流会的传统，在疫情期间该图书馆开始尝试开展电话读书交流会活动；明尼苏达州罗切斯特公共图书馆也通过Zoom和WebEx等平台举办视频读书分享会。

2020年，受疫情影响，曾经的面授不得已改为线上教学。在此过程中，教师与学生在不断调整状态、寻找平衡点，学校图书馆也在此中扮演了很重要的角色。

学校图书馆将服务延伸到家庭，通过网络视频会议、电子邮件、电话和即时通信等方式提供相关服务。学校图书馆也会通过线上读书会、故事会和朗读会来促进学生们阅读技能。美国学校图书馆员协会（AASL）对2020年学校图书馆关闭期间的工作内容和重点进行调查统计。在4月份的一份调查中，大多数受访学校图书馆表示，他们扩大学生在线资源的访问范围，延长借阅时间，并提供线上协助。疫情之初，得克萨斯州的利安德独立学区的图书馆工作人员就协助教师，建立谷歌教室和Zoom线上会议平台。佛罗里达州立大学（FSU）图书馆关闭后，它开始提供电子资源、在线教学支持、开放教育资源、在线辅导和其他远程服务。与此同时，该大学图书馆还呼吁联邦通信委员会在疫情期间加强宽带连接，以帮助学校图书馆更好开展技术服务。

（二）阅读相关数据

一般来看，阅读率、阅读时长以及阅读活动支出三组数据可以从广度、深度、精度三个维度将一个国家的国民阅读情况予以清晰、立体呈现。在美国，阅读率数据往往采用皮尤研究中心（Pew Research Center）的相关调查结果。该中心是一家无倾向性的独立民调机构，受皮尤慈善信托基金资助，所以该中心关于阅读率的数据被认为中立且客观，值得参考。阅读时长和阅读活动支出两组数据分别来自美国劳工统计局和美国经济分析局。

1. 阅读率

根据皮尤研究中心 2012—2021 年的调查数据，美国民众阅读率（任何格式出版物接触率）在 72%—78% 之间，其中 2011 年处于近十年峰值，为 78%；2015 年和 2019 年该数据较低，为 72%。2020 年，民众阅读率达到 75%，是 2015 年以来的最高值。结合 2020 年实际情况来看，突发新冠感染疫情所导致的封控居家为民众阅读起到一定程度的正向推动作用。在长达数月的居家生活里，充足的阅读时间和安静的阅读环境为家庭阅读活动提供了绝佳条件。

纸质书仍然是最受欢迎的阅读形式。自 2012 年纸质书阅读率跌破 70% 以来，直至 2020 年美国纸质书阅读率都维持在 65%—69% 之间的相对稳定状态，远高于电子书阅读率和有声读物接触率。2010 年前后，随着数字技术蓬勃发展，电子书销售、电子阅读器销售呈现指数级增长，业内曾有极端声音断言纸质书终有一天会被电子书所取代。然而，十年来，无论是纸质书的销售情况还是阅读情况均以数据表明纸质书的市场需求并未减少，反而与电子书形成相对稳定、互相补充的和谐状态。

单位：%

图1 2011—2021年美国成年人阅读情况

资料来源：皮尤研究中心

皮尤研究中心的该项调查还对受访者年龄段进行划分，68%的18—29岁的受访者在过去一年中阅读过纸质书，同时，这一群体也是纸质书阅读率最高的年龄段。纸质书阅读率在65岁以上人群中最低，但每个年龄段都有超过60%的受访者表示在此前的12个月内至少读过一本纸质书。（见图2）

单位：%

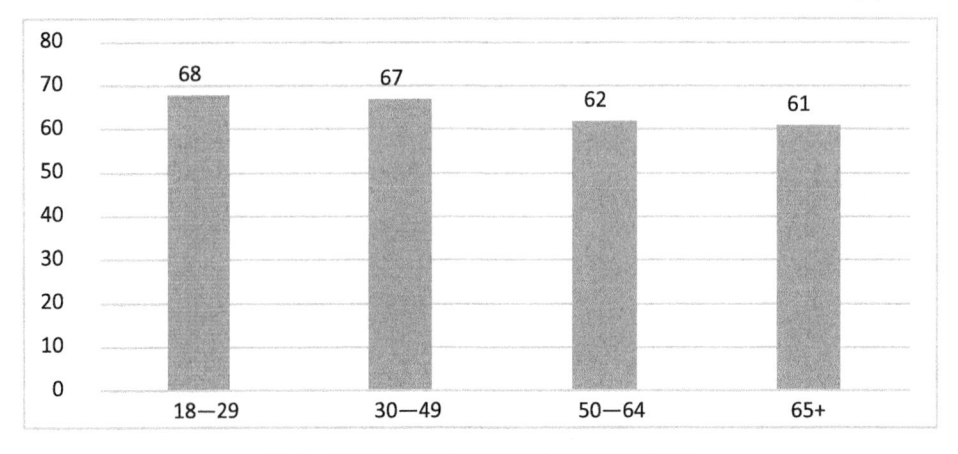

图2 2020年美国各年龄段纸质书阅读率

数据来源：皮尤研究中心

在电子书阅读率方面，2011 年开始，美国电子书阅读比例开始有明显增长。2011—2014 年这一比例更是从 17% 攀升至 28%。随后进入稳定阶段，直至 2020 年这一数据首次突破 30%。十年来，电子书阅读率的两次跳跃以及期间的平稳期与数字技术革新、电子疲劳、突发新冠感染疫情不无关联。就电子阅读设备方面来看，2010 年，美国每 20 个成年人中才有一人拥有电子书阅读器。2011 年，随着 Kindle、Nook 等电子阅读器和 iPad 平板电脑个人拥有率的增加，人们使用这些设备进行电子阅读的比例随之快速上升。2020 年，电子书阅读率[①]大幅增长，其中部分原因为受新冠感染疫情影响，各国封控期间，纸质图书编辑、印制、发行、物流以及零售等产业链全环节均受到极大的冲击。尤其是对读者而言，一时间纸质书的获取成为难事。但电子书的易获取性在极大程度上填补了这一市场缺口，为出版商和零售商带来经济利益的同时，也为读者带来持续阅读的可能。

在有声书方面，2011 年皮尤研究中心首次增加关于有声读物接触率的调查数据，这也从侧面反映出，有声书市场已经初具规模，且能够在图书销售市场占据一定份额。2011 年以来，美国民众有声读物接触率一直保持平稳，直到 2018 年开始有明显上升，2020 年有声书听众的比例为 23%，达到调查以来的最高值。两次数据的突破与 2018 年有声书市场风口和 2020 年新冠感染疫情的两个时间点能够相吻合。调查数据还显示，2020 年受访者平均听过 8.1 本有声书，相比 2019 年平均 6.8 本有大幅增加。近年来，有声读物在美国越来越受欢迎，从 2018 年的平均 6.5 本，2019 年的 6.8 本，到 2020 年超过 8 本。据该项调查，有声书对家庭收入高的人群尤其有吸引力。2020 年，有声书接触习惯受疫情影响有所变化，爱迪生研究公司（Edison Reaserch）关于有声书消费情况的一项调查结果显示，除市场体量和出版规模外，2020 年美国有声读物最大的变化就是占比最大的收听场景由车内变为家中。有 55% 的受访者表示 2020 年最常在家中收听有声书，这一数据在 2019 年为 43%；有 30% 的

---

① 皮尤研究中心该项数据采集于 2021 年 1 月，所采集数据为 2020 年美国国民阅读率。

受访者表示 2020 年最常在车内收听有声书，较 2019 年下降 11 个百分点。该项调查分析其原因主要是新冠感染疫情暴发以来，各州政府纷纷颁布居家令，民众被迫居家，工作通勤机会大大减少，因此车内不再是有声书听众的最佳收听场所。除此之外，调查结果还显示有 67% 的听众表示之所以选择收听有声书主要原因是想摆脱对电脑、手机和电视等电子屏幕的依赖。有 49% 的未成年人家长表示为孩子选择听有声书也是为孩子在疫情居家期间寻找知识和信息获取来源以及精力发泄的出口，而这一比例在 2019 年为 35%。（见图 3）

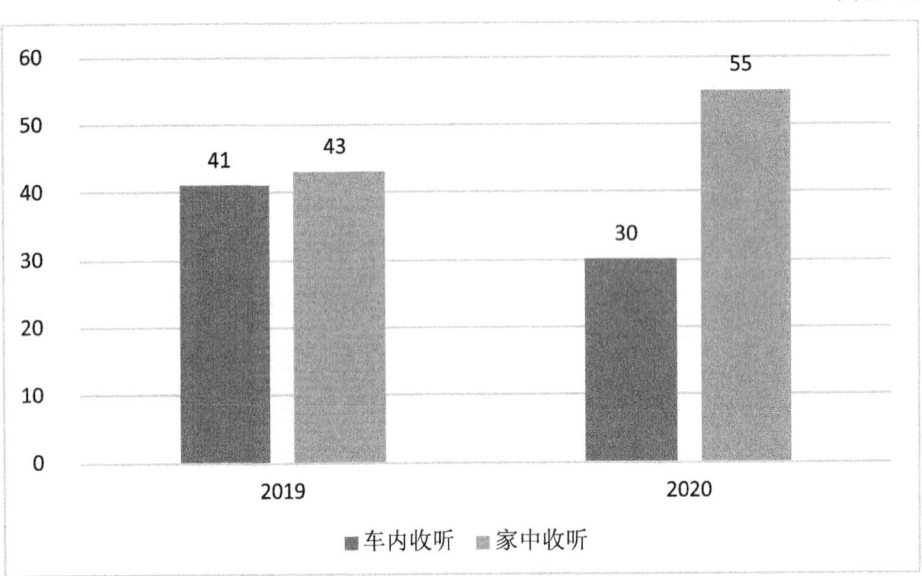

单位：%

图 3　2019—2020 年美国有声书收听场景情况

资料来源：美国音频出版商协会

2. 阅读时长

根据美国劳工统计局的数据，2021 年，美国成年人（15 岁及以上）在工作日阅读时间为 0.26 小时（15.6 分钟），远低于 2020 年工作日的每日阅读时间。纵观 2008 年至 2021 年长达 14 年的统计结果，2020 年美国成年人在工作日的阅读时间为最高值，原因可能是新冠感染疫情的暴发导致人们不得不居家办公，因此在工作日的阅读时间有明显增加，平均每日阅读 0.34 小时（20.4 分钟）。2021 年的阅读时间恢复至疫情前的平均水平。（见图 4）

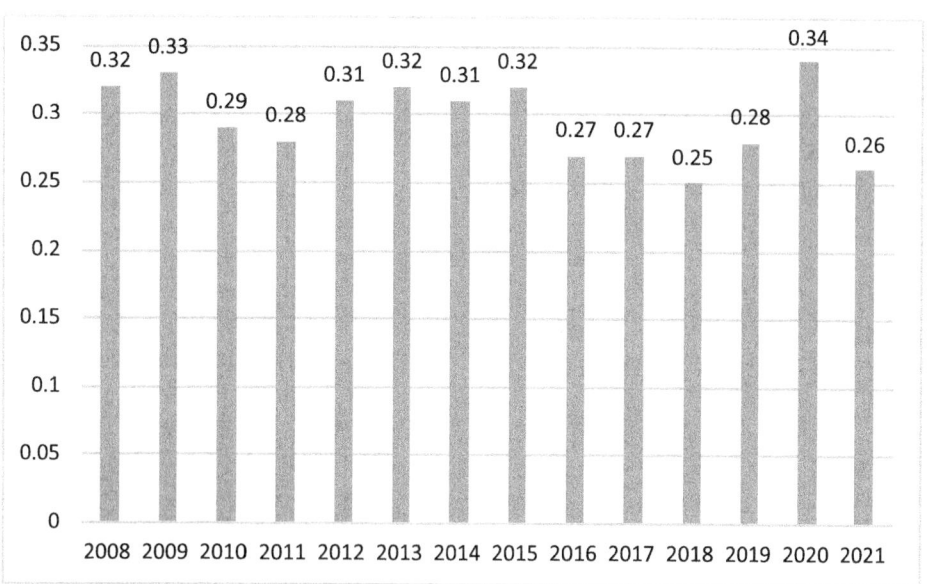

单位：小时

图 4 2008—2021 年美国国民（15 岁及以上）工作日平均阅读时长

资料来源：美国劳工统计局 https://stats.bls.gov/

根据美国劳工统计局的调查数据，2021 年美国成年人（15 岁及以上）在周末及假日阅读的时间为 0.31 小时（18.6 分钟），高于新冠感染疫情前的平均阅读时间。就近五年来说，2020 年美国成年人在周末及假日阅读的时间为 0.35 小时（21 分钟），是近五年的最高值，原因可能与新冠感染疫情有关，疫情的严峻以及社交距离限制，人们不得不待在家里，由此静下来阅读的时间也更多。（见图 5）

单位：小时

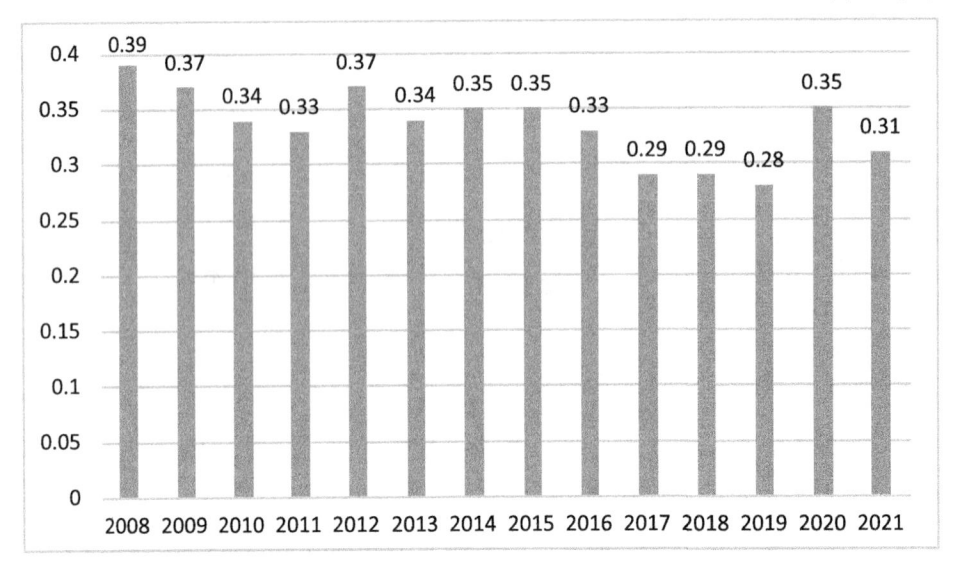

图5　2008—2021年美国国民（15岁及以上）周末及假日平均阅读时长

资料来源：美国劳工统计局 https://stats.bls.gov/

从就业状态来看，2020年，美国失业人群花在阅读上的时间最多，人均每日阅读时间为0.52小时，比2019年略有增加。全职人群平均每天花在阅读上的时间最少，为0.21小时。2018—2020年三年来，除兼职人群花在阅读上的时间上下浮动外，在职、全职和失业人群人均每日阅读时间均呈上升趋势。（见图6）

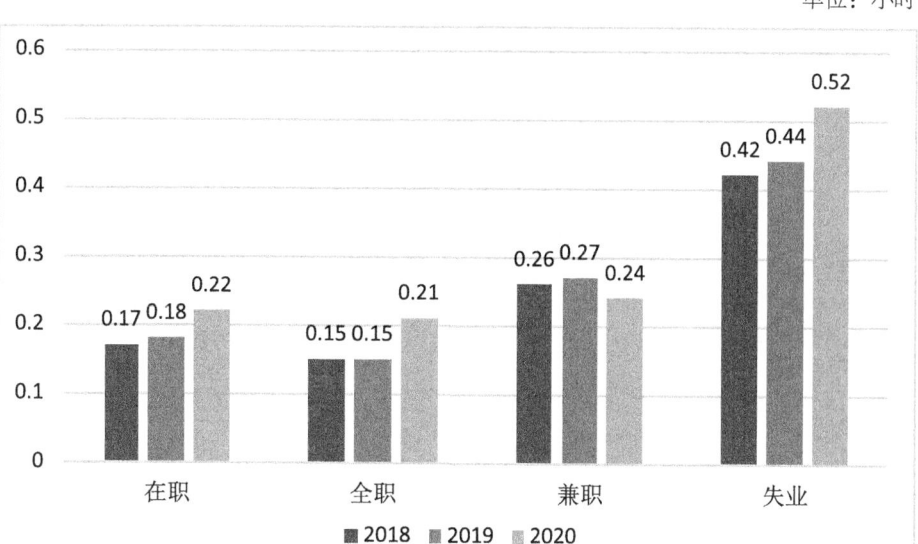

图6 2018—2020年按就业状态美国国民平均每日阅读时间

数据来源：皮尤研究中心

3. 阅读活动消费支出

根据美国经济分析局对个人消费与支出的调查报告显示，2008年，美国消费者在图书购买方面的支出高达257.2亿美元，但经历全球金融危机后，这一数据连年下滑，于2012年跌至低谷。2020年，美国消费者在图书购买上的支出达到199.8亿美元，逼近200亿美元大关，为自2012年以来的最高值。2020年，出于教育和娱乐目的，疫情期间人们对不同类型图书的需求上升，其中也增加了对娱乐休闲图书的支出。（见图7）

单位：亿美元

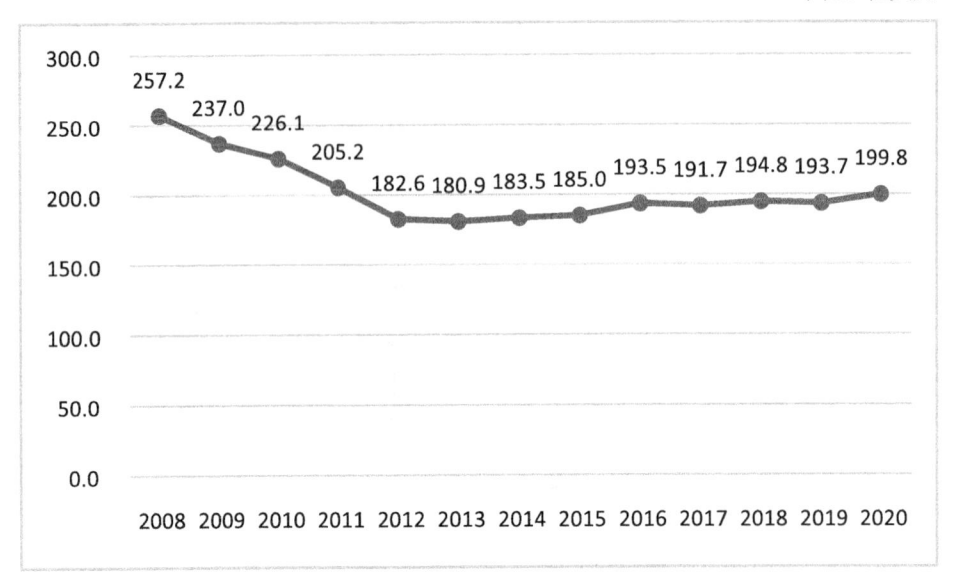

图7 2008—2020年美国消费者在图书购买方面支出

资料来源：美国经济分析局 https://www.bea.gov.

四、推动美国阅读推广工作的主要机构

（一）官方机构

国会图书馆和美国图书馆协会是美国两大重要官方阅读推广机构，除日常图书馆相关事务外，也举办不同规格的阅读推广活动。如，美国著名的国家图书节（National Book Festival）、美国"一城一书"（One Book, One Community）活动都是由美国重要图书馆或图书馆协会牵头举办。

1. 国会图书馆（Library of Congress）

美国国会图书馆是世界上最大的图书馆，也是美国最古老的文化机构，成立于1800年，收藏数百万图书、录音制品、照片、报纸、地图和手稿。国会图书馆是美国国会的主要研究机构，也是美国版权局所在地。国会图书馆提供丰富、多样的知识，并作为知识和文化的基础设施，已成为世界知识和美国创造力的宝库。

国会图书馆设立了许多奖项向在人文和创造力方面取得成就,推动并体现个人创造力、信念、奉献精神、学术理想的机构成个人致敬。比如国会图书馆阅读识字奖,设立初衷是为了帮助支持致力于美国和世界范围内阅读识字和阅读推广的任何非营利性组织。自2013年成立以来,国会图书馆阅读识字奖已向38个国家的150多个机构颁发了超过250万美元的奖金。国会图书馆参与主办了许多文学活动,例如国家图书节、"一城一书"活动等,主要是通过举办阅读活动,激发公民对阅读的热爱,提高阅读识字率。

2. 美国图书馆协会(The American Library Association)

美国图书馆协会成立于1876年,是世界上历史最悠久、规模最大的图书馆协会。该协会1879年制定的章程规定及其宗旨是:通过交流加强合作,建立和改善图书馆,促进全美图书馆的利益;其使命是"为图书馆和信息服务以及图书馆职业的发展、促进和改善提供指导,以加强学习并确保所有人获取信息"。美国图书馆协会下设11个部门、15个协商会议、21个专业图书馆协会(如美国法律图书馆协会、研究图书馆协会、医学图书馆协会等)和51个州或地区分会。各部门都有自己的领导机构、发展计划和预算,并定期出版快报和杂志。美国图书馆协会多年的重点活动领域是培训图书馆员、制定图书馆法和图书馆标准、编辑出版物、保护求知自由、合作编目和分类、编制书目工具、促进馆藏设计和情报检索、推动自动化和网络化等。此外还致力于促进国际图书馆事业的交流活动等。

美国图书馆协会全年赞助各州图书馆活动,全美所有类型的图书馆都可以参与其中,以促进图书馆的发展。比如"禁书周活动""儿童节、读书日""青少年媒体奖""图书馆卡注册月""国际图书馆周""每个儿童都准备阅读计划""放下一切阅读活动""绘本月"等。

(二)非盈利阅读组织

在美国,除国会图书馆和美国图书馆协会等具有官方背景的阅读推广机构外,还有专门从事青少年阅读推广非盈利组织机构,如"每个孩子都是读者"(Every Child a Reader)、"第一本书"(First Book)、"让文字活起来"(Words

Alive）等。

1."每个孩子都是读者"

"每个孩子都是读者"是一家屡获殊荣的非营利组织，通过一些运行时间长、规模较大的美国阅读推广项目对儿童和青少年识字能力、阅读能力等方面产生巨大影响。"每个孩子都是读者"主要管理以下4个全国性阅读推广活动："儿童图书周"（Children's Book Week）、"国家青少年文学大使"（The National Ambassador for Young People's Literature）、"儿童图书选择奖"（Kids'Book Choice Awards）、"抓住阅读瞬间"（Get Caught Reading）。

"每个孩子都是读者"最初的创建目的是接管"儿童图书周"。1998年，"每个孩子都是读者"以非营利机构身份负责举办"儿童图书周"，2008年，随着国家青少年文学大使计划的推出以及全国性奖项"儿童及青少年图书选择奖"（现为"儿童图书选择奖"）的加入，该机构得到了迅速扩展。2018年，"每个孩子都是读者"与美国出版商协会合作开展"抓住阅读瞬间"活动。作为非盈利机构，该机构资金主要来自个人捐款、赠款、基金会和儿童图书委员会的支持。"每个孩子都是读者"的所有活动由儿童图书委员会负责管理，其工作人员由儿童图书委员会的董事会成员担任，主要会员由出版商员工组成。

"每个孩子都是读者"与美国图书馆协会、布朗书架（The Brown Bookshelf）、"第一本书"等众多机构保持长期密切的合作关系。

2."第一本书"

"第一本书"是一家非营利性的社会组织，为有需要的儿童尤其是贫困地区儿童提供新书、学习材料和其他必需品，以消除贫困儿童教育资源不平均等问题，活动所需资金主要依靠个人或团体捐赠。自1992年成立以来，"第一本书"已向服务于低收入家庭儿童的学校和社区提供超过2.25亿册图书和教育资源。"第一本书"每年为约500万儿童提供服务，并为约45万个服务于有相关需要孩子的教室和课程提供支持。

"第一本书"在美国乃至整个北美有规模庞大的教育者网络，被称作"第一本书服务网"（First Book's Network）。每周约有1000名教育者加入该网络。

2013年8月,"第一本书"因在儿童图书领域的杰出贡献而获得美国童书作家与插画家协会(SCBWI)颁发的"金感恩奖"。2005年,"第一本书"被美国作家协会基金会授予"对文学界的杰出贡献"。自2008年以来,"第一本书"一直被列入《慈善纪事》年度全国最大的慈善团体名单。首席执行官凯尔·齐默(Kyle Zimmer)以其在提高儿童识字率和促进教育平等方面的杰出成就和贡献被美国国家图书基金会(National Book Foundation)授予2014年文学奖,2016年获得杰斐逊基金会年度奖项。

3."让文字活起来"

1999年,美国社会工作者莱斯利·莱昂斯(Lesleye Lyons)创办了"让文字活起来"。自成立以来,该机构致力于帮助有需要的儿童和家庭通过阅读开阔视野和缩小教育差距。该机构每年通过志愿者数千小时的工作服务于超过5500名学生及其家庭。该项目主要有3大核心项目:大声朗读项目(Read Aloud)、青少年图书组(Adolescent Book Group)和家庭读写能力项目(Family Literacy)。其中,大声朗读项目的志愿者每周在100余间教室为孩子朗读,该项目在帮助学龄前至三年级儿童发展认知和语言技能的同时感受阅读的乐趣;青少年图书组以书友会讨论、写作课程研讨会等方式,培养青少年语言、阅读流畅性和批判性思维等能力;家庭读写能力项目为有需求家庭制订完整家庭读写能力培养计划,在提供亲子阅读资料同时,教授家长陪伴孩子阅读的方法和技巧。

(三)民间组织

1. 苏斯博士(Dr. Seuss)

苏斯博士是美国作家和插画家Theodor Seuss Geisel的笔名,其作品以俏皮的韵律、不寻常的生物而闻名。《想想看,我在桑树街看到了它》(*To Think That I Saw It on Mulberry Street*)是他第一本以苏斯博士笔名出版的书,获得了巨大的成功。随后《霍顿孵蛋》(*Horton Hatches the Egg*)、《戴帽子的猫》(*The Cat in the Hat*)《格林奇如何偷走圣诞节》(*How the Grinch Stole Christmas*)、《乌龟耶尔特》(*Yertle the Turtle*)和《绿鸡蛋和火腿》(*Green*

Eggs and Ham），这些常年畅销的作品以及他的遗作《哦，你要去的地方！》（Oh, the Places You'll Go!），使苏斯博士成为世界上最畅销的儿童文学作家。

苏斯博士于 1958 年成立了苏斯博士基金会，主要致力于提高儿童读写能力和学习能力。同时基金会的捐赠对象包括用于动物和环境保护、健康和社会福利事业等。自成立以来，基金会已捐赠超过 3 亿美元。

2. 奥普拉读书俱乐部（Oprah's Book Club）

奥普拉图书俱乐部是一个互动的多平台俱乐部，由美国著名主持人奥普拉·温弗雷（Oprah Winfrey）创办，于 1996 年 9 月首次出现在电视荧屏上，2011 年 5 月 25 日随其王牌电视节目奥普拉脱口秀的落幕一同宣告结束。2012 年，奥普拉创办了个人品牌媒体"奥普拉·温弗雷有线电视网"（Oprah Winfrey Network，简称OWN），同时迎来奥普拉图书俱乐部的回归。2019 年，苹果公司宣布与奥普拉合作在 Apple TV 上推出"奥普拉图书俱乐部"播客，双方合作至今仍在持续。

奥普拉图书俱乐部每月向电视观众介绍一本书，并且请作家到节目中与观众进行现场交流。在节目中，她与作者围绕作品对谈，读者也参与讨论，所选作品的内容和特色、作者的写作背景和感受，都可以给观众留下鲜明印象。奥普拉选择图书范围较广，包括长篇小说、传记、回忆录和历史性虚构作品等。入选奥普拉图书俱乐部推荐书单的作品都由奥普拉本人选定，影响因素主要包括情感、长度和难易程度以及族裔身份。

截至 2022 年 6 月，奥普拉·温弗雷有线电视网公布数据显示，奥普拉图书俱乐部共推荐 93 部作品，有威廉·福克纳（William Faulkner）的作品《喧哗与骚动》（The Sound and the Fury），也有伊拉·莫特利（Leila Mottley）《夜行》（Nightcrawling）、玛莎·贝克（Martha Beck）《诚信之道》（The Way of Integrity）等最新作品。无论出版早晚，该节目对作品的推荐在其随后销售中有一定的推动作用。

五、推动美国阅读推广工作的政策法规

国民阅读推广一旦上升到国家发展战略层面,且由政府自上而下地主导推进,必定会得到经费的持续性投入和政策上的倾斜,这也是决定阅读推广能否成功的关键。1964 年 2 月 11 日,美国国会通过《图书馆服务与建设法案》(Library Services and Construction Act),该法案主要为美国的图书馆提供联邦援助,以改善或实施图书馆服务和建设项目。1995 年,《图书馆服务与建设法案》被《图书馆服务和技术法》(Library Services and Technology Act)取代,从联邦拨款中取消了对建设项目的资助;1998 年,美国颁布第一部针对青少年的《阅读卓越法案》(Reading Excellence Act);2001 年美国国会通过《不让一个孩子掉队法案》(No Child Left Behind Act of 2001),并提出"阅读优先"计划;2009 年,美国颁布《美国复苏和再投资法案》(American Recovery and Reinvestment Act),提出在小学阶段应开展更广泛的阅读活动,学校应配以全新阅读课程以及对教师进行阅读培训等;2015 年,美国国会通过由奥巴马签署的《每个学生都成功法案》(Every Student Succeeds Act),该法案要求实施全面识字教育计划,实施和维持高质量的读写教育资助项目。为保障法案顺利实施,美国联邦政府成立一系列全国性研究与推广机构,以加强阅读研究与推广活动。1997 年,美国成立全美阅读研究小组(National Reading Panel),专门开展各种阅读教学法研究。美国还成立美国国会图书馆图书中心以专门负责公众阅读推广。

表 1　美国重要阅读推广法案

序号	起止年份	名称	主导方	执行方	资金来源
1	2015 年至今	《每个学生都成功法案》	美国国会	美国各州政府	联邦资金、州教育资金和当地教育机构赠款
2	2009 年	《美国复苏和再投资法案》	联邦下属各政府部门	联邦拨款	联邦下属各政府部门

续表

序号	起止年份	名称	主导方	执行方	资金来源
3	2001年至2014年	《不让一个孩子掉队法案》	美国国会	美国各州政府	联邦教育资金
4	1998年至2000年	《阅读卓越法案》	美国国会	美国各州政府	联邦教育资金、州资金
5	1995年	《图书馆服务和技术法》	美国国会	博物馆及图书馆服务学会、州公共教学部图书馆司	联邦拨款、州拨款
6	1964年至1995年	《图书馆服务与建设法案》	美国国会	美国各州政府	联邦资金、州资金

（一）《阅读卓越法案》

1998年10月6日，美国众议院通过了由众议院教育和劳动力委员会主席比尔·古德林（Bill Goodling）代表发起的《阅读卓越法案》（*Reading Excellence Act*），旨在通过改善从事阅读教学的教师的在职教学实践，提高儿童和家庭的阅读和识字技能，刺激发展更多高质量的家庭识字项目，支持延长儿童学习时间的机会，确保儿童在3年级之前能够良好和独立地阅读。该法案定于2000年9月30日结束。

1998年，美国教育进步评估报告称，70%的美国四年级儿童的阅读水平仅为31%，低于39%的基本年级水平，这一令人震惊的事实引起了全美的关注和政治干预。与此同时，美国国家研究委员会在他们的著作《防止幼儿阅读困难》（*Preventing Reading Difficulties in Young Children*，1998）中发表了他们25年来的研究结果。各州对这些报告反应强烈，并提出了许多克服这一问题的新倡议，其中一项倡议便是实施美国《阅读卓越法案》。

1998年4月28日，美国劳动和人力资源委员会举办关于阅读和识字的听证会，重点是扩大和改善教师阅读培训的必要性。为了提高美国国民的阅读能力，必须有经过培训的教师来教授儿童和成人阅读，因此《阅读卓越法案》

将教师阅读培训纳入其中，强调阅读专业发展的重要性，目的主要是通过教师阅读教学培训向美国各州和当地社区提供援助。

每个州都有机会向教育部提交拨款申请，若批准通过将由教育部提供资金用于各州的教师阅读培训活动。州教育机构向有明显需要改善阅读教学的地方教育机构提供资助。每个州的计划都必须由州长、州高等教育机构，其他在成人和儿童阅读方面提供指导的社区组织和非营利组织共同制定。在制定州计划时，必须对当地阅读和识字专业发展的需求进行评估，检查学校内图书馆和阅读材料的可得性、充分性和适龄性。

而地方教育机构在向州教育机构申请拨款时，需要更细致地对地方阅读和识字发展、教师需求、家长参与度、教育机构和公共图书馆合作、如何开展家庭阅读活动等方面做出评估。地方教育机构必须将资金用于下列活动：支持地方学前学校、中小学、教育机构、社区组织和公共图书馆之间的合作；图书馆向学龄前儿童提供阅读准备和家庭阅读活动；教师和辅导员的专业发展，包括音素意识、语言流畅性和阅读理解方面的培训；家长参与阅读识字项目；提供多样化和适龄阅读材料；建立帮助学前儿童和幼儿园学生的计划，做好过渡到一年级的准备。

资金分配方面，要求每个接受拨款的地方教育机构，将不低于 80% 的资金用于个别学校教师的阅读教学专业发展，不超过 20% 的资金用于学校层面的专业发展工作。1998—2000 年度财政各拨款 2.1 亿美元用于执行《阅读卓越法案》，其中 1000 万美元用于"Even Start"项目，用于在全国范围内开展家庭阅读活动；500 万美元拨款给美国国家素养研究院（the National Institute for Literacy）用来发展和维护网络，以开展传播推广活动来帮助提高阅读和识字率。

（二）《不让一个孩子掉队法案》

2002 年 1 月 8 日，美国公布第 107 届国会通过的第 107–110 号公法，计划"通过责任感、灵活性和选择来缩小成就差距，这样就不会有孩子掉队"。该法案简称为"2001 年《不让一个孩子掉队法案》"（*No Child Left Behind Act of*

2001）。

法案由美国总统 G.W. 布什（George Walker Bush）公布于 21 世纪初，对 1965 年美国 B.J. 约翰逊（Lyndon，B. Johnson）政府实施的旨在为提高低收入群体教育水平和缩短教育差距的《初等和中等教育法案》（*Elementary and Secondary Education Act*）进行补充完善。

法案内含 10 个条款，主要对提高弱势群体的学业成绩，准备、培训和招聘高质量的教师和校长，对有限英语熟练学生和移民学生进行语言教学，建设 21 世纪学校，促进家长对教育资源的选择，增强对印第安人、夏威夷土著和阿拉斯加土著教育，以及对相应的资金、援助、问责问题进行明确规定。法案颁布之初就明确规定，至 2014 年，各州、学区和学校要确保全体学生达到各州自主设定的阅读和其他学科的熟练水平，各州为每一年级的阅读和数学考试设置相应年度测评目标，把每个学生在 3 年级结束前都能流利阅读作为硬性指标，"阅读优先"计划（Reading First）也成为该法案第一条款中重点阐述内容。该计划为美国地方教育机构（LEAs）提供 6 年期的资金，以支持学龄前至 3 年级儿童，特别是低收入家庭儿童的早期语言、识字和阅读能力的培养。

"阅读优先"计划主要依托教育系统开展工作，获得政府认可的其他公立或私立组织或机构（含宗教组织）、各种合作性机构等也可在指导下参与。每一个参与该计划的儿童需完成皮博迪图片词汇测验（Peabody Picture Vocabulary Test，Receptive），每一个参与的机构依据该测验的综合结果受到评估和监督。该计划将创建高质量的口语和文字学习环境作为提高学前儿童阅读能力的首要策略，通过组织教学和评估活动为教师开展阅读教学提供帮助，基于家庭环境和亲子沟通的质量对儿童读写能力的发展起着至关重要作用的认识，提倡向家长提供相关的教育培训，鼓励教师与家长一起制定阅读教学计划，尤其鼓励教师在暑假和其他假期与家长配合，共同做好儿童阅读指导工作。

自法案实施以来，根据调查数据，学生的学业成绩和教师教学质量整体有所提升，不同族裔学生之间学业差距也有一定缩小趋势。这表明一定程度上达到了其预定目标，但在实施过程中，各种问题也逐渐显露端倪，如"为考而教"，追求考试成绩而忽略了学生思考、创新能力的培养；学生学业负担加重；教师考核机制不完善等。针对上述问题，美国政府不断对法案进行修正和完善。2015年，该法案被美国总统B.H.奥巴马（Barack Hussein Obama）签署的《每个学生都成功法案》（Every Student Succeeds Act）替代。

（三）《每个学生都成功法案》

《每个学生都成功法案》（Every Student Succeeds Act，简称ESSA）于2015年4月30日在参议院提出，在2015年12月10日由时任总统奥巴马签署，2016年1月6日在全美范围内实施。该法案的目的是"为所有儿童提供接受公平、公正和高质量教育的重要机会，缩小教育差距"。这项改革法案摒弃《不让一个孩子掉队法案》过度使用标准化考试和一刀切式的执行方式，对其过时政策进行修正，赋予各州和学区自主执行的权力，使法案执行更具灵活性。

《每个学生都成功法案》主要确保美国公立学校为所有孩子提供优质教育的机会，尤其是弱势学生群体，包括贫困学生、有色人种学生、接受特殊教育服务的学生、英语能力有限的学生等。根据该法案，各州在联邦政府提供的框架内为学校制定教育计划，计划需包括以下要点。

第一，学术标准。法案规定，每个州可以灵活制定自己的学术标准和课程，规定学生在不同年级应该学习的内容和材料。法案要求各州在阅读、数学、科学课程上应当制定"具有挑战性"的学术标准，这意味着各州在制定课程时必须为学生在大学和职业生涯中取得成功做好准备。此外，这些标准必须适用于所有学生。

第二，年度测试。法案要求各州必须对3—8年级的学生每学年进行一次阅读和数学标准化测试，并持续到高中阶段，还必须在小学、初中、高中各阶段对孩子进行一次科学测试，测试数量和种类取决于学生所在年级。

第三，学校问责制。法案要求各州将制定的学术标准和评估计划提交给联邦政府，获得批准后，由各州衡量学校表现，对表现不佳的学校进行问责。法案规定各州的衡量标准必须至少包括五项标准，其中学术成就、学术进步、英语语言能力和高中毕业率是强制性指标，第五项可以选择幼儿园入学准备、高级课程设置、大学入学准备、违纪率和长期旷课中的任何一项作为标准。根据法案，各州必须使用五项标准来评估学校的服务，前四项是学术指标，第五项标准主要针对学校教学质量和管理能力。

第四，学业成就目标。法案要求各州必须为学生设定成就目标，该目标对于弱势群体学生十分重要，比如接受特殊教育服务的学生。各州可设定长期目标，提高接受特殊教育学生的高中毕业率，为了实现这一长期目标，采用一些衡量进展的短期方法，有助于确保学生走上正轨。

第五，学校帮扶计划。法案要求各州确定需要帮扶的困难学校，主要有两类：一是"全面帮扶"学校，是全州表现最差的学校；二是"针对性帮扶"学校，部分学生表现不佳的学校。根据法案，一旦一所学校被认定为帮扶对象，各州和学校都必须制定相应计划，努力帮助帮扶学校回归正轨。法案要求这些计划必须采用循证教学方法。

第六，州和地方成绩单。法案要求各州和地方学区公布成绩单，也就是工作报告。这是法案的重要组成部分，必须包括下列事项：测试成绩结果、高中毕业率、学校资金信息、教师资格。成绩单还需详细列出不同学生群体，包括有色人种学生、贫困学生、英语能力有限的学生和接受特殊教育的学生的相关指标。

除上述以外，《每个学生都成功法案》还有一些创新之处，比如法案要求各州将家长和看护人纳入学校问责计划中，有助于确保学校关注弱势学生。家长和看护人可以参与州教育计划的制定，对学生成就、学校问责等方面提出意见，对各州工作报告有发言权，有助于确保公众了解学校情况。

除对各州教育计划拨款外，该法案还为两个重要的学生阅读识字计划提供资金，授权成立全国阅读识字中心，向各州提供阅读识字教育补助金。

法案鼓励学校创新，尝试新的教学方法和教学实践。比如法案支持通用学习设计（Universal Design for Learning，简称UDL），这是一种为学生提供多种方式来获得学习资料的方法。

（四）《图书馆服务与建设法案》

1964年2月11日，美国国会通过《图书馆服务与建设法案》（*Library Services and Construction Act*），美国第36任总统林登·贝恩斯·约翰逊（Lyndon Baines Johnson）将其颁布为法律。该法案主要为美国的图书馆提供联邦援助，以改善或实施图书馆服务和建设项目。

受20世纪60年代美国民权运动的影响，《图书馆服务与建设法案》的一个主要目的是为需要图书馆服务但服务能力不足或处于劣势的社区提供资金，其中一些群体包括但不限于被收容者、残疾人士、低收入家庭、老年公民和少数族裔。

自颁布以来，《图书馆服务与建设法案》经历了多次重新修订。每一次修订都是根据图书馆界不断变化的需求来决定的，而这些需求是由各州的图书馆管理员和公共图书馆馆长共同制定的。其中一些修正案包括对阅读识字计划和购买外语材料的拨款。虽然对《图书馆服务与建设法案》的不断修改是为了使这一立法能够与时俱进，但多年来，许多人对该法的某些方面表示反对。在联邦资助下，许多关于教育和社会发展的项目都包含在各州的财政支出中，随着各州预算的缩减，这些项目转变为由州政府拨款资助图书馆服务和建设项目似乎不可行。因此，有不少人建议重新审视图书馆应该保留哪些服务，又应该放弃哪些服务。也许出于对这些反对意见的考虑，1995年，《图书馆服务与建设法案》被《图书馆服务和技术法案》（*Library Services and Technology Act*）取代，从联邦拨款中取消了对建设项目的资助。

尽管该法案在1995年改变了名称，但许多图书馆项目和服务已经通过《图书馆服务与建设法案》的资金启动，并继续依赖这些资金来维持存在。比如通过法案资助的"服务单位促进项目"（Promoting Larger Units of Service，简称PLUS）。这个项目由联邦资助，使图书馆系统可以向未获得图书馆服务的居民展示图书馆服务，帮助他们体验在社区图书馆可以使用哪些资源和服务。虽然PLUS项目可以作为《图书馆服务与建设法案》资助的成功案例，但对于联邦资金用于全美图书馆的合法性和必要性争议一直存在。

六、美国阅读活动开展情况

在政府和上述阅读推广组织、机构推动下，美国阅读推广相关活动也十分丰富多彩。不仅有覆盖全国的国家图书节、"一城一书"活动，还有众多专门针对少年儿童阅读推广的活动，如"每个儿童准备阅读"计划、青少年阅读周、"阅读火箭"等，内容丰富、范围广泛、影响深远，不仅成为美国具有标志性的青少年阅读推广活动保留至今，也成为世界阅读推广之典范。

（一）全国性阅读推广活动

1. 国家图书节

"国家图书节"是美国国会图书馆主办的全国性的年度阅读活动。由美国第43任总统乔治·沃克·布什的夫人劳拉·布什和当时国会图书馆馆长詹姆士·哈德利·比林顿于2001年创办。"国家图书节"是一场汇集畅销作家、诗人、插画家，以及成千上万读者的文学盛会。该图书节于每年9月在华盛顿会议中心（Washington Convention Center）举办。活动主办方按图书主题布置展馆，如历史传记、惊悚、科幻、儿童文学等主题（每届主题分类略有不同），公众可根据兴趣选择主题和对应作家参加相应的演讲、访谈、朗读等活动，所有活动配手语翻译。除主题展馆，还设有美国各州展馆、国会图书馆展馆、家庭阅读推广展馆等。

2. "一城一书"活动

美国"一城一书"活动起源于1998年西雅图公共图书馆华盛顿图书中心的前执行主任、作家、图书管理员南希·珀尔（Nancy Pearl）在西雅图公共图书馆举办的"如果西雅图人都阅读同一本书"（If All Seattle Read the Same Book）活动，目的是通过阅读同一本书来激发民众的阅读热情。在美国美国图书馆协会（American Library Association）协调下，其下属公共计划部门将该活动推广至全美，并将该活动命名为"一城一书"活动，并以社区作为最小活动范围，以突出该项活动的广度与温度。

（二）儿童青少年阅读推广活动

儿童时代不仅是启迪思维的黄金阶段，也是培养各类习惯的最佳时期，而且在此阶段所培养的习惯大多会相伴终身。同样力度的阅读习惯培养作用于儿童青少年相较于成年人收效倍增，这也是各国将阅读从娃娃抓起的最重要原因之一。其次，相对于成年人，儿童青少年远离工作生活压力，更远离数字媒介侵蚀，是阅读活动的最佳对象人群。再次，儿童阶段的阅读大多需要家长参与，亲子阅读能使家长回归到阅读活动中。为此，各国将儿童青少年作为阅读推广活动的主要开展对象。在美国，儿童和青少年阅读一直是美国阅读推广的重中之重，无论是官方牵头还是民间自发的组织等，始终把儿童和青少年作为重点对象，在早期教育中就融入阅读习惯的培养，并将阅读成就纳入青少年的学业表现，培养孩子们对阅读的热爱，并竭力创造适合阅读的环境，鼓励孩子终生热爱阅读。

1. 青少年阅读周

"青少年阅读周"是美国青少年图书馆服务协会（Young Adult Library Services Association，简称 YALSA）的一项专门针对 12—18 岁青少年的阅读计划。该活动于每年 10 月第三周举办，每年有成百甚至上千的图书馆、学校和书店参与此活动。2019 年，"青少年阅读周"和"青少年科技周"合并改为"Teen Tober"，每年 10 月由图书馆主办，以帮助青少年学习新技能，并激发其学习热情。图书馆可以灵活安排各种类型活动来倡导和提高读者人群对图书馆青少年服务的重要性的认识。

2. "每个儿童准备阅读计划"

"每个儿童准备阅读计划"由公共图书馆协会（PLA）和儿童图书馆服务协会（ALSC）共同发起，旨在帮助父母和看护人培养 0—5 岁孩子的早期读写技能。与传统的图书馆早期读写项目主要关注儿童不同，该计划更多的是一项父母教育计划，通过对父母和看护者的影响，继而提高幼儿的读写能力并为将来的阅读能力打好基础。该计划通过向家庭提供个性化工具包，向图书馆提供指导手册、书签和海报等宣传材料具体实施开展。该计划的开展在提升公众对于早期读写概念认知度，增强家长培育儿童课前阅读技能和提高公共图书馆早期读写能力培育效率等方面具有极为积极的推动作用。

3. "阅读火箭"活动

"阅读火箭"是一个全国性的阅读识字项目。该活动通过旗下网站提供免费资源以激发孩子的阅读热情,目前网站上的资源已涵盖11种语言。"阅读火箭"还有专门针对教师的相关频道,为教师在培养学生阅读习惯等方面提供经验和素材。同时,该活动利用公共电视的力量展示家长和教育者如何帮助孩子成为更好的阅读者,推出"启动小读者"(Launching Young Readers)系列来探讨每个孩子所经历的阅读阶段,由摩根·弗里曼和亨利·温克勒担当主持人。"阅读火箭"在各社交平台有强大的影响力,会定期公布最新研究、阅读新闻、书单、儿童读物、专家访谈、写作竞赛和各种活动等。

4. "读遍美国"(Read Across America)

"读遍美国"活动,是美国教育协会(National Education Association)的标志性活动,每年3月2日开展,这是美国最大的读书庆祝活动,以激励孩子读书作为学生时代的重要成就为目标,呼吁全国每个社区的孩子庆祝阅读。活动当天全国各地的公职人员都会通过各种方式来鼓励孩子阅读,例如州长等地方官员会通过公告和宣言表述阅读在他们地区起到的积极作用,运动员和演员会向孩子们发起阅读挑战,学校老师则把头发染成彩色提高孩子的阅读兴趣。除了全国320万名教育工作者参与"读遍美国"活动外,还有50个国家的组织和协会也为活动提供支持。

5. 苏斯博士日(Dr.Seuss Day)

苏斯博士日是为纪念苏斯博士生日而衍生的阅读推广活动,于每年3月2日举办。该纪念日于1998年创立,与"读遍美国"(National Read Across America Day)活动一同举办。2020年之后,"读遍美国"活动宣布独立执行,苏斯博士纪念日未再举办。

该节日旨在激励和启发儿童青少年阅读兴趣,节日当天参与者会互相诵读喜爱的图书——特别是苏斯博士的作品,以此来庆祝这个节日。每年苏斯博士官网都会发布一份活动指南,里面会介绍不同的活动主题和内容。

2017年"苏斯博士日"和"读遍美国"一起举行庆祝活动,邀请了许多名人参与,比如米歇尔·奥巴马在活动中与孩子们一起朗读苏斯博士的书、玩游戏、为图画书上色等。2020年活动指南中探讨了人们如何庆祝生日和其他重要的"第一次",为教师制定教学方案和活动计划,鼓励孩子们尝试新事物、结识新朋友、进行新的冒险等。

6. 美国"国家青少年文学大使"计划（National Ambassador for Young People's Literature）

美国"国家青少年文学大使"计划于2008年由美国国会图书馆发出倡议,与"每个孩子都是读者"和儿童图书委员会（Children's Book Council）合作开展。每两年,一位深受喜爱和尊敬的儿童图书创作者被任命为国家青少年文学大使,以提高国家对青少年文学重要性的认识。这位大使将在两年任期内走遍全国,向儿童和青少年展示阅读的重要性,并与家长、教师、图书馆员、书商交流,为培养孩子们的知识素养,激发他们阅读热情共同努力。自2008年设立至今,该计划已有7位美国儿童文学作家、插画家被授予此大使身份。

7. "抓住阅读瞬间"（Get Caught Reading）

"抓住阅读瞬间"是一项全国性阅读运动,旨在促进各个年龄段的人们对阅读的热爱。"抓住阅读瞬间"由美国出版商协会于1999年发起,2018年由非盈利机构"每个孩子都是读者"接管,由洛伊丝·伦斯基-康维基金会（Lois Lenski-Covey）提供资金支持。该活动为美国的教师和图书馆提供电视和体育明星、作家和喜爱的书中人物正在读书的海报。

2018年,由"每个孩子都是读者"接管后,每年都会选取一组新的人物海报为活动增加新鲜感。2021年"抓住阅读瞬间"前三张海报的面孔分别是儿童小说家海威特·凯德伦（Kacen Callender）、奥运会金牌得主克丽斯蒂·山口（Kristi Yamaguchi）和图画书《蕾拉的幸福》（Layla's Happiness）中的角色蕾拉（Layla）。

8. "儿童图书周"（Children's Book Week）

"儿童图书周"是一年一度的青少年图书和阅读乐趣庆祝活动。该活动成立于1919年,是持续时间最长的美国阅读普及和扫盲活动,至今已开展

102 届。2008 年之前，该活动于每年 11 月举办，2008 年后于每年 5 月举办。每年，全国各地的年轻人通过学校、图书馆、书店参加活动，或通过网络与作者进行面对面交流。每年该活动都有专属活动口号。2022 年"儿童图书周"分别在 5 月 2—8 日、11 月 7—13 日这两周举行相关活动。

七、中美阅读推广对比

美国阅读推广工作走在世界前列不仅仅是因为丰富多样、广为人知的阅读推广活动，更是因为多年来美国阅读推广工作已形成自上而下全面立体的推动体系，有立法作为阅读权力保障，有全国性阅读推广机构作为阅读执行保障，有图书馆作为阅读空间保障，有学校作为执行终端保障，有大量优秀图书作为阅读内容保障等。

现如今，我国阅读推广工作也逐步上升到国家战略层面。党的二十大报告提出要"深化全民阅读活动"，这是继 2012 年，党的十八大报告历史性地写入"开展全民阅读活动"以来，"全民阅读"第二次写入党的全国代表大会的报告。2016 年 12 月，我国首个国家级全民阅读规划——《全民阅读"十三五"时期发展规划》印发。2021 年，"深入推进全民阅读，建设'书香中国'"写入"十四五"规划和 2035 年远景目标纲要。同时，近年来我国阅读推广基础设施不断得到完善，覆盖全国大中小城市的 3200 家公共图书馆，7 万余家实体书店，分散在城市各个角落的社区阅读空间、自动借书机，以及遍地开花的农家书屋等，为全民阅读推广打下坚实基础。然而，我国全民阅读推广工作起步晚、发展慢仍是困扰我国相关工作进展的现实问题。

（一）全国性立法亟需落地

全民阅读作为由政府主导、各方面响应的一项全国性文化活动，对于提高国民思想道德素质和科学文化素质，建设社会主义文化强国，增强国家文化软实力具有重要意义。为保障公民基本阅读权利，促进全民阅读服务体系建设。2013 年，"全民阅读"首次列入国家立法工作计划，开启了全民阅读的"立法时代"。随后，各地积极行动，纷纷探索制定本地区全民阅读促进条例或办法，截至2022年6月，已有10个省级、6个市级地方性法规和1个省级地方政府规章，这充分说明我国全民阅读推广工作已进入发展期。然而，在国家层面仍停留在2017年6月通过的《全民阅读促进条例（草案）》阶段，未正式出台可执行的相关法案。在缺少统领性、纲领性、指导性文件的情况下，各自为政、资金预算无法充分发挥效用等问题逐步凸显。同时，相较美国，各阅读推广法案由美国国会颁布、总统签署、各州政府结合实际情况区别化实施的执行方式更具统一性和高效性，值得借鉴参考。

（二）执行主体亟待明确

除缺乏国家层面立法保障外，我国全民阅读推广工作也同样存在实施主体不明确的问题。目前，我国全民阅读推广工作实施体系呈现主要由国家倡议，地方政府依托地方性法规各自推进，图书馆、出版社、书店参与，民间阅读推广机构、推广人自发加入的局面，看似具体，但并不全面，也难以形成合力。如国家层面阅读推广法案落地实施，也亟需成立全国性全民阅读推广机构予以配合。相较美国，为保障法案顺利实施，美国联邦政府成立一系列全国性研究与推广机构，以加强阅读研究与推广活动。例如全美阅读研究小组、美国国会图书馆图书中心等机构在美国阅读推广工作中扮演着十分重要的角色。

执行主体的缺失另一个弊端为难以形成全国性、品牌性阅读推广活动。目前，规模较大、知名度较高的阅读推广活动主要是依托"4·23世界读书日""9·28孔子诞辰日"等时间纪念日衍生而来的全民阅读活动。上述活动在阅读推广方面虽然产生一定成效，但面临缺乏持续性、系统性、广泛性等问题。相比美国，全国性阅读推广活动不下10余种，除种类丰富外，其体系健全、可操作性强、覆盖面广等特点足以支撑美国阅读推广工作走远走深。如，"儿童图书周"至今已有100余年，"读遍美国"（Read Across America）、"苏斯博士日"（Dr.Seuss Day）等活动已持续20余年，并且这些活动是全国统一性和地方特色性的有机结合体。

（三）学校参与度有待提高

既然阅读需要从"娃娃抓起"，那么家庭和学校就是对于儿童青少年影响最大的两大环境因素。随着我国年轻一代父母受教育程度的不断提高，其对子女阅读能力和素养方面的培养意识也逐步增强，家庭成为阅读推广的重要终端环节。但家庭间因经济能力、受教育程度等方面差距，为儿童青少年所提供的阅读环境及素材差距也较大。但与此不同，学校是义务性无差异化通识教育传授的最佳场所。为此，学校在儿童青少年阅读能力和素养培养方面作用性更强、覆盖面更广。然而，目前实际情况是阅读能力和素养培养并未纳入大多数学校的教学内容中，仍停留在为学习固定学科和限定内容的阶段。相较美国，学校在阅读推广工作中扮演十分重要角色，"每个孩子都成功""不让一个孩子掉队"等法案的执行终端和评估终端都为学校。为此，将阅读推广工作赋权学校将成为提高一国全民阅读水平的重要抓手。

参考文献

1. 黄晓新，刘建华等．阅读社会学基础研究 [M]．北京：中国书籍出版社，2018：312-356.

2. 陈旭辉，"十四五"时期完善全民阅读地方立法的路径研究．科技与出版．2022 年 5 月：125-131.

3. 夏志萍．中美最新国民阅读调查报告分析及启示．图书馆研究．2017 年第 5 期：14-18.

4. 李晓慧，赵爱玲．推广阅读，启迪民智——美国阅读推广活动的主要方式及特点分析．新世纪图书馆．2021 年第 5 期：86-90.

5. *Reading Matters-Surveys and Campaigns: How to Keep and Recover Readers*. International Publishers Association.

6. Bureau of Labor Statistics.[DB/OL].

7. Pew Research Center.[DB/OL].

8. www.congress.gov.

9.www.everystudentsucceedsact.org/.

10.www.ala.org/yalsa/.

11.everychildreadytoread.org/.

12.www.readingrockets.org/.

（作者单位：中国新闻出版研究院）